CONTABILIDADE

Introdução e Intermediária

Inácio Dantas

CONTABILIDADE

Introdução e Intermediária

- A Estrutura Contábil
- Aplicações e Origens; Método das "Partidas Dobradas"
- Lançamentos Contábeis, Razonetes, Balancetes de Verificação, Balanço Patrimonial
- Impostos Recuperáveis; Métodos de Controle de Estoque (PEPS, UEPS, Custo Médio Ponderado, Específico, Método de Varejo); Valor Realizável Líquido
- ARE; DRE – Demonstração de Resultado do Exercício
- Ativo, Passivo, Patrimônio Líquido
- Imobilizado; Intangível; *Goodwill; Impairment;* Depreciação/Amortização/Exaustão/Depleção
- Valor Justo; Valor Presente
- Custos, (Método "Absorção"); Margem de Contribuição/ Ponto de Equilíbrio Contábil
- PCLD – Provisão para Crédito de Liquidação Duvidosa
- Fatos Contábeis; Convenções e Princípios Contábeis
- Depreciação/Amortização Societária x Fiscal
- Exercícios Resolvidos

Freitas Bastos Editora

Direitos exclusivos da edição e distribuição em língua portuguesa:

Maria Augusta Delgado Livraria, Distribuidora e Editora

Editor: *Isaac D. Abulafia*
Diagramação e Capa: *Jair Domingos de Sousa*

DADOS INTERNACIONAIS PARA CATALOGAÇÃO
NA PUBLICAÇÃO (CIP)

D232c

Dantas, Inácio
Contabilidade : introdução e intermediária / Inácio Dantas. – Rio de Janeiro : Freitas Bastos, 2015.
324 p. ; 23 cm.

ISBN 978-85-7987-248-8

1. Contabilidade. I. Título.

CDD- 657

Freitas Bastos Editora

Tel./Fax: (21) 2276-4500
freitasbastos@freitasbastos.com
vendas@freitasbastos.com
www. freitasbastos.com

Apresentação

O presente livro ***Contabilidade – Introdução e Intermediária*** tem por objetivo preencher uma lacuna no ensino de Contabilidade, uma vez que, com o dinamismo dos IFRSs, CPCs, SPEDs, etc, vários livros existentes no mercado ficaram defasados em relação à prática vigente.

Numa primeira parte, aborda-se a **Introdução à Contabilidade**. Desde o nascedouro da contabilidade, com o método das "partidas dobradas" (Aplicação e Origem), procura-se, passo a passo, com muita didática, dar sólido entendimento à dinâmica da "balança contábil". Paulatinamente, sempre com exemplos e exercícios práticos, avança-se para os lançamentos contábeis com o uso das quatro fórmulas contábeis, balancetes de verificação e balanço patrimonial. Completa-se essa fase com a Apuração do Resultado do Exercício (ARE), apropriação dos Impostos (IRPJ/CSLL) e Demonstrativo de Resultado do Exercício (DRE).

Aborda-se ainda a Estrutura Contábil, com um plano de contas (exemplo), dissecando os grupos Ativo e Passivo (Circulante, Não Circulante, Patrimônio Líquido) e o conceito das contas contábeis que os compõem.

Numa segunda parte, aborda-se a **Contabilidade Intermediária**. Aqui, já num conteúdo mais avançado, apresenta-se alguns CPC (Comitê de Pronunciamento Contábil) de uso mais cotidiano, como é o caso dos Estoques, Imobilizado, Intangível, Goodwill entre outros. Nessa parte, apresenta-se o conteúdo dos CPCs, de forma resumida, alicerçados por exemplos e exercícios práticos.

Finalizando, é feito um um **Apêndice** na última parte, onde o autor apresenta a contabilidade societária (econômica) com a contabilidade fiscal, no que tange aos CPCs de Imobilizado/Depreciação e Intangível/Amortização.

Ressalta-se que todo o conteúdo do livro é sempre acompanhado por Notas Explicativas, tanto elaboradas pelo autor quanto das próprias leis abordadas.

É um livro para aprender e avançar na profissão contábil. E, mais do que isso, tê-lo como fonte permanente de estudo e consulta.

O Autor

Sumário

1. Estrutura Patrimonial

1.1. Introdução[1]

A Contabilidade é uma das mais antigas ciências estudadas pelo ser humano e sempre foi utilizada como instrumento de aplicação prática. Não surgiu de conceitos filosóficos ou por força de legislação fiscal ou societária.

Na realidade, a contabilidade surgiu da necessidade prática dos gestores do patrimônio das entidades, geralmente seus proprietários, naturalmente preocupados em ter um instrumento que lhes permitisse, entre outros benefícios, conhecer e controlar os ativos (bens e direitos) e passivos (obrigações), conhecer os resultados operacionais e não operacionais (lucros ou prejuízos), obter informações sobre produtos e serviços mais rentáveis, fixar custos e preços dos produtos para venda ou revenda e analisar a evolução de seu patrimônio (positivo ou negativo). Por isso atualmente são elaborados diversos demonstrativos que geralmente acompanham a publicação dos balanços patrimoniais das pessoas jurídicas, principalmente nos casos das sociedades anônimas de capital aberto.

Nos primórdios da contabilidade, os gestores das empresas ou aziendas passaram a elaborar formas rudimentares de escrituração que atendessem às suas necessidades até chegarem aos atuais avanços tecnológicos utilizados na contabilidade contemporânea, quando são utilizados os computadores eletrônicos.

A importância da contabilidade se verifica até no dia a dia dos cidadãos. Todo trabalhador ou aposentado, ao fazer suas contas para saber se o provento que vai receber será suficiente para pagar suas contas, está fazendo a sua contabilidade. Por isso, é impossível que as médias, pequenas e microempresas consigam sobreviver sem contabilidade, conforme permite a legislação em vigor.

1.2. Método das partidas dobradas

A contabilidade de Luca Pacioli, Luca Paciolo, Luca Pacciolo ou Luca Paccioli.

1 Introdução, Método e Definições conforme Cosif

Segundo o livro indicado pelo Conselho Federal de Contabilidade, Um Mestre do Renascimento, escrito por Antônio Lopes de Sá, publicado pela FBC – Fundação Brasileira de Contabilidade em 2004, seu verdadeiro nome era Luca Pacioli (*1445 †1517) e foi considerado o inventor do Método das Partidas Dobradas em uso na contabilidade.

Regra Básica do Método das Partidas Dobradas:

- Nos lançamentos contábeis, cada débito deve corresponder a um crédito;
- Nos balancetes de verificação a soma dos débitos deve ser igual à soma dos créditos.

Nascido em Borgo San Sepulcro, era conhecido como Lucas de Burgo. Foi frade franciscano e famoso matemático do seu tempo. Ele aperfeiçoou os conhecimentos de geometria de seu amigo Leonardo da Vinci (*1452 †1519) para que este pudesse dar continuidade às suas obras.

1.3. Definições de Contabilidade

"A contabilidade é a ciência que estuda e controla o patrimônio, objetivando representá-lo graficamente, evidenciar suas variações, estabelecer normas para sua interpretação, análise e auditagem e servir como instrumento básico para a tomada de decisões de todos os setores direta ou indiretamente envolvidos com a empresa". (*Hilário Franco*)

"A contabilidade é a ciência que estuda e pratica, controla e interpreta os fatos ocorridos no patrimônio das entidades, mediante o registro, a demonstração expositiva e a revelação desses fatos, com o fim de oferecer informações sobre a composição do patrimônio, suas variações e o resultado econômico decorrente da gestão da riqueza econômica". (*Hilário Franco*)

"A Contabilidade é uma ciência que permite, através de suas técnicas, manter um controle permanente do patrimônio da empresa" (*Prof. Osni Moura Ribeiro).*

"Podemos definir Contabilidade como o sistema de informação que controla o patrimônio de uma entidade" (*Prof. Clóvis Luís Padoveze).*

"A ciência que estuda o patrimônio de uma entidade, registrando as variações por ele sofridas, apurando resultados e prestando informações aos usuários da informação contábil" (*Equipe dos Professores da FEA/USP).*

A Contabilidade tem como objetivo fornecer os elementos fundamentais para que uma entidade possa ser bem administrada, mediante o acompanhamento da sua situação líquida patrimonial e dos seus resultados. Ela também permite que sejam controlados as disponibilidades, os bens e direitos constantes do Ativo e as obrigações constantes do Passivo, tais como os créditos de fornecedores e financiadores, as obrigações sociais, fiscais e tributárias, os contingenciamentos e as obrigações por serviços prestados por outrem.

Enfim, a contabilidade fornece todos os elementos necessários à tomada de decisões pelos dirigentes ou proprietários das entidades, além de fornecer subsídios às pessoas estranhas que tenham interesse em manter negócios diretos ou indiretos com ela.

Podemos observar que todas as definições expostas têm algo em comum. Todas mencionam primordialmente o controle e a informação sobre o patrimônio como forma de gerência e conquista de investimentos externos.

1.4. Objetivos e Principais Relatórios Contábeis

- **Balanço Patrimonial** – Relata os Bens e Direitos da sociedade, de curto e longo-prazos, bem como as obrigações com terceiros, também de curto e longo-prazos, e os recursos investidos pelos proprietários/acionistas/quotistas, os lucros e as reservas de lucros da empresa.
- **Demonstrações do Resultado do Exercício** – Informa a origem do lucro ou prejuízo (Vendas, Receitas, Custo das Mercadorias/Produtos/Serviços, Despesas etc.) apurado pela empresa durante seu exercício social. Informa ainda o total dos impostos sobre o Lucro Líquido devidos ao governo.
- **Demonstrações das Mutações do Patrimônio Líquido** – Relata as modificações ocorridas nas contas dos acionistas da empresa (Patrimônio Líquido) durante o período, bem como o acumulado atual.
- **Demonstrações dos Fluxos de Caixa** – Relata os recebimentos e os pagamentos da empresa, relacionados com as atividades operacionais, de investimentos e financiamentos durante seu exercício social.
- **Demonstrações do Valor Adicionado** – Relata a "riqueza gerada" pela empresa e sua distribuição para os empregados, financiadores, acionistas, governo e outros, bem como a parcela da riqueza (Lucros) ainda não distribuída.
- **Notas Explicativas** – Contêm os critérios utilizados pela Empresa para elaboração das demonstrações contábeis e outras informações necessárias para o entendimento desses relatórios pelos interessados em geral.

1.5. Demonstrações contábeis[2]

1 – A entidade deve elaborar o Balanço Patrimonial, a Demonstração do Resultado e as Notas Explicativas ao final de cada exercício social.

2 Fundamentado nas orientações do Sindcontsp

Quando houver necessidade, a entidade deve elaborá-los em períodos intermediários.

2 – A elaboração do conjunto completo das Demonstrações Contábeis, incluindo além das previstas no item 1, a Demonstração dos Fluxos de Caixa, a Demonstração do Resultado Abrangente e a Demonstração das Mutações do Patrimônio Líquido, apesar de não serem obrigatórias para as entidades alcançadas por esta Interpretação, é estimulada pelo Conselho Federal de Contabilidade.

3 – As Demonstrações Contábeis devem ser identificadas, no mínimo, com as seguintes informações:

a) a denominação da entidade;
b) a data de encerramento do período de divulgação e o período coberto; e
c) a apresentação dos valores do período encerrado na primeira coluna e na segunda, dos valores do período anterior.

4 – No Balanço Patrimonial, a entidade deve classificar os ativos como Ativo Circulante e Não Circulante e os passivos como Passivo Circulante e Não Circulante.

5 – O Ativo deve ser classificado como Ativo Circulante quando se espera que seja realizado até 12 meses da data de encerramento do balanço patrimonial. Nos casos em que o ciclo operacional for superior a 12 meses, prevalece o ciclo operacional.

6 – Todos os outros ativos devem ser classificados como Ativo Não Circulante.

7 – O Passivo deve ser classificado como Passivo Circulante quando se espera que seja exigido até 12 meses da data de encerramento do balanço patrimonial. Nos casos em que o ciclo operacional for superior a 12 meses, prevalece o ciclo operacional.

8 – Todos os outros passivos devem ser classificados como Passivo Não Circulante.

9 – Itens adicionais, nomes de grupos e subtotais devem ser apresentados no Balanço Patrimonial ou na Demonstração do Resultado se forem relevantes e materiais para a entidade.

10 – As despesas com tributos sobre o lucro devem ser evidenciadas na Demonstração do Resultado do período.

11 – Quaisquer ganhos ou perdas, quando significativos, por serem eventuais e não decorrerem da atividade principal e acessória da entidade, devem ser evidenciados na Demonstração do Resultado separadamente das demais receitas, despesas e custos do período.

12 - No mínimo, as Notas Explicativas às Demonstrações Contábeis devem incluir:

a) declaração explícita e não reservada de conformidade com esta Interpretação;
b) descrição resumida das operações da entidade e suas principais atividades;
c) referência às principais práticas contábeis adotadas na elaboração das demonstrações contábeis;
d) descrição resumida das políticas contábeis significativas utilizadas pela entidade;
e) descrição resumida de contingências passivas, quando houver; e
f) qualquer outra informação relevante para a adequada compreensão das demonstrações contábeis.

1.6. Utilização da Informação Contábil

Os principais órgãos e pessoas que utilizam as informações contábeis são:

- **Acionistas, sócios, investidores, proprietários, quotistas**: Objetivam conhecer os lucros (ou prejuízos), a evolução do Patrimônio, a rentabilidade, a segurança dos valores investidos.
- **Administradores e gestores da empresa**: Objetivam conhecer a performance da empresa no período analisado, afim de uma tomada firme e segura de decisões.
- **Credores de forma geral (fornecedores, bancos, emprestadores etc.):** Objetivam avaliar a confiabilidade e a segurança do retorno do capital investido na empresa. Com a informação Contábil, pode-se aferir a capacidade de pagamento de seus créditos a curtíssimo, médio e longo-prazos;
- Órgãos do governo: Objetivam conhecer o desempenho da empresa (Compras, Vendas, Lucros etc.) para fins de tributação de impostos.
- **Clientes, estudantes, "agências de notas de crédito e de classificação de risco de crédito" etc.** Objetivam conhecer o desempenho da empresa em determinado período, ou ao longo de vários períodos, para fins de estudo, comparabilidade, avaliação e informação, a interessados, da robustez patrimonial da empresa. As "empresas de avaliação de risco" atribuem uma "nota" qualificando a bom desempenho ("rating"), ou sobre os riscos na hipótese da empresa estar em situação de prejuízos ou déficits.

1.7. Balanço Patrimonial

Exemplo: **Balanço Patrimonial** com sua Estrutura atual - Cia. ABC Ltda. - Em: 31/12/20X1

Ativo		Passivo / Patrimônio Líquido	
Circulante	**110**	**Circulante**	**90**
Caixa e Equivalentes de Caixa	40	Salários a Pagar	30
Duplicatas a Receber	60	Impostos a Pagar	20
Adiantamentos a Fornecedores	10	Fornecedores	40
Não Circulante	**90**	**Não Circulante**	**10**
Imobilizado	**65**	Empréstimos a Pagar Longo Prazo	10
Imóveis	50		
Veículos	10	**Patrimônio Líquido**	**100**
Máquinas	5	Capital Social	80
Intangível	**25**	Lucros Acumulados	20
Marcas e Patentes	25		
Total Ativo	**200**	**Total Passivo**	**200**

Balanço Patrimonial. A finalidade principal da contabilidade é fornecer informações fidedignas e necessárias para conhecer-se a situação da posição financeira e patrimonial de uma empresa em determinada data. Esta demonstração é o *balanço patrimonial*. Ele **mostra os Ativos (bens e direitos), as Obrigações (dívidas e compromissos a pagar) e o Patrimônio Líquido (a diferença entre o Ativo e o Passivo).**

Dica→Podemos dizer que o Balanço Patrimonial é o "retrato" da situação financeira de uma empresa num determinado momento. De posse dessas informações pode-se avaliar sua potencialidade atual e prospectar a evolução futura para fins de empréstimos, investimentos, potencial de geração de riquezas etc.

Ativo. O Ativo é composto por Bens e Direitos:

Bens: Valores que representam um poder de compra (disponibilidades financeiras), e bens (corpóreos ou incorpóreos – Imobilizado e Intangível) que irão oferecer benefícios presentes ou futuros à empresa (Ex. de bens: caixa e bancos, estoques, máquinas, equipamentos, imóveis, veículos etc.).

Direitos: Valores que irão se transformar em disponibilidades financeiras (dinheiro) a curto ou longo prazos. São "direitos recebíveis", como por exemplo, Duplicatas e Contas a Receber, Cartões de Crédito a Receber, Despesas Antecipadas, Impostos a Recuperar etc.

Dica → Uma conta contábil do ATIVO jamais poderá estar com saldo "credor", figurando no Passivo do Balanço Patrimonial. (Exceto contas "Redutoras do Ativo"). O Ativo é representado sempre do lado esquerdo do Balanço Patrimonial.

Passivo. O Passivo é composto por dívidas e obrigações com terceiros

Passivo. O Passivo, seja de curto ou longo-prazo, significa as obrigações a pagar ou impostos a recolher, tanto aos credores quanto ao governo. Credores são aqueles que financiam a empresa, (fornecedores, empréstimos, financiamentos), ou seja, o "capital de terceiros".

Dica → Uma conta contábil do PASSIVO jamais poderá estar com saldo "devedor", figurando no Ativo do Balanço Patrimonial (Exceto contas "Redutoras do Passivo"). O Passivo e o Patrimônio Líquido são representados sempre do lado direito do Balanço Patrimonial.

Patrimônio Líquido. A diferença entre o Ativo (Bens + Direitos) e o Passivo (Obrigações) é o Patrimônio Líquido (ou Capital Próprio). No Patrimônio Líquido registram-se o Capital Social, os Lucros e Reservas de Lucros da empresa, dentre outras contas. Desta forma, os totais de ambos os lados de um Balanço Patrimonial (Ativo e Passivo) são e sempre serão exatamente iguais.

Dica → Não existe a expressão "Patrimônio Bruto".

Exemplo do Patrimônio Líquido:

Total Ativo		Total Passivo		Patrimônio Líquido
R$ 700	-	R$ 300	=	R$ 400

1.8. Equação Contábil

Ativo	**=**	**Passivo + Patrimônio Líquido**
↓		↓
Aplicação dos Recursos		**Origem (Fonte) dos Recursos**

Representação gráfica das contas – Razonetes Modelo "T":

Nome da Conta	
Débito	Crédito
Aplicação	Origem

Contas do Ativo: são de natureza devedora:

Conta Ativa	
Débito	Crédito
Aumenta o Saldo	Diminui o Saldo

Contas do Passivo (ou Patrimônio Líquido) são de natureza credora:

Conta Passiva	
Débito	Crédito
Diminui o Saldo	Aumenta o Saldo

Exemplos de Lançamentos Contábeis (Partidas Dobradas):

Operações realizadas no dia 02/01/20X5 – Empresa: Comercial Z Ltda.

1. Dois sócios constituíram uma Empresa. Valor da sociedade R$ 10.000,00.

O Capital foi integralizado em dinheiro.

Aplicação: 10.000,00

Origem: 10.000,00

Aplicação: Caixa	
Débito	**Crédito**
1-10.000,00	

Origem: Capital Social	
Débito	**Crédito**
	10.000,00-1

O Balanço Patrimonial fica assim:

Ativo		**Passivo/Patrimônio Líquido**	
Caixa	10.000,00	Capital Social	10.000,00
Total Ativo:	**10.000,00**	**Total Passivo/Pat. Líquido**	**10.000,00**

2. A Empresa adquiriu um Terreno, pagou em dinheiro, valor R$ 2.000,00

Aplicação: 2.000,00

Origem: 2.000,00

Aplicação: Terrenos	
Débito	**Crédito**
2-2.000,00	

Origem: Caixa	
Débito	**Crédito**
1-10.000,00	2.000,00-2
8.000,00	

O Balanço Patrimonial fica assim:

Ativo		**Passivo/Patrimônio Líquido**	
Caixa	8.000,00	Capital Social	10.000,00
Terrenos	2.000,00		
Total Ativo:	**10.000,00**	**Total Passivo/Pat. Líquido**	**10.000,00**

3. A Empresa comprou mercadorias a Prazo. Valor $ 5.000,00

Aplicação: 5.000,00

Origem: 5.000,00

Aplicação: Mercadorias	
Débito	**Crédito**
3-5.000,00	

Origem: Fornecedores	
Débito	**Crédito**
	5.000,00-3

O Balanço Patrimonial fica assim:

Ativo		**Passivo/Patrimônio Líquido**	
Caixa	8.000,00	Fornecedores	5.000,00
Mercadorias	5.000,00	Capital Social	10.000,00
Terrenos	2.000,00		
Total Ativo:	**15.000,00**	**Total Passivo/Pat. Líquido**	**15.000,00**

4.A Empresa comprou Máquinas e Equipamentos e pagou em dinheiro.

Valor R$ 3.000,00

Aplicação: 3.000,00

Origem: 3.000,00

Aplicação: Máquinas e Equipamentos	
Débito	**Crédito**
3-5.000,00	

Origem: Caixa	
Débito	**Crédito**
1-10.000,00	2.000,00-2
____	3.000,00-4
5.000,00	

O Balanço Patrimonial fica assim:

Ativo		**Passivo/Patrimônio Líquido**	
Caixa	5.000,00	Fornecedores	5.000,00
Mercadorias	5.000,00	Capital Social	10.000,00
Terrenos	2.000,00		
Máquinas e Equipamtos	3.000,00		
Total Ativo:	**15.000,00**	**Total Passivo/Pat. Líquido**	**15.000,00**

1.9. Contas Reais, Contas de Resultado: Receitas e Despesas

1.9.1. Contas Reais

As contas Reais são contas que **não são objetos de Apuração de Resultado ao final de um período.** Contas que são objetos de Apuração (ARE) são as Receitas e as Despesas. As contas Reais mantêm seus saldos transportados de exercício para exercício, somente sendo "zeradas" em caso de não mais existir o bem ou a dívida. Ou seja, as contas Reais, ou contas Patrimoniais, são representadas pelos Bens, Direitos, Obrigações e as contas do Patrimônio Líquido.

Exemplos de contas reais:

Contas Ativas: Caixa, Bancos, Clientes, Duplicatas a Receber, Impostos a Recuperar, Veículos, Imóveis, Terrenos, Máquinas e Equipamentos, Marcas, Patentes etc.

Contas Passivas: Salários a Pagar, INSS a Recolher, Fornecedores, Duplicatas a Pagar, Empréstimos a Pagar etc.;

-Contas do Patrimônio Líquido: Capital Social, Lucros do Exercício, Reserva Legal, Ações em Tesouraria etc.

1.9.2. Contas de Receitas

Segundo definição da NBC T 1, item 70 a): "*Receitas* são aumentos nos benefícios econômicos durante o período contábil sob a forma de entrada de recursos ou aumento de ativos ou diminuição de passivos, que resultem em aumento do patrimônio líquido e que não sejam provenientes de aporte dos proprietários da entidade."

Segundo o CPC 30 – Comitê dos Pronunciamentos Contábeis:

Alcance

1. Este pronunciamento deve ser aplicado na contabilização da **receita** proveniente de:

a) venda de bens;

b) prestação de serviços; e

c) utilização, por parte de terceiros, de outros ativos da entidade que geram juros, *royalties* e dividendos.

2. (Eliminado)

3. O termo "bens" inclui bens produzidos pela entidade com a finalidade de venda e bens comprados para revenda, tais como mercadorias compradas para venda no atacado e no varejo, terrenos e outras propriedades mantidas para revenda.

4. A prestação de serviços envolve tipicamente o desempenho da entidade em face da tarefa estabelecida contratualmente a ser executada ao longo de um período acordado entre as partes. Tais serviços podem ser prestados dentro de um ou mais períodos. Alguns contratos para a prestação de serviços estão diretamente relacionados a contratos de construção, como, por exemplo, os contratos para gestão de projetos e de arquitetura. As receitas provenientes de contratos dessa natureza não são tratadas no âmbito deste Pronunciamento, e sim de acordo com os requisitos para os contratos de construção, conforme especificados no Pronunciamento Técnico CPC 17 - Contratos de Construção.

5. A utilização, por parte de terceiros, de ativos da entidade dá origem **a receitas na forma de:**

a) juros - encargos pela utilização de caixa e equivalentes de caixa ou de quantias devidas à entidade;

b) royalties - encargos pela utilização de ativos de longo prazo da entidade, como, por exemplo: patentes, marcas, direitos autorais e *software* de computadores; e

c) dividendos - distribuição de lucros a detentores de instrumentos patrimoniais na proporção das suas participações em uma classe particular do capital.

Nota: No Plano de Contas, as Receitas estão elencadas nos grupos 3.1.0.000.00 a 3.1.3.001.00.

1.9.3. Contas de Despesas

Segundo definição da NBC T 1, item 70 b): "*Despesas* são decréscimos nos benefícios econômicos durante o período contábil sob a forma da saída de recursos ou da redução de ativos ou assunção de passivos, que resultam em decréscimo do patrimônio líquido e que não sejam relacionados com distribuições aos detentores dos instrumentos patrimoniais (distribuição de resultado ou devolução de capital **aos proprietários da entidade.**"

Exemplos de Despesas:

a) Despesas de aluguéis, juros sobre financiamentos, IPTU, IPVA, seguros etc.

b) Folha de pagamento e encargos sociais - Salários, ordenados,13º Salário, Férias, FGTS, INSS etc.

c) Despesas de Depreciações/Amortizações/Exaustão

Nota: No Plano de Contas, as Despesas estão elencadas nos grupos 3.2.0.000.00 a 3.2.4.000.00.

1.10. Exercícios de Classificação de contas e Lançamentos Contábeis

Exercício 1.10.1: Assinale com "A" as contas Ativas, com "P" as contas Passivas e com "L" as contas do Patrimônio Líquido:

( ) Capital Social	( ) Banco conta Movimento
( ) Fornecedores	( ) Lucros do Exercício
( ) Móveis e Utensílios	( ) Duplicatas a Pagar
( ) Estoques	( ) Caixa
( ) Participações Acionárias	( ) *Softwares*
( ) INSS a Recolher	( ) Equipamentos
( ) Instalações	( ) Reserva Legal
( ) Prejuízos Acumulados	( ) Financiamentos a Pagar
( ) Empréstimos a Receber	( ) Aplicações em Ouro
( ) Ações em Tesouraria	( ) ICMS a Recuperar

Exercício 1.10.2: Dois sócios constituíram a empresa Comercial Y Ltda. em 01/08/20X3, conforme Contrato Social registrado na Junta Comercial do Estado de São Paulo. Os eventos (Fatos Contábeis) a seguir devem ser contabilizados pela "Aplicação" e "Origem". Deve, ainda, ser procedido os Razonetes ("Modelo T") com a apuração dos saldos, e, ao final, apresentado o Balanço Patrimonial. As Contas Contábeis a serem utilizadas são as que estão em ***Itálico*** nos eventos:

1. Valor do ***Capital Social***, integralizado em dinheiro, foi Aplicado no ***Caixa.*** Valor R$ 200.000,00;

2. Aquisição de um ***Veículo*** a prazo, com Origem num ***Financiamento a Pagar*** no valor de R$ 15.000,00;

3. Compra de diversas ***Mercadorias*** a prazo, de Origem de diversos ***Fornecedores***, num total de R$ 20.000,00;

4. Abertura de conta corrente, onde fez uma Aplicação no ***Banco Itaú S.A***, com Origem no ***Caixa***, no valor de R$ 90.000,00;

5. Aquisição de diversos ***Equipamentos***, pagos com cheque, com Origem no ***Banco Itaú S.A.*** Valor R$ 2.000,00;

6. A Comercial Y Ltda. pediu um financiamento ao banco para comprar um armazém para montar sua primeira unidade. O valor, de R$ 100.000,00, foi Aplicado num ***Imóvel*** com Origem num ***Financiamento a Pagar***;

7. Aquisição de ***Instalações*** (prateleiras, balcões etc.), com Origem no ***Caixa***. Valor R$ 4.000,00.

8. A Comercial Y Ltda. comprou balanças, cortadores de frios, geladeiras etc., e fez um ***Adiantamento a Fornecedores***, com Origem no ***Banco Itaú S.A.***, no valor de R$ 5.000,00;

9. Aquisição de computadores e impressoras. Com Origem no ***Caixa***, foi Aplicado R$ 4.000,00 em ***Equipamentos de Informática;***

10. A Comercial Y Ltda. fez o registro da sua ***Marca***, com Origem no ***Caixa***, no valor R$ 2.000,00.

2. Método das Partidas Dobradas

Por esse método, efetua-se dois lançamentos a cada transação, um lançamento a débito e outro lançamento a crédito, em contas distintas, com a mesma data, mesmo número de lançamento e mesmo valor. Em teoria, os créditos representam as Origens (Fontes) de recursos e os débitos as Aplicações dos recursos.

Dica: → Não é permitido o registro de uma conta a débito e outra a crédito do mesmo código contábil, simultaneamente. Por exemplo, débito da conta Caixa e crédito da conta Caixa.

	Débito – Regra Geral
a)	Uma conta de Ativo é debitada quando um bem é comprado (ou adquirido).
b)	Uma conta de Passivo é debitada quando a dívida é paga (ou desfeita).
c)	A conta de Capital Social é debitada quando a companhia devolve recursos do capital aos acionistas (ou quotistas).
d)	Uma conta de Despesas é debitada quando a despesa é incorrida (comprada ou adquirida).

	Crédito – Regra Geral
a)	Uma conta de Ativo é creditada quando um bem é vendido, um direito é recebido ou ambos deixam de existir.
b)	Uma conta de Passivo é creditada quando se contrai uma dívida ou obrigação.
c)	A conta de Capital Social é creditada quando o acionista investe recursos na companhia (ou quando ao Capital Social incorpora-se lucros).
d)	Uma conta de receita é creditada quando uma receita é incorrida (Ex. Vendas).

2.1. Exemplos de Lançamentos (Com Históricos) – Eventos: 02/01/20X5

1. Integralização do Capital Social da Comercial Y Ltda., em dinheiro: R$ 10.000,00

→ Aplicação (Débito): Caixa

→ Origem (Crédito): Capital Social

Lançamento Contábil:

Lanç. nº 1 - Data: 01/02/20X5		
D 1.1.1.001.01 Caixa	10.000,00	
C 2.4.1.001.01 Capital Social		10.000,00
Histórico: Constituição do Capital Social da Empresa Comercial Y Ltda., conforme registro na Junta Comercial do Estado de São Paulo, feito pelos Sócios: José de Tal e Pedro de Tal, com 5.000 cotas cada, a $ 1,00 a cota.		

Razonetes (Modelo "T")

1.1.1.001.01 Caixa	
Débito	**Crédito**
1 - 10.000,00	500,00 - 2
9.500,00	

2.4.1.001.01 Capital Social	
Débito	**Crédito**
	10.000,00 -1
	10.000,00

Obs. A codificação das contas é a constante no Plano de Contas

2. Aquisição à vista de Móveis e Utensílios, pago em dinheiro: R$ 500,00

→ Aplicação (Débito): Móveis e Utensílios

→ Origem (Crédito): Caixa

Lançamento Contábil:

Lanç. nº 2 – Data: 01/02/20X5		
D 1.3.2.001.03 Móveis e Utensílios	500,00	
C 1.1.1.001.01 Caixa		500,00
Histórico: Compra de Móveis e Utensílios, conforme N. Fiscal nº 0000 da Comercial de Móveis Marte Ltda.		

1.3.2.001.03 Móveis e Utensílios	
Débito	**Crédito**
2 - 500,00	
500,00	

Razonetes (Modelo "T")

2.2. Balancete de Verificação e Balanço Patrimonial

Balancete de Verificação – Data: 01/02/20X5 – Comercial Y Ltda.

Código	Descrição	Saldo Ant.	Débito	Crédito	Saldo Atual
1.1.1.001.01	Caixa	0,00	10.000,00	500,00	9.500,00
1.3.2.001.03	Móveis e Utensílios	0,00	500,00	0,00	500,00
2.4.1.001.01	Capital Social	0,00	0,00	10.000,00	10.000,00
	Totais:	**0,00**	**10.500,00**	**10.500,00**	**10.000,00**

Balanço Patrimonial – Data: 01/02/20X5

Comercial Y Ltda.

Ativo		**Passivo/Patrimônio Líquido**	
Circulante	**9.500,00**	**Patrimônio Líquido**	**10.000,00**
Disponibilidades Financeiras	9.500,00	Capital Social	10.000,00
Não Circulante	**500,00**		
Imobilizado	500,00		
Total Ativo	**10.000,00**	**Total Passivo/Patr. Líquido**	**10.000,00**

2.3. Razão Analítico – (SPED)

Exemplo do modelo do Razão Analítico (SPED) dos lançamentos contábeis:

Razão Analítico

Comercial Y Ltda.

Período: 01/02/20X5 a 28/02/20X5

1.1.1.001.01 – Caixa						
Data	**Lanç**	**C/Partida**	**Histórico**	**Débito**	**Crédito**	**Saldo**
		Saldo Anterior				0,00
01/02/20X5	1	2.4.1.001.01	Constituição do Capital Social da Empresa Comercial Y Ltda., conforme registro na Junta Comercial do Estado de São Paulo, feito pelos Sócios: José de Tal e Pedro de Tal, com 5.000 cotas cada, a $ 1,00 a cota.	10.000,00	0,00	10.000,00
01/02/20X5	2	1.3.2.001.03	Compra de Móveis e Utensílios, conforme N. Fiscal nº 0000 da Comercial de Móveis Marte Ltda.	0,00	500,00	9.500,00
			Totais:	**10.000,00**	**500,00**	

1.3.2.001.03 - Móveis e Utensílios						
Data	**Lanç**	**C/Partida**	**Histórico**	**Débito**	**Crédito**	**Saldo**
		Saldo Anterior				0,00
01/02/20X5	2	1.1.1.001.01	Compra de Móveis e Utensílios, conforme N. Fiscal nº 0000 da Comercial de Móveis Marte Ltda.	500,00	0,00	500,00
			Totais:	**500,00**	**0,00**	

2.4.1.001.01 - Capital Social						
Data	**Lanç**	**C/Partida**	**Histórico**	**Débito**	**Crédito**	**Saldo**
		Saldo Anterior			10.000,00	0,00
01/02/20X5	1	1.1.1.001.01	Constituição do Capital Social da Empresa Comercial Y Ltda., conforme registro na Junta Comercial do Estado de São Paulo, feito pelos Sócios: José de Tal e Pedro de Tal, com 5.000 cotas cada, a $ 1,00 a cota.	0,00		-10.000,00
			Totais	**0,00**	**10.000,00**	

2.4. Diário (SPED)

Exemplo do modelo do Diário (SPED)

Livro Diário Geral

Comercial Y Ltda.

Período: 01/02/20X5 a 28/02/20X5

Data	Lanç	Conta:	Histórico:	Débito $	Crédito $
01/02/20X5	1	1.1.1.001.01	Constituição do Capital Social da Empresa Comercial Y Ltda., conforme registro na Junta Comercial do Estado de São Paulo, feito pelos Sócios: José de Tal e Pedro de Tal, com 5.000 cotas cada, a $ 1,00 a cota.	10.000,00	
		2.4.1.001.01	Constituição do Capital Social da Empresa Comercial Y Ltda., conforme registro na Junta Comercial do Estado de São Paulo, feito pelos Sócios: José de Tal e Pedro de Tal, com 5.000 cotas cada, a $ 1,00 a cota.		10.000,00

Data	Lanç	Conta:	Histórico:	Débito $	Crédito $
01/02/20X5	2	1.3.2.001.03	Compra de Móveis e Utensílios, conforme N. Fiscal nº 0000 da Comercial de Móveis Marte Ltda.	500,00	
		1.1.1.001.01	Compra de Móveis e Utensílios, conforme N. Fiscal nº 0000 da Comercial de Móveis Marte Ltda.		500,00
			Totais:	**10.500,00**	**10.500,00**

2.5. Projeto SPED

O Decreto nº 6022/07 (22/01/2007) instituiu o *Sistema Público de Escrituração Digital* (*SPED*), prevendo que os livros e documentos contábeis e fiscais serão emitidos em forma eletrônica.

Obrigatoriedade de Escrituração:[3]

A Escrituração Contábil Digital (ECD) é parte integrante do projeto SPED e tem por objetivo a substituição da escrituração em papel pela escrituração transmitida via arquivo, ou seja, corresponde à obrigação de transmitir, em versão digital, os seguintes livros:

I – livro Diário e seus auxiliares, se houver;

II – livro Razão e seus auxiliares, se houver;

III – livro Balancetes Diários, Balanços e fichas de lançamento comprobatórias dos assentamentos neles transcritos.

Segundo a Instrução Normativa RFB nº 787/07, estão obrigadas a adotar a ECD (Escrituração Contábil Digital):

I – em relação aos fatos contábeis ocorridos a partir de 1º de janeiro de 2008, as sociedades empresárias sujeitas a acompanhamento econômico-tributário diferenciado, nos termos da Portaria RFB nº 11.211, de 7 de novembro de 2007, e sujeitas à tributação do Imposto de Renda com base no Lucro Real.

II – em relação aos fatos contábeis ocorridos a partir de 1º de janeiro de 2009, as demais sociedades empresárias sujeitas à tributação do Imposto de Renda com base no Lucro Real.

Portanto, a partir do ano-calendário 2009, estão obrigadas ao SPED Contábil todas as sociedades empresárias tributadas pelo lucro real.

3 Fundamentos da Receita Federal do Brasil.

Para as outras sociedades empresárias a ECD é facultativa.

As sociedades simples e as microempresas e empresas de pequeno porte optantes pelo Simples Nacional estão dispensadas desta obrigação.

As regras de obrigatoriedade não levam em consideração se a sociedade empresária teve ou não movimento no período. Sem movimento não quer dizer sem fato contábil. Normalmente ocorrem eventos como depreciação, incidência de tributos, pagamento de aluguel, pagamento do contador, pagamento de luz, custo com o cumprimento de obrigações acessórias (como apresentação de DCTF e DIPJ), entre outras.

2.6. Plano de Contas

O CFC – Comitê Federal de Contabilidade, através do Portalcfc.org.br, assim define o **Plano de Contas**: "O Plano de contas consiste em um conjunto de títulos, apresentados de forma coordenada e sistematizada, previamente definidos, nele traduzida a estrutura das contas a serem utilizadas de maneira uniforme para representar o estado patrimonial da entidade, e de suas variaçoes, em um determinado período."

PLANO DE CONTAS (Fins Didáticos) – Padrão SPED	
1.0.0.000.00	ATIVO
1.1.0.000.00	ATIVO CIRCULANTE
1.1.1.000.00	DISPONÍVEL
1.1.1.001.00	NUMERÁRIOS
1.1.1.001.01	Caixa
1.1.1.001.02	Banco Itaú c/Movimento
1.1.2.000.00	CRÉDITOS
1.1.2.001.00	DUPLICATAS A RECEBER
1.1.2.001.01	Clientes
1.1.2.001.02	Duplicatas a Receber
1.1.2.001.03	Contas a Receber
1.1.2.001.04	(-) Perdas Estimadas em Créditos Liquidação Duvidosa – PCLD
1.1.2.001.05	Cartões Débito/Crédito a Receber
1.1.2.001.05	(-) Juros a Apropriar – Duplicatas a Receber
1.1.2.001.07	(-) Outras contas redutoras
1.1.2.002.00	TRIBUTOS A RECUPERAR
1.1.2.002.01	PIS a Recuperar

1.1.2.002.02	COFINS a Recuperar
1.1.2.002.03	ICMS a Recuperar
1.1.2.003.00	ADIANTAMENTOS
1.1.1.003.01	Salário Família
1.1.2.003.02	Adiantamentos a Funcionários
1.1.2.003.03	Adiantamentos a Fornecedores
1.1.2.003.04	Adiantamentos Diversos
1.1.3.001.00	ESTOQUES DE MERCADORIAS
1.1.3.001.01	Mercadorias
1.1.3.001.02	Matéria-Prima
1.1.3.001.10	(-) Provisão para Perdas de Estoques
1.1.3.002.00	ESTOQUES DE PRODUTOS
1.1.3.002.01	Insumos (Materiais Diretos)
1.1.3.002.02	Produtos em Elaboração
1.1.3.002.03	Produtos Acabados
1.1.3.007.00	ESTOQUES (OUTROS)
1.1.3.007.01	Material em Almoxarifado
1.1.3.007.02	Sucata
1.1.3.007.03	Material de Expediente
1.1.3.007.04	Material Destinado à Destruição
1.1.5.000.00	DESPESAS DO EXERCÍCIO SEGUINTE
1.1.5.005.00	DESPESAS DO EXERCÍCIO SEGUINTE
1.1.5.005.01	Prêmios de Seguros a Apropriar
1.1.5.005.02	Aluguéis Pagos Antecipadamente
1.1.5.005.03	Juros Financeiros a Apropriar
1.1.5.005.04	Despesas Pagas Antecipadamente
1.1.5.005.05	Outros Recebíveis a Apropriar
1.3.0.000.00	ATIVO NÃO CIRCULANTE
1.3.1.000.00	REALIZÁVEL DE LONGO PRAZO
1.3.1.001.00	CONTAS A RECEBER
1.3.1.001.01	Contas a Receber de Longo Prazo
1.3.1.002.00	INVESTIMENTOS
1.3.1.002.01	Participações Empresa “X”
1.3.1.002.02	Outros Investimentos

1.3.1.002.03	Participações Permanentes Controladas – País
1.3.2.000.00	IMOBILIZADO DE USO
1.3.2.001.00	IMOBILIZADO
1.3.2.001.01	Terrenos
1.3.2.001.02	Imóveis/Edifícios
1.3.2.001.03	Móveis e Utensílios
1.3.2.001.04	Instalações
1.3.2.001.05	Máquinas e Equipamentos
1.3.2.001.07	Veículos
1.3.2.001.08	Equipamentos de Informática
1.3.2.001.10	Ferramentas
1.3.2.001.11	Aeronaves
1.3.2.001.12	Construções em Andamento – Imóvel Próprio
1.3.2.001.13	Construção de Ativo Próprio em Andamento
1.3.2.001.14	Outras Imobilizações
1.3.2.003.00	IMOBILIZADO – DEPRECIAÇÃO/EXAUSTÃO/DEPLEÇÃO
1.3.2.003.01	(-) Depreciação Acumulada
1.3.2.003.02	(-) *Impairment* Acumulado
1.3.2.003.03	(-) Exaustão Acumulada
1.3.2.003.04	(-) Depleção Acumulada
1.3.3.000.00	INTANGÍVEL
1.3.3.001.00	INTANGÍVEL
1.3.3.001.01	Marcas
1.3.3.001.02	Patentes
1.3.3.001.03	Softwares
1.3.3.001.04	Direitos Autorais
1.3.3.001.05	Intangíveis em Desenvolvimento
1.3.3.001.10	Direitos de Exploração de Recursos Minerais
1.3.3.001.12	*Goodwill*
1.3.3.002.00	INTANGÍVEL – AMORTIZAÇÃO
1.3.3.002.01	(-) Amortização Acumulada

2.0.0.000.00	PASSIVO
2.1.0.000.00	PASSIVO CIRCULANTE
2.1.1.000.00	OBRIGAÇÕES DIVERSAS

2.1.1.001.00	CONTAS A PAGAR
2.1.1.001.01	Salários a Pagar
2.1.1.001.02	13º salários a Pagar
2.1.1.001.03	Férias a Pagar
2.1.1.001.04	INSS a Recolher
2.1.1.001.05	FGTS a Recolher
2.1.1.001.06	Fornecedores
2.1.1.001.07	Duplicatas a Pagar
2.1.1.001.08	Contas a Pagar
2.1.1.001.09	Aluguéis a Pagar
2.1.1.001.10	Dividendos a Pagar
2.1.1.001.11	Adiantamentos Recebidos de Clientes
2.1.1.001.12	Empréstimos a Pagar-Duplicatas Descontadas
2.1.1.001.13	Empréstimos/Financiamentos a Pagar
2.1.1.001.14	ICMS a Recolher
2.1.1.001.15	COFINS a Recolher
2.1.1.001.16	PIS a Recolher
2.1.1.001.17	Impostos a Recolher – IRPJ/CSLL
2.1.1.001.18	Imposto de Renda PF a Recolher
2.1.1.001.23	Contribuição Sindical a Recolher
2.1.1.001.25	Títulos/Notas Promissórias a Pagar
2.2.0.000.00	PASSIVO NÃO CIRCULANTE
2.2.1.000.00	OBRIGAÇÕES A LONGO PRAZO
2.2.1.001.00	EMPRÉSTIMOS E FINANCIAMENTOS
2.2.1.001.01	Fornecedores no País a Longo Prazo
2.2.1.001.02	Empréstimos/Financiamentos a Pagar Longo Prazo
2.2.1.001.03	(-) Juros a Apropriar Decorrentes de Ajuste a Valor Presente (AVP)
2.2.1.005.00	PASSIVOS FISCAIS DIFERIDOS - LONGO PRAZO
2.2.1.005.01	Débitos Fiscais IRPJ/CSLL - Longo Prazo
2.2.1.021.00	RECEITAS DIFERIDAS
2.2.1.021.01	Aluguéis Recebidos a Apropriar
2.2.1.021.02	Outras Receitas a Apropriar
2.4.0.000.00	PATRIMÔNIO LÍQUIDO
2.4.1.000.00	CAPITAL SOCIAL

2.4.1.001.00	CAPITAL SOCIAL
2.4.1.001.01	Capital Social
2.4.1.001.02	(-) Capital Social a Integralizar de Domiciliados no País
2.4.2.000.00	RESERVAS
2.4.2.001.00	RESERVAS DE CAPITAL
2.4.2.001.01	Ágio na Emissão de Ações
2.4.2.001.02	Reserva Especial de Ágio na Incorporação
2.4.2.001.03	Alienação de Partes Beneficiárias
2.4.2.001.04	Alienação de Bônus de Subscrição
2.4.2.002.00	RESERVAS DE REAVALIAÇÃO
2.4.2.002.01	Ajustes de Reavaliação de Ativos Próprios
2.4.2.003.00	RESERVAS DE LUCROS
2.4.2.003.01	Reserva Legal
2.4.2.003.02	Reserva Estatutária
2.4.2.003.03	Reserva para Contingência
2.4.2.003.04	Reserva de Incentivos Fiscais
2.4.2.003.05	Reserva de Lucros para Expansão
2.4.2.003.06	Reserva de Lucros a Realizar
2.4.2.003.06	Reserva Especial para Dividendo Obrigatório não Distribuído
2.4.2.004.00	OUTRAS CONTAS DO PATRIMÔNIO LIQUIDO
2.4.2.004.01	Lucros do Exercício
2.4.2.004.02	(-) Prejuízos Acumulados
2.4.2.004.03	(-) Ações em Tesouraria

3.0.0.000.00	RECEITA
3.1.0.000.00	RECEITAS OPERACIONAIS LIQUIDAS
3.1.1.000.00	RECEITAS OPERACIONAIS LIQUIDAS
3.1.1.001.00	RECEITAS BRUTA
3.1.1.001.01	Receita Revenda de Merc. Mercado Interno (Vendas)
3.1.1.001.02	Receita de Prestação Serviços Mercado Interno
3.1.1.002.00	DEDUÇÕES
3.1.1.002.01	(-) Vendas Canceladas/ Devoluções/Desc. Concedidos
3.1.1.002.02	(-) ICMS/Vendas
3.1.1.002.03	(-) COFINS s/ Vendas
3.1.1.002.04	(-) PIS s/ Vendas

3.1.1.002.05	(-) ISS
3.1.2.000.00	RECEITAS FINANCEIRAS
3.1.2.000.01	Juros Recebidos s/Aplicações Financeiras
3.1.2.000.02	Juros Recebidos s/duplicatas
3.1.2.000.05	Reversão das Perdas de Recuperabilidade (*Impairment*)
3.1.2.000.09	Outras Receitas Financeiras
3.1.3.000.00	OUTRAS RECEITAS OPERACIONAIS
3.1.3.000.01	Bonificações Recebidas
3.1.3.000.02	Descontos Obtidos
3.1.3.000.03	Venda de Sucatas
3.1.3.000.04	Receitas de Aluguéis
3.1.3.000.05	Receitas Equivalência Patrimonial
3.1.3.000.06	Dividendos Recebidos
3.1.3.000.10	Reversão dos Saldos de Provisões
3.1.3.000.12	Recuperações de Créditos
3.1.3.001.00	RECEITAS NÃO OPERACIONAIS
3.1.3.001.01	Ganhos na Venda de Ativos
3.1.3.001.02	Outras Receitas Não Operacionais
4.0.0.000.01	COMPENSAÇÃO PASSIVA
4.0.0.000.01	ARE – Apuração do Resultado do Exercício
4.0.0.000.02	Mercadorias em Trânsito
4.0.0.000.03	Venda de Ativos a Classificar
4.0.0.000.04	Bens em Comodato

3.2.0.000.00	CUSTOS E DESPESAS
3.2.1.000.00	CUSTO DAS MERCADORIAS/PRODUTOS VENDIDOS
3.2.1.000.01	Custo das Mercadorias Vendidas
3.2.2.000.02	Custo dos Produtos Vendidos
3.2.2.001.03	Custo dos Serviços Prestados
3.2.2.000.00	DESPESAS GERAIS – OPERACIONAIS
3.2.2.001.00	DESPESAS ADMINISTRATIVAS
3.2.2.001.01	Salários e Ordenados

3.2.2.001.02	Horas-Extras
3.2.2.001.03	Adicional Noturno
3.2.2.001.04	DSR – Descanso Semanal Remunerado
3.2.2.001.05	13º Salário
3.2.2.001.06	Férias
3.2.2.001.07	Indenizações Trabalhistas
3.2.2.001.08	INSS
3.2.2.001.09	FGTS
3.2.2.001.12	Luz e Força
3.2.2.001.13	Água e Esgoto
3.2.2.001.14	Despesas Telefone
3.2.2.001.15	Despesas de Seguros
3.2.2.001.16	Material de Expediente
3.2.2.001.17	Despesas de Condução
3.2.2.001.18	Aluguéis e Arrendamentos
3.2.2.001.19	Combustível
3.2.2.001.20	Manutenção de Veículos
3.2.2.001.21	Manutenção de Prédios e Terrenos
3.2.2.001.22	Manutenção de Máquinas e Equipamentos
3.2.2.001.23	IPVA
3.2.2.001.24	IPTU
3.2.2.001.25	Taxas e Emolumentos
3.2.2.001.26	Multas Diversas
3.2.2.001.30	Despesas de Depreciação/Amortização/Exaustão/Depleção
3.2.2.001.31	Despesas c/Ajuste de Estoque ao Valor Realizável Líquido
3.2.2.001.32	Despesas Devedores Duvidosos (PCLD)
3.2.2.001.33	Perdas com *Impairment*
3.2.2.002.00	DESPESAS DE VENDAS
3.2.2.002.01	Comissão dos Vendedores
3.2.2.002.02	Fretes s/ Vendas
3.2.2.002.03	Descontos Concedidos
3.2.2.002.04	Comissões sobre Cartões de Débito/Crédito
3.2.2.002.05	Propaganda e Marketing
3.2.2.002.10	Outras Despesas de Vendas
3.2.3.000.00	DESPESAS FINANCEIRAS
3.2.3.000.01	Juros s/ Empréstimos

3.2.3.000.02	Juros Passivos
3.2.3.000.03	IOF s/ Empréstimos
3.2.3.000.04	Despesas Bancárias
3.2.4.000.00	DESPESAS NÃO OPERACIONAIS
3.2.4.000.01	Perdas na Venda de Ativos
3.2.4.000.02	Perdas com Baixa de Ativos
3.2.4.000.03	Outras Despesas não operacionais

4.1.0.000.00	COMPENSAÇÃO ATIVA
4.1.0.000.01	ARE-Apuração do Resultado do Exercício
4.1.0.000.02	Transferência de Mercadorias
4.1.0.000.03	Classificação de Venda de Ativos
4.1.0.000.04	Bens em Comodato

Nota: Observação sobre a conta: **Lucros Acumulados:**

Instrução CVM 469 de 02/05/2008 acerca de lucros acumulados:

"Art. 5º No encerramento do exercício social, a conta de lucros e prejuízos acumulados não deverá apresentar saldo positivo.

Parágrafo único. Eventual saldo positivo remanescente na conta de lucros e prejuízos acumulados deverá ser destinado para reserva de lucros, nos termos dos art. 194 a 197 da Lei nº 6.404, de 15 de dezembro de 1976, ou distribuído como dividendo"

Portanto, entende-se que os saldos de Lucros que não forem distribuídos deverão ser transferidos para contas de Reservas de Lucros.

2.7. Exemplos de Lançamentos Contábeis com Razonetes e Balancete de Verificação

Lançamentos da 1ª Fórmula: Um débito para um crédito.

Data dos Eventos: 01/12/20X4

1 – Constituição da empresa Atacadista JJ Ltda. Valor do Capital Social, integralizado em dinheiro: R$ 100.000,00.

2 – Compra de Mercadorias a prazo: Valor R$ 60.000,00

3 – Compra de Móveis e Utensílios. Pagamento à vista em dinheiro: R$ 5.000,00

4 – Compra de Instalações (prateleiras). Pagamento à vista em dinheiro: R$ 2.000,00

5 – Abertura de conta corrente bancária no Banco Itaú. Feito depósito de R$ 50.000,00

6 – Compra de Máquinas e Equipamentos, pago em cheque. R$ 8.000,00

7 – Compra de uma caminhonete, pago em cheque R$ 12.000,00

8 – Feito vendas à vista, recebido em dinheiro: R$ 20.000,00

9 – Feito vendas a prazo. R$ 10.000,00

10 – Pago IPVA da caminhoneta, em cheque: 4% do valor do veículo.

Pede-se:

a) Lançamentos Contábeis com (códigos do Plano de Contas);

b) Razonetes (Modelo "T"), com apuração de Saldos;

c) Balancete de Verificação.

Solução do Exemplo:

a) Lançamentos Contábeis (com códigos do Plano de Contas)

1 - Constituição do Capital de Atacadista JJ Ltda. – 01/12/X4		
D 1.1.1.001.01 Caixa	100.000,00	
C 2.4.1.001.01 Capital Social		100.000,00

2 - Compra de Mercadorias a Prazo NF 0000 – Fornecedor M – 01/12/X4		
D 1.1.3.001.01 Mercadorias	60.000,00	
C 2.1.1.001.06 Fornecedores		60.000,00

3 - Compra de M. Utensílios NF 0000 – Fornecedor C – 01/12/X4		
D 1.3.2.001.03 Móveis e Utensílios	5.000,00	
C 1.1.1.001.01 Caixa		5.000,00

4 - Compras de Instalações NF 0000 – Fornecedor F – 01/12/X4		
D 1.3.2.001.04 Instalações	2.000,00	
C 1.1.1.001.01 Caixa		2.000,00

5 - Abertura Conta Bancária Banco Itaú S.A – C/Movimento – 01/12/X4		
D 1.1.1.001.02 Banco Itaú c/Movimento	50.000,00	
C 1.1.1.001.01 Caixa		50.000,00

6 - Compra de Máq. Equipamentos - NF 0000 – Fornecedor L – 01/12/X4		
D 1.3.2.001.05 Máquinas e Equipamentos	8.000,00	
C 1.1.1.001.02 Banco Itaú c/Movimento		8.000,00

7 - Compra Veículo – NF 0000 – Fornecedor V – 01/12/X4		
D 1.3.2.001.07 Veículos	12.000,00	
C 1.1.1.001.02 Banco Itaú c/Movimento		12.000,00

8 - Vendas – NF 0001 para Cliente G – 01/12/X4		
D 1.1.1.001.01 Caixa	20.000,00	
C 3.1.1.001.01 Vendas		20.000,00

9 - Vendas – NF 0002 para Cliente R – 01/12/X4		
D 1.1.2.001.01 Clientes	10.000,00	
C 3.1.1.001.01 Vendas		10.000,00

10 - Pago IPVA – Caminhonete placas XXX-0000 – 01/12/X4		
D 3.2.2.001.23 I.P.V.A	480,00	
C 1.1.1.001.02 Banco Itaú c/Movimento		480,00

b) Razonetes (Modelo "T"), com apuração de Saldos

1.1.1.001.01-Caixa	
1-100.000,00	5.000,00-3
8- 20.000,00	2.000,00-4
63.000,00	50.000,00-5

2.4.1.001.01-Capital Social	
	100.000,00-1
	100.000,00

1.1.3.001.01-Mercadorias	
2-60.000,00	
60.000,00	

1.1.1.001.02 – Banco Itaú c/Mov	
5-50.000,00	8.000,00-6
	12.000,00-7
29.520,00	480,00-10

2.1.1.001.06 – Fornecedores	
	60.000,00-2
	60.000,00

1.3.2.001.03 – Móveis Utensílios	
3-5.000,00	
5.000,00	

1.3.2.001.07-Veículos	
7-12.000,00	
12.000,00	

1.3.2.001.04-Instalações	
4- 2.000,00	
2.000,00	

1.3.2.001.05-Máquinas Equipamentos	
6-8.000,00	
8.000,00	

3.2.2.001.23-I.P.V.A	
10- 480,00	
480,00	

3.1.1.001.01-Vendas	
	20.000,00-8
	10.000,00-9
	30.000,00

1.1.2.001.01-Clientes	
9-10.000,00	
10.000,00	

c) Balancete de Verificação

Balancete de Verificação

Atacadista JJ Ltda. – Data: 01/12/20X4

Código:	Contas:	Débito $	Crédito $
1.1.1.001.01	Caixa	63.000,00	
1.1.1.001.02	Banco Itaú c/Movimento	29.520,00	
1.1.2.001.01	Clientes	10.000,00	
1.1.3.001.01	Mercadorias	60.000,00	
1.3.2.001.03	Móveis e Utensílios	5.000,00	
1.3.2.001.04	Instalações	2.000,00	
1.3.2.001.05	Máquinas e Equipamentos	8.000,00	
1.3.2.001.07	Veículos	12.000,00	
2.1.1.001.06	Fornecedores		60.000,00
2.4.1.001.01	Capital Social		100.000,00
3.1.1.001.01	Vendas		30.000,00
3.2.2.001.23	I.P.V.A	480,00	
	Totais Débito/Crédito:	**190.000,00**	**190.000,00**

2.8. Exercícios de Lançamentos Contábeis

Exercício 2.8.1: Lançamentos da 1ª. Fórmula: Um débito para um crédito.

Data dos Eventos: 20/07/20X2

1 - Constituição da empresa Limpadora Batista Ltda. Valor do Capital Social, integralizado em dinheiro: R$ 200.000,00.

2 - Compra de Mercadorias a prazo: Valor R$ 100.000,00.

3 - Abertura de conta corrente bancária no Banco Itaú. Feito depósito de R$ 40.000,00.

4 - Compra de Móveis e Utensílios. Pagamento em cheque: R$ 4.000,00.

5 - Pago conta de luz, em dinheiro: R$ 150,00.

6 - Compra de Equipamentos, pago em cheque: R$ 3.000,00.

7 - Compra de um terreno para estacionamento dos clientes, pago em cheque R$ 20.000,00.

8 - Feito vendas de serviços à vista, recebido em dinheiro: R$ 50.000,00.

9 - Feito vendas de serviços a prazo: R$ 25.000,00.

10 - Pago Taxas e Emolumentos para registrar o terreno. Valor 2% do terreno. Pago em cheque.

Pede-se:

a) Lançamentos Contábeis com códigos do Plano de Contas;

b)"Criar" histórico conforme modelo nos "Lançamentos Contábeis" do exemplo.

c) Razonetes (Modelo "T"), com apuração de Saldos;

d) Balancete de Verificação.

Exercício 2.8.2: Lançamentos da 1ª. Fórmula: Um débito para um crédito.

A contabilidade da empresa Drogaria Drogax S.A. no dia 31/01/20X4 apresentou o balancete de verificação abaixo:

Balancete de Verificação: Drogaria Drogax S.A. – Data: 31/01/20X4

Código	Contas	Débito $	Crédito $
1.1.1.001.01	Caixa	50.000,00	
1.1.1.001.02	Banco Itaú c/Movimento	35.000,00	
1.1.2.001.01	Clientes	10.000,00	
1.3.2.001.03	Móveis e Utensílios	5.000,00	
2.4.1.001.01	Capital Social		100.000,00
	Totais:	**100.000,00**	**100.000,00**

No dia 01/02/20X4 teve uma série de fatos contábeis a serem contabilizados, conforme relação a seguir:

1 - Compra de Mercadorias a prazo: Valor R$ 70.000,00.

2 - Vendas recebidas em dinheiro: R$ 10.000,00.

3 - Vendas, recebidas em Cartões de Débito/Crédito: R$ 20.000,00.

4 - Pago Comissões aos vendedores, em dinheiro, de 2,5% sobre as Vendas em dinheiro.

5 - Pagamento de aluguel do mês de fevereiro/20X4, em cheque. Valor R$ 1.000,00.

Pede-se:

a) Lançamentos Contábeis com códigos do Plano de Contas.

b)"Criar" histórico conforme modelo nos "Lançamentos Contábeis" do exemplo.

c) Abrir Razonetes (Modelo "T"), com os saldos do Balancete anterior e apurar os Saldos atuais.

d) Novo Balancete de Verificação.

3. As quatro fórmulas contábeis

O lançamento contábil é o registro do fato contábil. Todo fato que gera um lançamento contábil deve estar lastreado por documentação hábil e idônea. Entenda-se como documentação:

- Nota-Fiscal (Danfe);
- Duplicatas (de compras de bens ou de serviços);
- Guias de Recolhimento (Municipais, Estaduais ou Federais);
- Recibos (Recibo de Pagamento a Autônomos, de pagamento de Salários, de Aluguéis etc.);
- Escrituras de Imóveis;
- Etc.

Os lançamentos contábeis podem ser feitos:

a) lançamento de primeira fórmula;
b) lançamento de segunda fórmula;
c) lançamento de terceira fórmula;
d) lançamento de quarta fórmula.

Nota: O lançamento contábil não se resume a "débito e crédito". Deve possuir também:

- O valor expresso em moeda nacional;
- Data do lançamento;
- Histórico;
- Número do lançamento.

3.1. Lançamento de primeira fórmula

O lançamento de **primeira fórmula** corresponde a "**um débito para um crédito**".

Exemplo 1: A empresa efetua um pagamento, em dinheiro (à vista), de Manutenção de Veículos:

1 - Pago NF 000 – Oficina Mecânica X Ltda. – 00/00/X5		
D 3.2.2.001.20 Manutenção de Veículos	500,00	
C 1.1.1.001.01 Caixa		500,00

Exemplo 2: A empresa efetua um pagamento, em cheque, de uma dívida a Fornecedor:

2 - Pago Dp. 000 – Fornecedor K – 00/00/X5		
D 2.1.1.001.06 Fornecedores	900,00	
C 1.1.1.001.02 Banco Itaú c/ Movimento		900,00

3.2. Lançamento de segunda fórmula

O lançamento de **segunda fórmula** corresponde a "**um débito para vários créditos**".

Exemplo 1: Pagamento de uma despesa de Seguros, sento metade em dinheiro e metade em cheque:

3 - Pago Seguros Cia Marítima ano 2015 Ap. 00002 – 00/00/X5		
D 3.2.2.001.15 Despesas de Seguros	2.000,00	
C 1.1.1.001.02 Banco Itaú c/Movimento		1.000,00
C 1.1.1.001.01 Caixa		1.000,00

Exemplo 2: Pagamento de Aluguel (Provisionado), sendo parte em dinheiro, parte em cheque e ainda obtendo um desconto.

4 - Pago Aluguel a José Santos, ref. 02/X5 – 00/00/X5		
D 2.1.1.001.09 Aluguéis a Pagar	3.500,00	
C 1.1.1.001.01 Caixa		1.500,00
C 1.1.1.001.02 Banco Itaú c/Movimento		1.500,00
C 3.1.3.000.02 Descontos Obtidos		500,00

3.3. Lançamento de terceira fórmula

O lançamento de **terceira fórmula** corresponde a "**vários débitos para um crédito**".

Exemplo 1: A empresa efetua um pagamento, em dinheiro, de I.P.T.U. com Juros por atraso.

5 - Pago IPTU 2ª Parc./2015-Prefeitura S. Paulo, com juros – 00/00/X5		
D 3.2.2.001.24 I.P.T.U.	200,00	
D 3.2.3.000.02 Juros Passivos	10,00	
C 1.1.1.001.01 Caixa		210,00

Exemplo 2: A empresa faz o recolhimento ao banco, em cheque, de vários impostos que estavam provisionados (Ver ***Princípio da Competência*** *neste livro.). Recolhe ICMS, COFINS, PIS e INSS. O lançamento contábil dá-se da seguinte forma:*

6 - Recolhimento Tributos ICMS, COFINS, PIS, INSS ref. 01/X5 – 00/02/X5		
D 2.1.1.001.14 ICMS a Recolher	1.000,00	
D 2.1.1.001.15 COFINS a Recolher	1.200,00	
D 2.1.1.001.16 PIS a Recolher	1.300,00	
D 2.1.1.001.04 INSS a Recolher	1.400,00	
C 1.1.1.001.02 Banco Itaú c/Movimento		4.900,00

3.4. Lançamento de quarta fórmula

O lançamento de **quarta fórmula** corresponde a "**vários débitos para vários créditos**".

Exemplo 1: Compra de Máquinas, Ferramentas e Computadores de um fornecedor, com pagamento parte à vista em cheque e parte a prazo (faturado):

7 - Aquisição de Imobilizados, NF 002-Fornecedor Z – 00/00/X5		
D 1.3.2.001.05 Máquinas e Equipamentos	2.000,00	
D 1.3.2.001.10 Ferramentas	3.000,00	
D 1.3.2.001.08 Equipamentos de Informática	4.000,00	
C 1.1.1.001.02 Banco Itaú c/Movimento		2.000,00
C 2.1.1.001.07 Duplicatas a Pagar		7.000,00

Exemplo 2: Provisão de uma Folha de Pagamento. (Princípio da Competência)

Resumo da Folha de Pagamento – Mês Março/20X5 – Industrial K Ltda.

Rendimentos:	R$	Descontos:	R$
Salários	1.000,00	INSS	150,00
Horas Extras	300,00	Contribuição Sindical	30,00
Adicional Noturno	100,00	Faltas	20,00
Férias	40,00		
Comissões Vendedores	60,00		
Total:	**1.500,00**	**Total:**	**200,00**
		Líquido a Pagar:	**1.300,00**

8 - Provisão Folha de Pagamento – Março/20X5 – 31/03/X5		
D 3.2.2.001.01 Salários e Ordenados	1.000,00	
D 3.2.2.001.02 Horas Extras	300,00	
D 3.2.2.001.03 Adicional Noturno	100,00	
D 3.2.2.001.06 Férias	40,00	
D 3.2.2.002.01 Comissões Vendedores	60,00	
C 2.1.1.001.04 INSS a Recolher		150,00
C 3.2.2.001.01 Salários e Ordenados		20,00
C 2.1.1.001.23 Contribuição Sindical a Recolher		30,00
C 2.1.1.001.01 Salários a Pagar		1.300,00

Exemplo 3: Constituição de capital com utilização de bens Ativos e dinheiro:

A empresa Mercantil H Ltda., através dos seus sócios "A", "B", "C" e "D", constituíram o Capital Social de R$ 100.000,00 da seguinte forma:

Sócio "A" – participação em dinheiro: R$ 26.000,00 – 26%
Sócio "B" – participação com um Terreno: R$ 24.000,00 - 24%
Sócio "C" – participação com um caminhão: R$ 20.000,00 – 20%
Sócio "D" – participação com um Imóvel: R$ 30.000,00 - 30%

9 - Constituição do Capital Social da Mercantil H Ltda. – 00/00/X5		
D 1.1.1.001.01 Caixa	26.000,00	
D 1.3.2.001.01 Terrenos	24.000,00	
D 1.3.2.001.02 Imóveis/Edifícios	30.000,00	
D 1.3.2.001.07 Veículos	20.000,00	
C 2.4.1.001.01 Capital Social		100.000,00

3.5. Exercícios – Lançamentos contábeis as 4 fórmulas

3.5.1. Exercício 1:

a) Lançamentos Contábeis 1ª. Fórmula:

Pagamento de água do mês 04/20X4, Sabesp, valor R$ 100,00, em cheque.

b) Lançamentos Contábeis 2ª. Fórmula:

Recolhimento de ICMS (Provisionado) referente a 10/20X5, no valor de R$ 3.000,00, sendo metade em dinheiro e metade debitado na conta corrente Banco Itaú c/Movimento.

c) Lançamentos Contábeis 3ª. Fórmula:

Pagamento, em dinheiro, de uma dívida a um Fornecedor de R$ 200,00, com juros de 5%.

d) Lançamentos Contábeis 4ª. Fórmula:

Provisionar a Folha de Pagamento abaixo, referente Junho/20X2 (Princípio da Competência):

Rendimentos:	**R$**	**Descontos:**	**R$**
Salários	2.000,00	INSS	400,00
Horas Extras	1.000,00	Contribuição Sindical	150,00
Adicional Noturno	500,00	Faltas	50,00
13º Salário	100,00	Imposto de Renda PF	100,00
Comissões Vendedores	400,00		
Total:	**4.000,00**	**Total:**	**700,00**
		Líquido a Pagar:	**3.300,00**

3.5.2. Exercício 2: Contabilizar os seguintes Fatos Contábeis:

1 – No dia 20/05/20X5, houve constituição da empresa Supermercado GJ Ltda., com o Capital Social composto da seguinte forma:

- Sócio A – Em dinheiro: R$ 30.000,00
- Sócio B – Um Terreno: R$ 25.000,00
- Sócio C – Um Armazém: R$ 45.000,00

2 – Compra de um Fornecedor, sendo metade em dinheiro e metade a prazo para pagar em 60 dias:

- Móveis e Utensílios: R$ 8.000,00
- Instalações: R$ 12.000,00
- Computadores e Impressoras R$ 10.000,00

3 – Abertura de conta no Banco Itaú c/Movimento, e depositado R$ 20.000,00.

4 – O banco cobrou taxas de cadastro da abertura de conta de R$ 50,00 e debitou na conta Movimento.

5 – Compra de diversas mercadorias de Fornecedores no valor de R$ 20.000,00, sendo 30% pago em cheque e o resto a prazo para 30 dias;

6 – Gasto com propaganda para anunciar a inauguração do supermercado R$ 200,00, pago em dinheiro.

Pede-se:

a) Lançamentos contábeis (com as 4 fórmulas contábeis) usando os códigos do Plano de Contas;

b) Razonetes (Modelo "T") e apuração de saldos;

c) Balancete de Verificação;

4. Impostos Recuperáveis e Controle de Estoques

4.1. Impostos Recuperáveis (ou "*Não Cumulativos*")

"Impostos sobre circulação de mercadorias, sobre produtos industrializados ou quaisquer outros que forem incluídos no preço da mercadoria adquirida, mas que ao mesmo tempo gerarem direito de crédito tributário para compensação, restituição ou qualquer outra forma de recuperação futura, não se constituem em custo e, portanto, não devem ser agregados ao valor dos estoques. Os créditos tributários (ICMS-IPI) quando não forem recuperáveis devem ser incluídos no custeio dos estoques."

Segundo define Almeida[4] "**Os custos dos estoques não incluem impostos recuperáveis** (vide CPC 16 (R1). 11-Estoques). Os impostos recuperáveis representam geralmente **IPI, ICMS, PIS e COFINS.** Os impostos recuperáveis (ou "Não Cumulativos") são debitados no ativo e **usualmente são compensados com impostos que são devidos nas vendas das mercadorias e produtos acabados."**

O CFC[2] define: "As empresas que apuram seus tributos pelo regime de incidência ***não cumulativa***, adquirem **direito a créditos desses tributos em determinadas operações com mercadorias ou serviços.** Essa resposta não abrange os tributos retidos na fonte.

Em relação aos estoques, os créditos referentes aos **tributos recuperáveis não compõem o custo de aquisição, conforme tratado no item 13.6 da NBC TG 1000**, aprovada pela Resolução CFC nº 1.255/09, e no item 11 da NBC TG 16, aprovada pela Resolução CFC nº 1.170/09, que transcrevemos:

"*13.6 Os custos de aquisição de estoques abrangem o preço de compra, tributos de importação e outros tributos (com exceção daqueles posteriormente recuperáveis pela entidade), transporte, manuseio e outros custos diretamente atribuíveis à aquisição de bens acabados, materiais e serviços. Descontos comerciais, abatimentos e outros itens similares são deduzidos na determinação dos custos de compra.*" - NBC TG 1000

4 ALMEIDA, Marcelo Cavalcante, Curso de Contabilidade Intermediária em IFRS e CPC, pg. 9

[2]http://portalcfc.org.br

"11. O custo de aquisição dos estoques compreende o preço de compra, os impostos de importação e outros tributos (exceto os recuperáveis perante o fisco), bem como os custos de transporte, seguro, manuseio e outros diretamente atribuíveis à aquisição de produtos acabados, materiais e serviços. Descontos comerciais, abatimentos e outros itens semelhantes devem ser deduzidos na determinação do custo de aquisição." - NBC TG 16

Em relação às despesas, deve-se utilizar os conceitos tratados no item 2.23 da NBC TG 1000 e no item 4.25. (b) da NBC TG Estrutura Conceitual, aprovada pela Resolução CFC nº 1.374/11, que transcrevemos:

"Despesas são decréscimos nos benefícios econômicos durante o período contábil, sob a forma da saída de recursos ou da redução de ativos ou assunção de passivos, que resultam em decréscimo do patrimônio líquido, e que não estejam relacionados com distribuições aos detentores dos instrumentos patrimoniais." - NBC TG 1000 e Estrutura Conceitual

Esses créditos, até que sejam utilizados para compensar o tributo a pagar, atendem os requisitos de ativo tratados no item 2.15 da NBC TG 1000 e no item 4.4 (a) da NBC TG Estrutura Conceitual que transcrevemos:

"ativo é um recurso controlado pela entidade como resultado de eventos passados e do qual se espera que fluam futuros benefícios econômicos para a entidade"

Portanto, os valores referentes a créditos de tributos não cumulativos, que serão aproveitados para abater o montante da obrigação, devem ser deduzidos dos valores a pagar ou a serem pagos aos fornecedores e classificados em conta do ativo até sua compensação ou baixa.

Ressaltamos que essa orientação trata tão somente da contabilização desses créditos. Dúvidas sobre a ocorrência dos créditos assim como sua composição devem ser dirimidas junto ao fisco."

Nota[5]: 1. **Imposto Cumulativo** é aquele que incide em cada operação tributável, não sendo prevista compensação, dedução ou abatimento em relação à operação anterior. Exemplo: IOF, ISS

2.**Imposto Não Cumulativo** é aquele cuja norma prevê compensação, abatimento ou dedução do valor do tributo pago ou devido na operação anterior. Exemplo: IPI, PIS, COFINS, ICMS.

4.2. Contabilização de Compras, Venda, Impostos Recuperáveis e estoques

Exemplo de apropriação dos impostos, contabilização e recolhimento e métodos de controle de estoque:

5 http://servicos.sead.am.gov.br/

A empresa Metalúrgica Alfa Ltda. comercializou seu produto "Chapa de Zinco nº 1" no ano 20X5, conforme dados extraídos da sua Contabilidade. As operações de Compras e Vendas foram a prazo. Os percentuais (alíquotas) de Impostos, nas Compras e nas Vendas, foram da seguinte ordem:

Imposto	Alíquota
ICMS	18%
PIS	1,65%
COFINS	7,60%

Operações no período				
Operação	Data:	Qtd. Kg.	Preço Un.$	Total R$
Compra	03/01/X5	1.500	13,75	20.625,00
Compra	08/01/X5	2.500	16,5	41.250,00
Venda	12/01/X5	3.500	40	140.000,00
Compra	25/01/X5	1.500	17,87	26.805,00

Cálculos dos Impostos					
Operação	Data	Total R$	PIS: 1,65%	COFINS: 7,6%	ICMS: 18%
Compra	03/01/X5	20.625,00	340,31	1.567,50	3.712,50
Compra	08/01/X5	41.250,00	680,63	3.135,00	7.425,00
Venda	12/01/X5	140.000,00	2.310,00	10.640,00	25.200,00
Compra	25/01/X5	26.805,00	442,28	2.037,18	4.824,90

Pede-se:

i) Lançamentos Contábeis das Compras, Vendas, ajuste dos Impostos a Recolher, Razonetes e Balancete de Verificação (em 31/01/20X5)

ii) Métodos de Controle de Estoques

iii) Contabilizar o Estoque (CMV – Custo das Mercadorias Vendidas) com o "método de estoque mais vantajoso para a empresa";

iv) Montar um DRE – Demonstrativo de Resultado do Exercício apresentando o Lucro Bruto.

4.2.i. Lançamentos Contábeis das Compras, Vendas, Ajuste dos "Impostos a Recolher", Razonetes e Balancete de Verificação:

Lançamentos Contábeis:

1 - Compra NF 000 Fornecedor X – 03/01/X5		
D 1.1.3.001.01 Mercadorias	15.004,69	
D 1.1.2.002.01 PIS a Recuperar	340,31	
D 1.1.2.002.02 COFINS a Recuperar	1.567,50	
D 1.1.2.002.03 ICMS a Recuperar	3.712,50	
C 2.1.1.001.06 Fornecedores		20.625,00

2 - Compra NF 000 Fornecedor X – 08/01/X5		
D 1.1.3.001.01 Mercadorias	30.009,37	
D 1.1.2.002.01 PIS a Recuperar	680,63	
D 1.1.2.002.02 COFINS a Recuperar	3.135,00	
D 1.1.2.002.03 ICMS a Recuperar	7.425,00	
C 2.1.1.001.06 Fornecedores		41.250,00

3 - Venda NF 000 Cliente Y – 12/01/X5		
D 1.1.2.001.01 Clientes	140.000,00	
C 3.1.1.001.01 Vendas		140.000,00

3A - Venda NF 000 Cliente Y – 12/01/X5		
D 3.1.1.002.04 PIS s/Vendas	2.310,00	
C 2.1.1.001.16 PIS a Recolher		2.310,00

3B - Venda NF 000 Cliente Y – 12/01/X5		
D 3.1.1.002.03 COFINS s/Vendas	10.640,00	
C 2.1.1.001.15 COFINS a Recolher		10.640,00

3C - Venda NF 000 Cliente Y – 12/01/X5		
D 3.1.1.002.02 ICMS s/Vendas	25.200,00	
C 2.1.1.001.14 ICMS a Recolher		25.200,00

4 - Compra NF 000 Fornecedor X – 25/01/X5		
D 1.1.3.001.01 Mercadorias	19.500,64	
D 1.1.2.002.01 PIS a Recuperar	442,28	
D 1.1.2 002.02 COFINS a Recuperar	2.037,18	
D 1.1.2.002.03 ICMS a Recuperar	4.824,90	
C 2.1.1.001.06 Fornecedores		26.805,00

Como o total dos "Impostos a Recolher" (PIS, COFINS e ICMS) é ***maior*** que os "Recuperáveis", há que se fazer um "ajuste contábil", ou seja, "zerar" os saldos dos "Recuperáveis" transferindo-os para as contas "Impostos a Recolher". Vide lançamentos nº 5:

5 - Ajuste dos Impostos a Recolher – 31/01/X5		
D 2.1.1.001.14 ICMS a Recolher	15.962,40	
D 2.1.1.001.15 COFINS a Recolher	6.739,68	
D 2.1.1.001.16 PIS a Recolher	1.463,22	
C 1.1.2.002.01 PIS a Recuperar		1.463,22
C 1.1.2.002.02 COFINS a Recuperar		6.739,68
C 1.1.2.002.03 ICMS a Recuperar		15.962,40

Razonetes dos lançamentos contábeis:

1.1.3.001.01 - Mercadorias	
1-15.004,69	
2-30.009,37	
4-19.500,64	
64.514,70	

2.1.1.001.06 - Fornecedores	
	20.625,00-1
	41.250,00-2
	26.805,00-4
	88.680,00

1.1.2.002.03 - Icms Recuperar	
1-3.712,50	
2-7.425,00	
4-4.824,90	15.962,40 -5
15.962,40	***15.962,40***
0	***0***

1.1.2.02.01-PIS a Recuperar	
1- 340,31	
2- 680,63	
4- 442,28	1.463,22 - 5
1.463,22	***1.463,22***
0	***0***

1.1.2.02.02-COFINS a Recuperar	
1-1.567,50	
2-3.135,00	
4-2.037,18	6.739,68 - 5
6.739,68	***6.739,68***
0	***0***

1.1.2.001.01-Clientes	
3-140.000,00	
140.000,00	

3.1.1.001.01-Vendas	
	140.000,00-3
	140.000,00

3.1.1.002.02-ICMS s/ Vendas	
3C- 25.200,00	
25.200,00	

3.1.1.002.03-COFINS s/ Vendas	
3B- 10.640,00	
10.640,00	

3.1.1.002.04-PIS s/Vendas	
3A- 2.310,00	
2.310,00	

2.1.1.001.14-ICMS a Recolher	
5 - 15.962,40	
15.962,40	

2.1.1.001.15-COFINS a Recolher	
5- 6.739,68	10.640,00-3B
	3.900,32

2.1.1.001.16-PIS a Recolher	
5-1.463,22	
1.463,22	

Balancete de Verificação: Metalúrgica Alfa Ltda. – Data: 31/01/20X5

Código:	Contas:	Débito $	Crédito $
1.1.2.001.01	Clientes	140.000,00	
1.1.3.001.01	Mercadorias	64.514,70	
2.1.1.001.06	Fornecedores		88.680,00
2.1.1.001.14	ICMS a Recolher		9.237,60
2.1.1.001.15	COFINS a Recolher		3.900,32
2.1.1.001.16	PIS a Recolher		846,78
3.1.1.001.01	Vendas		140.000,00
3.1.1.002.02	ICMS s/Vendas	25.200,00	
3.1.1.002.03	COFINS s/ Vendas	10.640,00	
3.1.1.002.04	PIS s/ Vendas	2.310,00	
	Totais:	**242.664,70**	**242.664,70**

4.2.ii. Controle de Estoques – Métodos de Avaliação[6]

Embora seja aceitável que a seleção do método de avaliação seja feita com base em circunstâncias particulares, para que as demonstrações contábeis sejam adequadas, os métodos devem ser adotados de maneira uniforme.

A apuração quantitativa dos estoques (inventário) depende da existência de controles analíticos adequados, agregados a um sistema de procedimentos contábeis e de controles internos. Os controles quantitativos e em valor dos estoques devem ser mantidos em consonância com seu fluxo de produção, custos apurados e correspondente existência física.

Os métodos mais utilizados na avaliação dos estoques são os seguintes:

a) - Identificação específica;
b) - Primeiro a entrar, primeiro a sair (PEPS);
b1) - Último a Entrar, Primeiro a Sair (UEPS);
c) - Custo Médio Ponderado;
d) - Método de varejo;

a) - Identificação Específica

Esse tipo de controle de Estoque é normalmente utilizado para bens, produtos ou serviços com as seguintes características:

- **Sob Encomenda:**

Exemplos: Móveis sob encomenda, vestidos de noivas, ternos sob encomenda, vestidos de noivas e roupas de festas de celebridades etc.

- **Produção unitária:**

Exemplos: Aviões da Embraer, blindagem de veículos, carros de "corrida" etc.

- **Alto valor agregado (Produção única):**

Ex. Joias com *designers* exclusivos etc.

Cabe ressaltar que o objetivo principal ao se selecionar um dos métodos deve ser o de escolher aquele que, de acordo com as circunstâncias, reconheça e leve em consideração as peculiaridades da atividade e do tipo de entidade ou do produto.

b1) Primeiro a entrar, primeiro a sair (PEPS) – (do inglês *FIFO-First In, First Out*)

b2) Último a entrar, primeiro a sair (UEPS) – (do inglês *LIFO – Last In, First Out*)

---

6 www.ibracon.com.br/ibracon/Portugues/downloadFile.php?parametro..

Operações no período – Custos após retirada dos Impostos[1]						
Operação:	Data:	Total R$	Qtd. Kg.	Custo Un. $	Impos-Tos $	Líquido $
Compra	03/01/X5	20.625,00	1.500	13,75	3,75	10,00
Compra	08/01/X5	41.250,00	2.500	16,50	4,50	12,00
Venda	12/01/X5	140.000,00	3.500	40,00	-	-
Compra	25/01/X5	26.805,00	1.500	17,87	4,87	13,00
[1] Impostos: ICMS: 18%, PIS 1,65%, Cofins 7,6% = 27,25%						

b1) PEPS - Primeiro a Entrar, Primeiro a Sair

	Entradas			Saídas			Saldo	
Data:	Qt. KG	Custo Un.	Total $	Custo Un.	Qt. KG	Total $	Qt. KG	Total $
03/01/X5	1.500	10,00	15.000,00	10,00			1.500	15.000,00
08/01/X5	2.500	12,00	30.000,00	12,00			4.000	45.000,00
12/01/X5				10,00	1.500	15.000,00	2.500	30.000,00
12/01/X5				12,00	2.000	24.000,00	500	6.000,00
25/01/X5	1.500	13,00	19.500,00	13,00			2.000	25.500,00
Saldo	**5.500**		**64.500,00**		**3.500**	**39.000,00**		**25.500,00**

b2) UEPS – Último a Entrar, Primeiro a Sair

	Entradas			Saídas			Saldo	
Data:	Qt. KG	Custo Un.	Total $	Custo Un.	Qt. KG	Total $	Qt. KG	Total $
03/01/X5	1.500	10,00	15.000,00	10,00			1.500	15.000,00
08/01/X5	2.500	12,00	30.000,00	12,00			4.000	45.000,00
12/01/X5				12,00	2.500	30.000,00	2.500	15.000,00
12/01/X5				10,00	1.000	10.000,00	500	5.000,00
25/01/X5	1.500	13,00	19.500,00	13,00			2.000	24.500,00
Saldo	**5.500**		**64.500,00**		**3.500**	**40.000,00**		**24.500,00**

c) Custo Médio Ponderado

	Entradas			Saídas			Saldo	
Data:	**Qt. KG**	**Custo Un.**	**Total $**	**Custo Médio**	**Qt. KG**	**Total $**	**Qt. KG**	**Total $**
03/01/X5	1.500	10,00	15.000,00	10,00			1.500	15.000,00
08/01/X5	2.500	12,00	30.000,00	11,25			4.000	45.000,00
12/01/X5				11,25	3.500	39.375,00	500	5.625,00
25/01/X5	1.500	13,00	19.500,00	12,56			2.000	25.125,00
Saldo	**5.500**		**64.500,00**		**3.500**	**39.375,00**		**25.125,00**

d) Método de Varejo[7]

O método de varejo consiste em avaliar os estoques pela aplicação, sobre seu preço de venda, de percentual que represente a relação média do período entre custo/preço. O método de varejo é utilizado, geralmente, por entidades que comercializem grande número de itens, como supermercados, magazines etc., onde é impraticável o controle permanente dos estoques ou onde a relação custo-benefício desse controle é desfavorável.

Exemplo de Estoques pelo Método de Varejo:

A empresa Varejão W Ltda. apresentou em sua contabilidade os dados no Quadro 1 abaixo.

Pede-se:

a) Calcular o Estoque Final

b) Calcular o CMV – Custo das Mercadorias Vendidas

c) Montar um DRE-Demonstrativo de Resultado do Exercício

---

7 Ibracon: www.ibracon.com.br/ibracon/Portugues/downloadFile.php?parametro... (CPC 16 (R1) 22)

Movimentação: Março 20X5 Quadro 1

Itens de Estoques:	1	2	3	4=(2 + 3)	5	6=(5/1+ (%1/100))	7=4-6
Departa-mentos:	**Margem % s/ Custo**	**Estoque Inicial Preço Custo R$**	**Compras do Mês R$**	**Estoque Inicial + Compras R$**	**Vendas:**	**Total Vendas a Custo (CMV) R$**	**Estoque Final Preço de Custo R$**
1-Utilidades Plásticas	35%	6.000	20.000	26.000	18.000	13.333	12.667
2-Papelaria	40%	4.000	10.000	14.000	11.000	7.857	6.143
3-Brinquedos	30%	5.000	15.000	20.000	16.000	12.308	7.692
4-Produtos Elétricos (Tomadas, fios etc.)	25%	7.000	25.000	32.000	23.000	18.400	13.600
5-Perfumaria	45%	11.000	40.000	51.000	41.000	28.276	22.724
Totais:	**[1]36%**	**33.000**	**110.000**	**143.000**	**109.000**	**80.174**	**62.826**

[1]36% = R$ 109.000 / R$ 80.174 x 100

Significados dos Itens/Colunas:

1 – Margem % s/ Custo:

Em cada departamento é aplicado um percentual fixo sobre os preços de Compras;

2 – Estoque Inicial Preço Custo R$:

Esta coluna refere-se aos Estoques Iniciais, apurados, por exemplo, em 28/02/20X5;

3 – Compras do mês:

Total das compras realizadas no mês de Março/20X5.

4 – Estoque Inicial + Compras R$

Total dos Estoques Iniciais + Compras do mês.

5 – Vendas R$:

Total das vendas por Departamento realizadas no mês;

6 – Total Vendas a Custo (CMV) R$

Aqui se tem o total das Vendas reduzidas a Custo (retirando-se o "lucro").

Exemplo de vendas a preço de custo:

No departamento "Papelaria", as vendas foram de R$ 11.000,00. A margem desse Departamento é de 40%. Dividindo-se por 1,40 (ou 140%) temos a "venda a custo", que é de R$ 7.857,00.

7 - Estoque Final Preço de Custo R$ (4-6):

Aqui se tem os valores dos Estoques Finais em 31/03/20X5.

Nota: 1.Os valores das Compras e das Vendas já estão excluídos dos "Impostos Recuperáveis" ("Não Cumulativos").

2.O CMV – Custo das Mercadorias Vendidas e o Lucro Bruto serão:

Estoque Inicial	33.000
(+) Compras	110.000
(-) Estoque Final	(62.826)
(=) CMV	**80.174**
Vendas	(109.000)
(=) Lucro Bruto	**28.826**

4.2.iii. Contabilização do Estoque (CMV – Custo das Mercadorias Vendidas) com o "método de estoque mais vantajoso para a empresa";

O "método mais vantajoso para a empresa, a princípio, seria o UEPS". Porém, esse método **não é aceito pela Receita Federal do Brasil**. Por conseguinte, o melhor método no exercício é o **Custo Médio Ponderado,** pois apresenta um maior CMV – Custo das Mercadorias Vendidas, que no caso foi R$ 39.389,70.

Dica → Por que o Custo Médio Ponderado é o mais vantajoso? É porque ao apresentar o maior CMV, consequentemente a empresa apresentará **um menor lucro contábil**, e, por conseguinte, terá uma menor carga de Imposto de Renda e CSLL Contribuição Social sobre o Lucro Líquido.

Nota: Em razão de diferenças nos percentuais de cálculos dos impostos, há um pequeno "ajuste" de R$ 14,70. Explica-se. Por exemplo, a compra de 03/01/20X5 que foi de R$ 20.625,00 para 1.500 Kg, excluindo os Impostos (27,25%) tem-se um valor de R$ 15.004,69. Por questão de casas decimais, no exercício está-se utilizando R$ 15.000,00. Logo, há uma diferença de R$ 4,69. Desta forma, a soma de todas as diferenças totaliza R$ 14,70.

Lançamento Contábil do Estoque x CMV

1 - Ajuste CMV – Estoque Final – 31/01/X5		
D 3.2.1.000.01 CMV – Custo das Mercadorias Revendidas	39.389,70	
C 1.1.3.001.01 Mercadorias		39.389,70

Razonetes:

1.1.3.001.01-Mercadorias	
1-15.004,69	
2-30.009,37	
4-19.500,64	
64.514,70	39.389,70 - 5
	25.125,00

3.2.1.000.01-CMV-Custo Merc Revend.	
5- 39.389,70	
39.389,70	

4.2.iv. DRE – Demonstrativo de Resultado do Exercício apresentando o Lucro Bruto

DRE - Demonstrativo de Resultado do Exercício	31/01/20X5
Receitas Bruta das Vendas	140.000,00
(-) Impostos s/ Vendas	(38.150,00)
(=) Receita Líquida das Vendas	101.850,00
(-) CMV – Custo das Mercadorias Revendidas	(39.389,70)
Lucro Bruto	62.460,30

4.3. Valor Realizável Líquido

Segundo o CPC 16 (R1) Estoques, *"Valor realizável líquido"* é o preço de venda estimado no curso normal dos negócios deduzido dos custos estimados para sua conclusão e dos gastos estimados necessários para se concretizar a venda.

Quando ocorre a redução dos custos de estoques, os quais ficam inferiores aos custos históricos, devem ser ajustados, tanto individualmente quanto em grupo, conforme for o caso.

Exemplo de uma empresa que tem estoques e ocorre um incêndio na fábrica, danificando os estoques:

A empresa Têxteis SR Ltda. teve um incêndio na área de estoques e a fuligem acabou por manchar lotes de seus produtos. Conforme Quadro 1 abaixo, tem-se os custos históricos e os preços de venda estimados desses produtos "avariados", deduzidas os gastos estimados para se concretizar a venda:

Quadro 1

Itens:	Vr. de Custo	Gastos para realizar as vendas (R$) Vr. de Venda	Comissão Vendedores 1%	Frete para Entrega 3%	Seguros 2%	Embalagem 2%	Despesa Total	Valor Realizável Líquido	Provisão de perda
Calça Jeans Masculino	80,00	60,00	0,60	1,80	1,20	1,20	4,80	55,20	24,80
Calça Jeans Feminino	90,00	70,00	0,70	2,10	1,40	1,40	5,60	64,40	25,60
Camiseta Unissex	40,00	50,00	0,50	1,50	1,00	1,00	4,00	46,00	0,00
Totais:	**210,00**								**50,40**

A contabilização do ajuste será:

1 - Ajuste de Estoque – Valor Realizável Líquido conf. Quadro 1 – 00/00/X5		
D 3.2.2.001.31 Desp. c/Ajuste de Estoque ao Vr. Realizável Líquido	50,40	
C 1.1.3.001.10 (-) Provisão para Perdas de Estoques		50,40

Para efeito de Balanço Patrimonial, em 31/12/X5:

Ativo	
Circulante	
Estoques	210,00
(-) Provisão para Perda	(50,40)
Valor Líquido	**159,60**

Nota: 1. A comparação **Valor Realizável Líquido** e **Valor de Custo** é feita item a item do estoque. Somente quando o Valor Realizável Líquido é menor que o Valor de Custo é que será feita a Provisão para Perda;

2. Caso a Têxteis SR Ltda., num momento seguinte, consiga um melhor preço de venda para os produtos avariados, a Provisão deverá ser recalculada e a diferença revertida para Receita;

3. No cálculo do **Valor Realizável Líquido** não são computados os gastos com Impostos Recuperáveis, mas são computados Impostos de Exportação, por exemplo.

4.4. Exercícios de Métodos de Controle de Estoques e Valor Realizável Líquido

4.4.1. Exercício 1: A empresa Bolsas Alfa Ltda. teve a seguinte movimentação de estoques (compras/vendas) conforme quadro 1 abaixo, do seu produto "Bolsa Feminina Mod. A", no mês de Fevereiro de 20X2.

Quadro 1

Imposto	Alíquota
ICMS	12%
PIS	1,65%
COFINS	7,60%

Operações no período – Ano 20X2:				
Operação	**Data**	**Qtd. Kg.**	**Preço Un.$**	**Total R$**
Compra	10/02/X2	40	38,10	1.524,00
Compra	21/02/X2	40	50,80	2.032,00
Vendas	25/02/X2	60	60,95	3.657,00

Pede-se:

a) Lançamentos Contábeis das Compras, Vendas, Ajuste dos "Impostos a Recolher" e Razonetes e Balancete de Verificação (em 28/02/20X2). As alíquotas de impostos são as mesmas para compras e vendas;

b) Controle de Estoques pelos Métodos PEPS, UEPS e Custo Médio Ponderado;

c) Contabilizar o Estoque (CMV – Custo das Mercadorias Vendidas) com o "método de estoque mais vantajoso para a empresa";

d) Montar um DRE – Demonstrativo de Resultado do Exercício apresentando o Lucro Bruto.

4.4.2. Exercício 2: A empresa Varejão 1,99 Ltda. apresentou em sua contabilidade os dados no Quadro 2 abaixo.

Pede-se:

a) Calcular o estoque final pelo Método de Varejo

b) Calcular o CMV-Custo de Mercadorias Vendidas;

Movimentação do mês de Agosto 20X5 Quadro 2

Itens de Estoques	1	2	3	4
Departamentos	**Margem % s/Custo**	**Estoque Inicial Preço Custo R$**	**Compras do Mês R$**	**Vendas**
1 - Utilidades Plásticas	18%	15.000	12.000	15.000
2 - Papelaria	22%	22.000	14.000	18.000
3 - Brinquedos	30%	44.000	9.000	25.000
4 - Produtos Elétricos (Tomadas, fios etc.)	55%	33.000	11.000	20.000
5 - Perfumaria	60%	28.000	26.000	27.000
Totais:		**142.000**	**72.000**	**105.000**

4.4.3. Exercício 3-A empresa Depósito de Azulejos XJ Ltda. sofreu uma inundação de águas pluviais no seu depósito central, e vários lotes de azulejos ficaram sujos de lama. Os produtos estão excelentes para uso, porém comercialmente perderam valor de venda. Para vendê-los na situação atual, a XJ terá gastos e o valor apurado poderá ser inferior ao custo histórico. Diante do que dispõe o CPC 16 (R1) – Estoques, a XJ deverá Provisionar as perdas. No Quadro 1 abaixo temos os custos, vendas e gastos que serão incorridos:

Quadro 1

			Gastos para realizar as vendas R$						
Itens (M^2)	**Vr. de Custo**	**Vr. de Venda**	**Comissão Vendedores 5%**	**Frete para Entrega 4%**	**Seguros 3%**	**Embalagem 2%**	**Despesa Total**	**Valor Realizável Líquido**	**Provisão de perda**
Azulejo Tipo A	35,00	30,00							
Azulejo Tipo B	40,00	48,00							
Azulejo Tipo C	45,00	39,00							

Pede-se:

a) Cálculo dos Custos, do Valor Realizável Líquido e da Provisão de Perda;

b) Lançamento Contábil da Provisão da Perda.

5. Apuração de Resultado do Exercício - ARE

Ao final de cada exercício social (12 meses, terminando em 31 de dezembro de cada ano), as empresas devem fazer o encontro das contas de Receitas e Despesas e encerrá-las para fins de apuração dos Lucros/Prejuízos do período. Excepcionalmente esse procedimento poderá ocorrer fora dessa data, casos, por exemplo, de descontinuidade (encerramento de atividades, incorporações, cisões etc.).

É desse "encontro" de contas que, em caso de Lucros, a empresa fará o pagamento ao Governo Federal do Imposto de Renda (IRPJ) sobre os lucros, e da Contribuição Social sobre o Lucro Líquido (CSLL). Esses valores a pagar serão de acordo com as alíquotas vigentes na época, estipuladas pela Receita Federal.

As contas de Receitas e Despesas, Encerradas, são feitas em contrapartida com a conta de "Apuração do Resultado do Exercício" (ARE), cujo saldo, após "retirado" o IRPJ e a CSLL em caso de lucro, é em seguida transferido para a conta contábil **Lucros do Exercício.**

As contas de **Lucros do Exercício** ou **Prejuízos Acumulados** representam a parcela do Patrimônio Líquido gerada pelos resultados positivos (ou negativos) incorridos pela empresa, ou seja, é o excesso (ou escassez) de todos os lucros apurados no período, bem como o acumulado desde o início das suas atividades. É ainda sobre os lucros que far-se-á distribuições de Dividendos e as transferências para outras contas do Patrimônio Líquido. Os Dividendos representam pagamentos de lucros aos acionistas/proprietários da empresa.

No início de cada exercício, as contas contábeis de Receitas e Despesas apresentam-se com saldo "zero". Durante o exercício inicial, que findará em 31 de dezembro, a empresa contabiliza as incorrências de Receitas e Despesas, os saldos vão num crescendo, para, finalmente no final do exercício novamente serem "zeradas". E assim sucessivamente num ciclo infinito.

Exemplos de apurações de Lucros ou Prejuízos:

Receitas	-	Custos + Despesas	=	Lucro
R$ 10.000		R$ 8.000		R$ 2.000

Situação de Prejuízo:

Receitas	-	Custos + Despesas	=	Prejuízo
R$ 10.000		R$ 11.000		R$ 1.000

Exemplo de um encerramento de contas (ARE) de uma empresa prestadora de serviços:

i. Balancete de Verificação

Prestadora de Serviços ABC Ltda.

Data: 31/12/20X4

Código	Contas	Débito $	Crédito $
1.1.1.001.01	Caixa	50.000,00	
2.4.1.001.01	Capital Social		10.000,00
3.1.1.001.02	Prestação de Serviços		74.000,00
3.2.2.001.01	Salários e Ordenados	30.000,00	
3.2.2.001.12	Luz e Força	4.000,00	
	Totais Débito/Crédito:	**84.000,00**	**84.000,00**

ii. Lançamentos Contábeis para "encerramento" e cálculo dos Lucros:

Lançamentos Contábeis:

1 - Apuração de Resultado Exercício 20X4 – 31/12/20X4		
D 3.1.1.001.02 Prestação de Serviços	74.000,00	
C 4.1.0.000.01 ARE-Apuração Resultado Exercício		74.000,00

2 - Apuração de Resultado Exercício 20X4 – 31/12/20X4		
D 4.1.0.000.01 ARE-Apuração Resultado Exercício	30.000,00	
C 3.2.2.001.01 Salários e Ordenados		30.000,00

3 - Apuração de Resultado Exercício 20X4 – 31/12/20X4		
D 4.1.0.000.01 ARE-Apuração Resultado Exercício	4.000,00	
C 3.2.2.001.12 Luz e Força		4.000,00

Nota: Aqui, o saldo da conta ARE é de R$ 40.000,00, que é o Lucro Antes dos Impostos (LAIR). Desse lucro, 24% são Impostos (15% I. Renda e 9% CSLL). O resto é Lucro Líquido a ser transferido para a conta Lucros do Exercício.

4 - Apuração de Resultado Exercício 20X4. Provisão IR e CSLL (24%) -31/12/X4		
D 4.1.0.000.01 ARE - Apuração Resultado Exercício	9.600,00	
C 2.1.1.001.17 Imp. a Recolher IRPJ/CSLL		9.600,00

5 - Apuração de Resultado Exercício 20X4. Transf. p/ Lucros do Exercício - 31/12/X4		
D 4.1.0.000.01 ARE - Apuração Resultado Exercício	30.400,00	
C 2.4.2.004.01 Lucros do Exercício		30.400,00

iii. Razonetes:

2.1.1.001.17 Imp. a Recolher	
Débito	Crédito
	9.600,00 -4
	9.600,00

2.4.2.004.01 - Lucros Exerc.	
Débito	Crédito
	30.400,00-5
	30.400,00

4.1.0.000.01 - ARE	
Débito	Crédito
2-30.000,00	74.000,00-1
3- 4.000,00	
4- 9.600,00	
5-30.400,00	
0,00	*0,00*

3.1.1.001.02 - Prestação Serviços	
Débito	Crédito
1-74.000,00	74.000,00 -0
0,00	*0,00*

3.2.2.001.01 - Sals.Ordenados	
Débito	Crédito
0-30.000,00	30.000,00-2
0,00	*0,00*

3.2.2.001.12 - Luz e Força	
Débito	Crédito
0- 4.000,00	4.000,00 -2
0,00	*0,00*

iv. Balancete de Verificação:

Balancete de Verificação

Prestadora de Serviços ABC Ltda.

Data: 31.12.20X4

Código:	Contas:	Débito $	Crédito $
1.1.1.001.01	Caixa	50.000,00	
2.1.1.001.17	Imp. a Recolher-IRPJ/CSLL		9.600,00
2.4.1.001.01	Capital Social		10.000,00
2.4.2.004.01	Lucros do Exercício		30.400,00
	Totais Débito/Crédito:	**50.000,00**	**50.000,00**

v. Balanço Patrimonial - Data: 31/12/X4

Prestadora de Serviços ABC Ltda.

Ativo		Passivo/Patrimônio Líquido	
Circulante	**50.000,00**	**Circulante**	**9.600,00**
Disponibilidades Financeiras	50.000,00	Impostos a Recolher-IR/CSLL	9.600,00
		Patrimônio Líquido	**40.400,00**
		Capital Social	10.000,00
		Lucros do Exercício	30.400,00
Total Ativo	**50.000,00**	**Total Passivo/Patr. Líquido**	**50.000,00**

5.1. Regime de Caixa e Princípio da Competência

Há duas formas de se contabilizar ingressos e saídas de bens, produtos e serviços na empresa. São os Regime de Caixa e Princípio da Competência.

5.2. Regime de Caixa

Segundo o Cosif, "O chamado "**Regime de Caixa" (momento do pagamento em dinheiro) consiste na contabilização das receitas somente por ocasião do seu efetivo recebimento e da contabilização dos custos e das despesas somente por ocasião do seu efetivo pagamento em moeda corrente.**"

Exemplo 1 – Receitas recebidas à vista:

Venda à vista de R$ 10.000,00. O Regime de Caixa não faz distinção se o recebimento é feito em dinheiro ou cheque. Ambos, para registro contábil, são considerados Caixa. Neste caso, o lançamento contábil, mediante a emissão da Nota Fiscal (ou Danfe) será:

Aplicação → Caixa

Origem → Vendas

1 - Vendas - NF 0000 para Cliente Y Ltda. - 00/00/X5		
D 1.1.1.001.01 Caixa	10.000,00	
C 3.1.1.001.01 Vendas		10.000,00

Exemplo 2 – Compra de despesa paga à vista:

Compra de Material de Expediente à vista por R$ 1.000,00.

Aplicação → Material de Expediente

Origem → Caixa

2 - Compras - NF 0000 de Fornecedor K - 00/00/X5		
D 3.2.2.001.16 Material de Expediente	1.000,00	
C 1.1.1.001.01 Caixa		1.000,00

5.3. Princípio da Competência

Ainda segundo o Cosif, "**Baseado no Princípio da Competência constante dos Princípios de Contabilidade baixados pelo CFC – Conselho Federal de Contabilidade, o Princípio da Competência tem a finalidade de reconhecer na contabilidade das entidades jurídicas as receitas, os custos e as despesas no período a que competem, independente do recebimento das receitas ou do pagamento dos custos e despesas em moeda corrente.**"

Este Princípio orienta que deve-se contabilizar uma Receita ou um Custo/Despesa, não na hora que é recebido ou pago, mas efetivamente quando há a incorrência do fato. Por exemplo:

Nota: Princípio da Competência e demais princípios contábeis são tratados em capítulo deste livro.

Exemplo 1 – Receitas de vendas a prazo:

Vendas a prazo. A operação venda é realizada hoje, mas o recebimento pode ocorrer no mês seguinte ou nos meses seguintes. Pelo Princípio (Regime) da Competência, a operação venda deve ser registrada hoje, (fato gerador) e não lá no futuro quando for recebida.

Imagine-se uma Venda a prazo de R$ 10.000,00. O registro contábil é feito mediante a emissão da Nota Fiscal (ou Danfe):

Aplicação → Clientes

Origem → Vendas

3 - Vendas – NF 0000 para Cliente Y Ltda. – 00/00/X5		
D 1.1.2.001.01 Clientes	10.000,00	
C 3.1.1.001.01 Vendas		10.000,00

Exemplo 2 – Receitas de aluguéis a prazo:

Imagine-se que a empresa tenha um imóvel alugado. O valor do aluguel mensal é de R$ 5.000,00. Normalmente o aluguel de um mês é recebido no mês seguinte. Por exemplo, o aluguel do mês de Janeiro é recebido em fevereiro, o de fevereiro em março e assim por diante. No Princípio da Competência, o registro da Receita de Aluguel é feito no mês em que há a incorrência. Como abordado, o aluguel de janeiro será registrado contabilmente no último dia do mês, ou seja, 31 de janeiro. Repetindo, o recebimento desse aluguel ocorrerá em fevereiro, mas o lançamento contábil OBRIGATORIAMENTE será feito em janeiro. Em geral, no histórico usamos a expressão "Provisão..."

Aplicação → Contas a Receber

Origem → Receitas de Aluguéis

4 - Provisão Aluguel Jan/X5, Imóvel W, a José da Silva. – 31/00/X5		
D 1.1.2.001.03 Contas a Receber	5.000,00	
C 3.1.3.000.04 Receitas de Aluguéis		5.000,00

Dica → Nos casos do Operações a Prazo, quando usar as contas Clientes, Duplicatas a Receber ou Contas a Receber?

Em geral, a contabilidade usa a conta Duplicatas a Receber para as vendas a prazo. Porém, para efeito de melhor controle, é recomendável usar a conta Clientes para vendas de atividades afins, Duplicatas a Receber para vendas de Ativos e itens de Despesas, casos em que há a emissão de Nota Fiscal (Danfe), e Contas a Receber para itens em que não "há emissão de nota fiscal (Danfe)", que é o caso de Receita de Aluguéis, Receitas de Juros, de Dividendos etc.

Exemplo 3 – Compra de mercadorias a prazo:

Nas compras a prazo onde a aquisição é hoje, mas o pagamento poderá ocorrer no mês seguinte ou nos meses seguintes. Pelo Princípio (ou Regime) da Competência, a operação é registrada hoje, e não lá no futuro quando será paga.

Imagine-se uma Compra a prazo de mercadorias no valor R$ 10.000,00. O registro contábil é feito mediante a entrada das mercadorias através Nota Fiscal (ou Danfe):

Aplicação → Mercadorias

Origem → Fornecedores

5 - Compras - NF 0000 de Fornecedor Z - 00/00/X5		
D 1.1.3.001.01 Mercadorias	10.000,00	
C 2.1.1.001.06 Fornecedores		10.000,00

Exemplo 4 – Compra de bens de despesas a prazo:

Compra de bens/serviços de uso/consumo a prazo. A compra é realizada hoje, mas o pagamento poderá ocorrer no mês seguinte ou nos meses seguintes. Pelo Princípio (ou Regime) da Competência, a operação "compra" é registrada hoje, e não lá no futuro quando será paga.

Imagine-se uma Compra de Combustível para os veículos da empresa, a prazo, no valor R$ 1.000,00. O registro contábil é feito mediante a entrada dos materiais através Nota Fiscal (ou Danfe):

Aplicação → Combustíveis

Origem → Duplicatas a Pagar

6 - Compras - NF 0000 de Fornecedor H - 00/00/X5		
D 3.2.2.001.19 Combustível	1.000,00	
C 2.1.1.001.07 Duplicatas a Pagar		1.000,00

Dica → Nos casos do operações a Prazo, quando usar Fornecedores, Duplicatas a Pagar ou Contas a Pagar?

Em geral, a contabilidade usa a conta Duplicatas a Pagar para as compras a prazo. Porém, para efeito de melhor controle é recomendável usar a conta Fornecedores para compras de atividades afins, Duplicatas a Pagar para compras de Ativos e itens de Despesas onde há a efetiva emissão de Nota Fiscal (Danfe), e Contas a Pagar para itens em que não "há emissão de nota fiscal (Danfe)", que é o caso de despesas de Água e Esgoto, Juros a Passivos, Multas de Trânsito etc.

Nota: Ver no Capítulo de Princípios Contábeis mais exemplos do Princípio de Competência.

5.3.1. Regime de Caixa/Competência – entidades com fins lucrativos

Conforme cita o Cosif[8], "É **importante salientar que a legislação do imposto de renda (§ 1º do art. 274 do RIR/99), mencionando a Lei das**

8 http://cosif.com.br/mostra.asp?arquivo=regcompe

Sociedades Anônimas (art. 177), estabeleceu que as receitas e despesas devem ser apropriadas pelo Regime de Competência.

Mas, oferece a oportunidade de não observância deste último (art. 273 do RIR/99), desde que não haja prejuízo ao fisco em razão de eventual redução ou postergação do recolhimento do pertinente tributo. Isto significa dizer que as **Receitas** devem ser sempre contabilizadas pelo **Regime de Competência** e que **os custos e as despesas** podem ser contabilizadas pelo **Regime de Caixa.**

O art. 256 do RIR/99 considera falsificação material e ideológica da escrituração e de seus comprovantes a utilização de artifícios contábeis que possibilitem a eliminação, redução ou postergação do pagamento de tributos."

5.4. Exercícios de ARE

5.4.1.Exercício 1: Assinale com "X" as contas contábeis que ao final do ano vão para a Apuração de Resultado do Exercício - ARE" para fins de cálculo do Lucro/Prejuízo do exercício:

( ) Despesas Pagas Antecipadamente
( ) Depreciação Acumulada
( ) Marcas e Patentes
( ) Salários a Pagar
( ) Aluguéis e Arrendamentos
( ) Vendas de Sucatas
( ) Ágio na Emissão de Ações
( ) Aluguéis Recebidos a Apropriar
( ) Despesas de Telefone
( ) Prejuízo Acumulado
( ) PIS a Recuperar
( ) Horas Extras
( ) Salário Família
( ) Descontos Obtidos
( ) ICMS s/Vendas
( ) Dividendos Recebidos

5.4.2.Exercício 2: Assinale com "1" as contas contábeis "Reais", com "2" as contas de Receitas e com "3" as contas de Despesas.

( ) Despesas Pagas Antecipadamente
( ) Depreciação Acumulada
( ) Marcas e Patentes
( ) Salários a Pagar
( ) Aluguéis e Arrendamentos
( ) Vendas de Sucatas
( ) Ágio na Emissão de Ações
( ) Aluguéis Recebidos a Apropriar
( ) Despesas de Telefone
( ) Prejuízo Acumulado
( ) PIS a Recuperar
( ) Horas Extras
( ) Salário Família
( ) Descontos Obtidos
( ) ICMS s/Vendas
( ) Dividendos Recebidos

6. Demonstrativo de Resultado do Exercício - DRE

Aspectos Conceituais sobre a DRE[9]. Retrata a acumulação dos ganhos e perdas de uma entidade, num determinado período, demonstrando a dinâmica do negócio sob a ótica das origens (receitas) e as aplicações de recursos (custos, despesas, impostos, contribuições e participações), indicando o resultado obtido (lucro ou prejuízo).

Assim, a DRE tem como objetivo principal apresentar de forma resumida e vertical o resultado das operações realizadas pela entidade, durante o exercício social.

Conteúdo da DRE. A demonstração do resultado do período deve, no mínimo, incluir as seguintes rubricas, obedecidas também as determinações legais:

a) receitas;

b) custo dos produtos, das mercadorias ou dos serviços vendidos;

c) lucro bruto;

d) despesas com vendas, gerais, administrativas e outras despesas e receitas operacionais;

e) parcela dos resultados de empresas investidas reconhecida por meio do método de equivalência patrimonial;

f) resultado antes das receitas e despesas financeiras

g) despesas e receitas financeiras;

h) resultado antes dos tributos sobre o lucro;

i) despesa com tributos sobre o lucro;

j) resultado líquido das operações continuadas;

k) valor líquido dos seguintes itens:

i) resultado líquido após tributos das operações descontinuadas;

ii) resultado após os tributos decorrente da mensuração ao valor justo menos despesas de venda ou na baixa dos ativos ou do grupo de ativos à disposição para venda que constituem a unidade operacional descontinuada;

l) resultado líquido do período;

9 crcsp.org.br/portal_novo/home/web_tv/material/demonstracoes_contabeis.pdf

Modelo (simplificado) de uma DRE:

Demonstrativo de Resultado do Exercício – DRE

Comercial Silva Ltda.

Período: 01/01/X5 a 31/03/X5

Itens:	**R$**	**R$**
Receita Bruta		10.000,00
(-) CMV – Custo das Mercadorias Vendidas		(4.000,00)
(=) Lucro Bruto		6.000,00
(-) Despesas		
Despesas Administrativa	1.000,00	
Despesas com Vendas	800,00	
Outras Despesas Operacionais	200,00	(2.000,00)
(=) Lucro Operacional		4.000,00
Resultado Financeiro		
(+) Receitas Financeiras	3.000,00	
(-) Despesas Financeiras	(4.000,00)	(1.000,00)
(=) Lucro Antes dos Impostos (LAIR)		3.000,00
(-) Imposto de Renda/CSLL (15% + 9%)		(720,00)
(=) Lucro Líquido do Exercício		**2.280,00**

Exemplo de DRE:

A empresa Drogarias Star Ltda. apresentou a seguinte movimentação, conforme **Quadro 1**:

Quadro 1

Saldos Contábeis – Período 01/04/X5 a 30/06/X5	
Vendas (Brutas)	40.000,00
Salários e Ordenados	1.000,00
Horas Extras	500,00
Fretes s/ Vendas	1.500,00
Mercadorias	50.000,00
Comissão dos Vendedores	2.000,00
Juros s/ Empréstimos	100,00
Material de Expediente	900,00
Informação dos Estoques:	
Estoque Inicial (01.04.X5).	10.000,00
Estoque Final (30.06.X5).	25.000,00

Pede-se:

a) Cálculo do CMV – Custo das Mercadorias Vendidas;

b) Apuração de Resultado do Exercício – ARE (Lançamentos e Razonetes);

c) DRE – Demonstrativo de Resultado do Exercício;

a) CMV – Custo das Mercadorias Vendidas:

CMV = Estoque Inicial + Compras - Estoque Final
CMV = R$ 10.000 + R$ 50.000 - R$ 25.000 = R$ 35.000

b) Apuração de Resultado do Exercício – ARE (Lançamentos e Razonetes):

Lançamento Contábil do CMV

1 - Apuração do CMV do período 01/04/X5 a 30/06/X5 - 30/06/X5		
D 3.2.1.000.01 Custo das Mercadorias Vendidas	35.000,00	
C 1.1.3.001.01 Mercadorias		35.000,00

Lançamento Encerramento conta Receitas

2 - Apuração Resultados período 01/04/X5 a 30/06/X5 - 30/06/X5		
D 3.1.1.001.01 Vendas	40.000,00	
C 4.1.0.000.01 ARE-Apuração Resultado Exercício		40.000,00

Lançamento Encerramento conta Custos/Despesas

3 - Apuração Resultados período 01/04/X5 a 30/06/X5 - 30/06/X5		
D 4.1.0.000.01 ARE Apuração Resultado Exercício	41.000,00	
C 3.2.1.000.01 Custo das Mercadorias Vendidas		35.000,00
C 3.2.2.001.01 Salários e Ordenados		1.000,00
C 3.2.2.001.02 Horas-Extras		500,00
C 3.2.2.001.16 Material de Expediente		900,00
C 3.2.2.002.01 Comissão dos Vendedores		2.000,00
C 3.2.2.002.02 Fretes s/ Vendas		1.500,00
C 3.2.3.000.01 Juros s/Empréstimos		100,00

Contabilização do Lucro/Prejuízo do Exercício

4 - Apuração Resultados período 01/04/X5 a 30/06/X5 – 30/06/X5		
D 2.4.2.004.02 (-) Prejuízos Acumulados	1.000,00	
C 4.1.0.000.01 ARE – Apuração Resultado Exercício		1.000,00

Razonetes:

3.2.1.000.01 Custo M. Vendidas	
1-35.000,00	35.000,00-3
0,00	***0,00***

1.1.3.001.01 Mercadorias	
0-50.000,00	35.000,00 -1
	25.000,00

3.1.1.001.01 Vendas	
2-40.000,00	40.000,00 -0
0,00	***0,00***

4.1.0.000.01-ARE-Ap.Res.Exercicio	
3- 41.000,00	40.000,00 -2
	1.000,00- 4
0,00	***0,00***

3.2.2.001.01 Salários e Ordenados	
0-1.000,00	1.000,00 -3
0,00	***0,00***

3.2.2.001.02 Horas Extras	
0- 500,00	500,00 -3
0,00	***0,00***

3.2.2.001.16 Material de Expedte.	
0 - 900,00	900,00 -3
0,00	***0,00***

3.2.2.002.01 Comiss.Vendedor	
0 - 2.000,00	2.000,00 -3
0,00	***0,00***

3.2.2.002.02 Fretes s/Vendas	
0 - 1.500,00	1.500,00 -3
0,00	***0,00***

3.2.3.000.01 Juros s/Empréstimo	
0 - 100,00	100,00 -3
0,00	***0,00***

2.4.2.004.02-(-) Prejuízos Acumul.	
4 - 1.000,00	
1.000,00	

Demonstrativo de Resultado do Exercício -DRE

Drogarias Star Ltda.

Período: 01/04/X5 a 30/06/X5

Itens:	**R$**	**R$**
Receita Bruta		40.000,00
(-) CMV – Custo das Mercadorias Vendidas		(35.000,00)
(=) Lucro Bruto		5.000,00
(-) Despesas		
Despesas Administrativa	(2.400,00)	
Despesas com Vendas	(3.500,00)	(5.900,00)
(=) Lucro Operacional		(900,00)
Resultado Financeiro		
(-) Despesas Financeiras	(100,00)	(100,00)
(=) Prejuízo do Exercício		**(1.000,00)**

6.1. Exercícios de CMV, ARE e DRE

A empresa Atacadista S Ltda. apresentou sua movimentação contábil conforme Quadro 2 abaixo:

Quadro 2 – Saldos Contábeis – Período 01/07/X5 a 31/10/X5	
Vendas (Brutas)	90.000,00
Salários e Ordenados	8.000,00
Adicional Noturno	20% s/ Salários
Comissões s/Cartões de Crédito	3% das Vendas
Mercadorias	100.000,00
Comissão dos Vendedores	1% das Vendas
Juros Recebidos s/ Aplic. Financeiras	3.000,00
Manutenção de Veículos	1.500,00
Informação dos Estoques:	
Estoque Inicial (01/07/X5).	30.000,00
Estoque Final (31/10/X5).	80.000,00

Pede-se:

a) CMV - Custo das Mercadorias Vendidas;

b) Apuração de Resultado do Exercício - ARE (Lançamentos Contábeis);

c) Provisionar os Impostos (IR 15% + CSLL 9% = 24%) e contabilizar o Lucro do Exercício;

d) Demonstrativo de Resultado do Exercício - DRE.

7. Estrutura Conceitual do Balanço Patrimonial

De acordo com a Lei nº 11.638/07, MP nº 449/08 e Resolução CFC nº 1.121/08, a nova estrutura do Balanço Patrimonial passa a ser a seguinte:

ATIVO	PASSIVO
Ativo Circulante	Passivo Circulante
Ativo Não Circulante	Passivo Não Circulante
Realizável a Longo Prazo	**PATRIMÔNIO LÍQUIDO**
Investimento	Capital Social
Imobilizado	Reservas de Capital
Intangível	Ajustes de Avaliação Patrimonial
	Reservas de Lucros
	Reserva Legal
	(-) Ações em Tesouraria
	(-) Prejuízos Acumulados

Grupo de Contas – Lei Societária nº 6404/76, Art. 178. No balanço, as contas serão classificadas segundo os elementos do patrimônio que registrem, e agrupadas de modo a facilitar o conhecimento e a análise da situação financeira da companhia.

§ 1º **No ativo, as contas serão dispostas em ordem decrescente de grau de liquidez dos elementos nelas registrados, nos seguintes grupos:**

I – ativo circulante; e (Incluído pela Lei nº 11.941, de 2009)

II – ativo não circulante, composto por ativo realizável a longo prazo, investimentos, imobilizado e intangível. (Incluído pela Lei nº 11.941, de 2009)

§ 2º **No passivo, as contas serão classificadas nos seguintes grupos:**

I – passivo circulante; (Incluído pela Lei nº 11.941, de 2009)

II – passivo não circulante; e (Incluído pela Lei nº 11.941, de 2009)

III – patrimônio líquido, dividido em capital social, reservas de capital, ajustes de avaliação patrimonial, reservas de lucros, ações em tesouraria e prejuízos acumulados. (Incluído pela Lei nº 11.941, de 2009)

§ 3º Os saldos devedores e credores que a companhia não tiver direito de compensar serão classificados separadamente.

7.1. Ativo

Art. 179. As contas serão classificadas do seguinte modo:

I – no ativo circulante: as disponibilidades, os direitos realizáveis no curso do exercício social subsequente e as aplicações de recursos em despesas do exercício seguinte;

II – **no ativo realizável a longo prazo**: os direitos realizáveis **após o término do exercício seguinte**, assim como os derivados de vendas, adiantamentos ou empréstimos a sociedades coligadas ou controladas (artigo 243), diretores, acionistas ou participantes no lucro da companhia, que não constituírem negócios usuais na exploração do objeto da companhia;

III – **em investimentos**: as participações permanentes em outras sociedades e os direitos de qualquer natureza, não classificáveis no ativo circulante, e que não se destinem à manutenção da atividade da companhia ou da empresa;

IV – **no ativo imobilizado**: os direitos que tenham por objeto bens corpóreos destinados à manutenção das atividades da companhia ou da empresa ou exercidos com essa finalidade, inclusive os decorrentes de operações que transfiram à companhia os benefícios, riscos e controle desses bens; (Redação dada pela Lei nº 11.638, de 2007)

V – (Revogado pela Lei nº 11.941, de 2009)

VI – **no intangível**: os direitos que tenham por objeto bens incorpóreos destinados à manutenção da companhia ou exercidos com essa finalidade, inclusive o fundo de comércio adquirido. (Incluído pela Lei nº 11.638, de 2007)

Parágrafo único. Na companhia em que o ciclo operacional da empresa tiver duração maior que o exercício social, a classificação no circulante ou longo prazo terá por base o prazo desse ciclo.

7.1.1. Critérios de Avaliação do Ativo

Art. 183. No balanço, os elementos do ativo serão avaliados segundo os seguintes critérios:

I – as aplicações em instrumentos financeiros, inclusive derivativos, e em direitos e títulos de créditos, classificados no ativo circulante ou no realizável a longo prazo: (Redação dada pela Lei nº 11.638, de 2007)

a) pelo seu valor justo, quando se tratar de aplicações destinadas à negociação ou disponíveis para venda; e (Redação dada pela Lei nº 11.941, de 2009)

b) pelo valor de custo de aquisição ou valor de emissão, atualizado conforme disposições legais ou contratuais, ajustado ao valor provável de realização, quando este for inferior, no caso das demais aplicações e os direitos e títulos de crédito; (Incluída pela Lei nº 11.638, de 2007)

II – os direitos que tiverem por objeto mercadorias e produtos do comércio da companhia, assim como matérias-primas, produtos em fabricação e bens em almoxarifado, pelo custo de aquisição ou produção, deduzido de provisão para ajustá-lo ao valor de mercado, quando este for inferior;

III – os investimentos em participação no capital social de outras sociedades, ressalvado o disposto nos artigos 248 a 250, pelo custo de aquisição, deduzido de provisão para perdas prováveis na realização do seu valor, quando essa perda estiver comprovada como permanente, e que não será modificado em razão do recebimento, sem custo para a companhia, de ações ou quotas bonificadas;

IV – os demais investimentos, pelo custo de aquisição, deduzido de provisão para atender às perdas prováveis na realização do seu valor, ou para redução do custo de aquisição ao valor de mercado, quando este for inferior;

V – os direitos classificados no imobilizado, pelo custo de aquisição, deduzido do saldo da respectiva conta de depreciação, amortização ou exaustão;

VI – (revogado); (Redação dada pela Lei nº 11.941, de 2009);

VII – os direitos classificados no intangível, pelo custo incorrido na aquisição deduzido do saldo da respectiva conta de amortização; (Incluído pela Lei nº 11.638, de 2007);

VIII – os elementos do ativo decorrentes de operações de longo prazo serão ajustados a valor presente, sendo os demais ajustados quando houver efeito relevante.(Incluído pela Lei nº 11.638, de 2007);

§ 1º Para efeitos do disposto neste artigo, considera-se valor justo: (Redação dada pela Lei nº 11.941, de 2009):

a) das matérias-primas e dos bens em almoxarifado, o preço pelo qual possam ser repostos, mediante compra no mercado;

b) dos bens ou direitos destinados à venda, o preço líquido de realização mediante venda no mercado, deduzidos os impostos e demais despesas necessárias para a venda, e a margem de lucro;

c) dos investimentos, o valor líquido pelo qual possam ser alienados a terceiros;

d) dos instrumentos financeiros, o valor que pode se obter em um mercado ativo, decorrente de transação não compulsória realizada entre partes independentes; e, na ausência de um mercado ativo para um determinado instrumento financeiro: (Incluída pela Lei nº 11.638, de 2007):

1) o valor que se pode obter em um mercado ativo com a negociação de outro instrumento financeiro de natureza, prazo e risco similares; (Incluído pela Lei nº 11.638, de 2007)

2) o valor presente líquido dos fluxos de caixa futuros para instrumentos financeiros de natureza, prazo e risco similares; ou (Incluído pela Lei nº 11.638, de 2007)

3) o valor obtido por meio de modelos matemático-estatísticos de precificação de instrumentos financeiros. (Incluído pela Lei nº 11.638, de 2007)

§ 2º A diminuição do valor dos elementos dos ativos imobilizado e intangível será registrada periodicamente nas contas de: (Redação dada pela Lei nº 11.941, de 2009)

a) depreciação, quando corresponder à perda do valor dos direitos que têm por objeto bens físicos sujeitos a desgaste ou perda de utilidade por uso, ação da natureza ou obsolescência;

b) amortização, quando corresponder à perda do valor do capital aplicado na aquisição de direitos da propriedade industrial ou comercial e quaisquer outros com existência ou exercício de duração limitada, ou cujo objeto sejam bens de utilização por prazo legal ou contratualmente limitado;

c) exaustão, quando corresponder à perda do valor, decorrente da sua exploração, de direitos cujo objeto sejam recursos minerais ou florestais, ou bens aplicados nessa exploração.

§ 3º A companhia deverá efetuar, periodicamente, análise sobre a recuperação dos valores registrados no imobilizado e no intangível, a fim de que sejam: (Redação dada pela Lei nº 11.941, de 2009):

I – registradas as perdas de valor do capital aplicado quando houver decisão de interromper os empreendimentos ou atividades a que se destinavam ou quando comprovado que não poderão produzir resultados suficientes para recuperação desse valor; ou (Incluído pela Lei nº 11.638, de 2007)

II – revisados e ajustados os critérios utilizados para determinação da vida útil econômica estimada e para cálculo da depreciação, exaustão e amortização. (Incluído pela Lei nº 11.638, de 2007)

§ 4º Os estoques de mercadorias fungíveis destinadas à venda poderão ser avaliados pelo valor de mercado, quando esse for o costume mercantil aceito pela técnica contábil.

7.1.2. Divisões do Ativo

Ativo Circulante:

- Disponibilidades
- Aplicações em Instrumentos Financeiros
- Créditos
- Estoques
- Outros Valores e Bens
- Despesas Antecipadas

Ativo Não Circulante:
Realizável a Longo Prazo

- Créditos
- Estoques
- Outros Valores e Bens
- Despesas Antecipadas

Investimentos

Imobilizado de Uso

Intangível

7.1.3. Ativo Circulante

7.1.3.1. Disponibilidades[10]

Disponibilidades são os recursos financeiros que se encontram à disposição imediata da Entidade, compreendendo os meios de pagamento em moeda e em outras espécies, os depósitos bancários à vista e os títulos de liquidez imediata.

As disponibilidades também podem estar representadas por moedas estrangeiras em espécie ou depositadas em bancos no país ou no exterior e **por ouro em lingotes segundo os padrões negociados nas Bolsas de Valores ou Mercantis e de Futuros nacionais ou estrangeiras.**

O ouro, para não perder o seu valor de negociação, deve estar custodiado nas Bolsas de Valores ou Mercantis e de Futuros ou em instituições por elas credenciadas. O refino do ouro e a apuração de seu grau de pureza deve ser feito por fundidoras credenciadas pelas Bolsas de Valores ou Mercantis e de Futuros e imediatamente depositados nestas, nos padrões pré-estabelecidos.

10 http://cosif.com.br/mostra.asp?arquivo=p_contas11

7.1.3.2. Aplicações em Instrumentos Financeiros

São títulos de crédito, quaisquer valores mobiliários e outros direitos aqueles aqui denominados como Títulos e Valores Mobiliários ou Aplicações em Instrumentos Financeiros, incluindo as Duplicatas Mercantis e as Duplicatas de Prestação de Serviços a Receber.

i. Títulos de Renda Fixa

Os papéis e demais títulos de renda fixa negociados no Brasil devem ser emitidos e custodiados de conformidade com as normas publicadas pelo Banco Central do Brasil (**MNI 2-12-5**).

Os títulos de renda fixa quando públicos (**Títulos Públicos**), ou seja, quando emitidos pelo Tesouro Nacional, pelo Banco Central do Brasil, pelos Estados ou Municípios devem ficar obrigatoriamente custodiados no **SELIC – Sistema Especial de Liquidação e Custódia**.

Os títulos de renda fixa quando privados (**Títulos Privados**), ou seja, quando emitidos pelas instituições do Sistema Financeiro Nacional devidamente autorizadas a funcionar pelo Banco Central do Brasil, devem ficar obrigatoriamente custodiados na **CETIP – Central de Liquidação e Custódia de Títulos Privados**, incluindo os emitidos por bancos governamentais.

ii. Títulos de Renda Variável[11]

Entre os títulos de renda variável estão as ações das sociedades de capital aberto registradas na Comissão de Valores Mobiliários, que podem ser negociadas nos mercados à vista, a termo e de opções das Bolsas de Valores.

Também estão entre os títulos de renda variável os contratos a termo negociados nas Bolsas Mercantis e de Futuros, que envolvem produtos agrícolas (café, soja, algodão), moedas estrangeiras (dólar, marco alemão, franco suíço, iene japonês), metais e pedras preciosas (ouro, cobre, diamantes) e índices ("DI", Ibovespa). O ouro em lingotes segundo os padrões estabelecidos pode ser negociado nos mercados à vista (spot), futuro e de opções. (Ver os modelos de contratos e demais operações possíveis no site da BM&F – Bolsa de Mercadorias e de Futuros)

O ouro, para não perder o seu valor de negociação, deve estar custodiado nas Bolsas de Valores ou Mercantis e de Futuros ou em instituições por elas credenciadas.

O refino do ouro e a apuração de seu grau de pureza deve ser feito por fundidoras credenciadas pelas Bolsas de Valores ou Mercantis e de Futuros.

11 http://cosif.com.br/mostra.asp?arquivo=p_contas12

Nota: Para melhor estudo de Instrumentos Financeiros, ver CPC 38 – Instrumentos Financeiros: Reconhecimento e Mensuração – Comitê de Pronunciamentos Contábeis

7.1.3.3. Créditos[12]

Nos subtítulos da conta Clientes – Créditos a Receber, que está no Ativo Circulante, são registrados os valores a receber de vendas a prazo direta ou indiretamente ligadas à atividade principal das entidades comerciais, industriais ou prestadoras de serviços. Dependendo das características operacionais das empresas serão emitidos os títulos de crédito necessários ao eventual recebimento dos respectivos valores das vendas a prazo através do poder judiciário.

É importante salientar que são passíveis de protesto somente os títulos de crédito. Portanto, nas operações de venda a prazo de mercadorias ou serviços é preciso emitir o título de crédito pertinente ou criar as condições especiais para que sejam emitidos futuramente. Nas vendas a prazo é importante que o comprador firme documento em que autorize a emissão de **Duplicata, Nota Promissória** ou **Letra de Câmbio Comercial** através da qual seja possível o protesto e a cobrança judicial.

O principal título de crédito do comerciante, industrial ou prestador de serviço é a **Duplicata de Fatura – Duplicata Mercantil e Duplicata de Prestação de Serviços.** A Fatura é uma espécie de relatório das diversas notas fiscais emitidas durante um mês ou num intervalo de tempo maior ou menor. Muitas empresas emitem um documento fiscal conhecido como Nota Fiscal - Fatura que, além de ter o valor de documento fiscal autorizado pelas Secretaria de Fazenda dos Estados e Municípios, também tem em sua parte inferior a Duplicata de conformidade com modelo padronizado pelo CMN – Conselho Monetário Nacional.

Segundo o **Plano de Contas Referencial** da Receita Federal (**SPED**), o grupamento relativo aos CRÉDITOS deve ter obrigatoriamente as seguintes contas básicas (veja nas demais contas deste grupamento):

- Clientes/Duplicatas a Receber
- Outros Créditos
- (-) Provisões para Créditos de Liquidação Duvidosa
- (-) Provisões para Ajuste ao Valor Provável de Realização
- (-) Outras Contas Retificadoras

12 http://cosif.com.br/mostra.asp?arquivo=p_contas15

7.1.3.4. Estoques[13]

Estoques são os valores referentes às exigências de produtos acabados, produtos em elaboração, matérias-primas, mercadorias, materiais de consumo, serviços em andamento e outros valores relacionados às atividades-fins da Entidade.

Os Estoques estão representados por materiais ou produtos diversos, que devem estar subdivididos em contas de conformidade com a sua finalidade.

Segundo o **Plano de Contas Referencial** da Receita Federal (**SPED**), o grupamento relativo aos Estoques deve ter obrigatoriamente as seguintes contas básicas:

- Mercadorias para Revenda
- Insumos (materiais diretos)
- Insumos Agropecuários
- Produtos em Elaboração
- Serviços em andamento
- Produtos Agropecuários em Formação
- Construções em Andamento de Imóveis Destinados à Venda
- Produtos Acabados
- Produtos Agropecuários Acabados
- Imóveis Destinados à Venda
- Estoques Destinados à Doação
- Outras - Outros Estoques
- (-) Provisão para Ajuste do Estoque ao Valor de Mercado
- (-) Provisoes para Ajuste ao Valor Provável de Realização
- (-) Outras Contas Retificadoras

Nota: Para melhor estudo dos Estoques ver CPC 16(R1) – Estoques – Comitê de Pronunciamentos Contábeis.

7.1.3.5. Outros Valores e Bens[14]

No grupamento de Outros Valores e Bens – Circulante são contabilizados os valores não relacionados à atividade fim da entidade, ou seja, são os valores que não se relacionam diretamente ao objeto social da entidade.

Os valores a serem lançados nessa conta geralmente estão representados operações transitórias, conforme é possível verificar na relação de subtítulos abaixo.

13 http://cosif.com.br/mostra.asp?arquivo=p_contas13

14 http://cosif.com.br/mostra.asp?arquivo=p_contas17

Exemplos:

- Comissões e Corretagens a Receber
- Dividendos / Bonificações em Dinheiro a Receber
- Rendas a Receber de Títulos e Valores Mobiliários
- Outras Rendas a Receber
- Valores a Receber pela Venda de Bens
- Devedores por Intermediação Financeira
- Adiantamentos a Fornecedores
- Outras Contas a Receber

7.1.3.6. Adiantamentos a Fornecedores

É comum as empresas efetuarem pagamentos antecipados aos seus fornecedores, quer seja para aquisição de mercadorias, insumos, ativos, realização de despesas, serviços ou aquisição de bens de consumo.

Exemplo de contabilização de Adiantamentos a Fornecedores:

Por exemplo, uma empresa contrata uma oficina mecânica para a reforma do motor do caminhão da sua frota. A oficina contratada, após emitir um Orçamento de Serviços, ou firmar um Contrato de Serviços, pede um "valor adiantado para compra de peças". Neste caso, avalia-se que o contrato total seja de R$ 5.000,00 e o adiantamento de R$ 1.000,00 é em dinheiro. A contratante fará o seguinte lançamento contábil:

1 - Adiantamento à Oficina C Ltda., conforme contrato – 00/00/X5		
D 1.1.2.003.03 Adiantamentos a Fornecedores	1.000,00	
C 1.1.1.001.01 Caixa		1.000,00

Após a conclusão do serviço a contratante fará o pagamento do restante, R$ 4.000,00. A oficina contratada, por sua vez, emitirá uma Nota Fiscal de Serviços de R$ 5.000,00, que é o total contratado. Ao efetuar o pagamento do restante, supondo-se em dinheiro, a contratante fará o lançamento contábil final, ou seja:

2 - Pagto. NFS 0000 – Oficina C Ltda. 00/00/X5		
D 3.2.2.001.20 Manutenção de Veículos	5.000,00	
C 1.1.1.001.01 Caixa		4.000,00
C 1.1.2.003.03 Adiantamentos a Fornecedores		1.000,00

7.1.3.7. Despesas Antecipadas[15]

Despesas Antecipadas são as aplicações em gastos que tenham realização no curso do período subsequente à data do balanço patrimonial.

Devem ser contabilizados nesta conta os valores pagos antecipadamente, tais como os **prêmios de seguro, os juros de desconto de notas promissórias, entre outros valores correlatos sempre que forem pagos antecipadamente ou na forma de deságio (Despesas a Apropriar).**

Esse valor pago antecipadamente também pode ser chamado de Deságio, no caso da obtenção de um empréstimo bancário em que os juros são cobrados antecipadamente (Despesas a Apropriar).

Exemplo de Despesas Antecipadas:

A empresa Fábrica SS Ltda. fez um contrato de seguros gerais da fábrica para o ano de 20X5. No dia 02 de janeiro de 20X5 pagou, para a Cia de Seguros W, o total do "prêmio" do seguro para os doze meses, num total de R$ 6.000,00, pagamento em cheque do Banco Itaú. O fato de ter pago essa despesa não dá direito á SS lançá-la integralmente como resultado, pois refere-se ao "ano todo de 20X5". Logo, essa despesa deve ser "rateada" para os doze meses de 20X5, apropriando-se mensalmente o valor de cada parcela.

O lançamento contábil do pagamento será:

1 - Pago Apólice Seguro Cia de Seguros W, ref. 20X5 – 02/01/X5		
D 1.1.5.005.04 Despesas Pagas Antecipadamente	6.000,00	
C 1.1.1.001.02 Banco Itaú c/Movimento		6.000,00

A apropriação mensal das parcelas de seguro, como Despesas, será feito pelo método de "rateio":

1ª Cota da parcela apropriada como Despesa:

1 - Pago Apólice Seguro Cia de Seguros W, ref. 20X5 – 31/01/X5		
D 3.2.2.001.15 Despesas de Seguros	500,00	
C 1.1.5.005.04 Despesas Pagas Antecipadamente		500,00

Nota: As cotas 2 a 12 serão feitas no mesmo valor, ao final de cada mês. Por conseguinte, ao final do ano a soma contabilizada como Despesa será R$ 6.000,00 e a conta Despesas Pagas Antecipadamente estará "zerada".

15 http://cosif.com.br/mostra.asp?arquivo=p_contas19

7.2. Ativo Não Circulante (Permanente)

7.2.1. Realizável a Longo Prazo

Definições de Longo Prazo – Ativo

Definição segundo o inciso II do artigo 179 da Lei 6.404/76, as contas no **Ativo Realizável a Longo Prazo** serão classificadas do seguinte modo:

"Os direitos **realizáveis após o término do exercício seguinte**, assim como os derivados de vendas, adiantamentos ou empréstimos a sociedades coligadas ou controladas (artigo 243), diretores, acionistas ou participantes no lucro da companhia, que não constituírem negócios usuais na exploração do objeto da companhia."

Definição de Curto/Longo Prazo segundo o Cosif:

"São recebíveis a Curto Prazo aqueles a vencer dentro do exercício seguinte. Neste caso o legislador considerou que as empresas fazem apenas um balanço anual no final de cada ano (ano-calendário). Mas, na verdade, no SFN o CMN – Conselho Monetário Nacional obriga que sejam levantamentos balanços semestrais (semestre civil). A CVM determina que as Companhias Abertas apresentem **Informações Trimestrais (ITR)** sobre a sua Situação Líquida Patrimonial. Para efeito do recolhimento do imposto de renda trimestral, os balanços devem ser trimestrais (trimestre civil). **Assim sendo, podemos considerar como exercício social seguinte o prazo de 1 ano a partir do encerramento do balanço patrimonial, seja ele trimestral, semestral ou anual.** Veja o texto **O Exercício Social e o Realizável e Exigível a Longo Prazo.** Veja também a NOTA ao final do **artigo 175 da Lei 6.404/1976.**"[16]

Definições de Longo Prazo – Passivo

Definição segundo o artigo 180 da Lei 6.404/76, as contas no Passivo Não Circulante - (Longo Prazo) serão classificadas do seguinte modo:

"As obrigações da companhia, inclusive financiamentos para aquisição de direitos do ativo não circulante, **serão classificadas no passivo circulante, quando se vencerem no exercício seguinte, e no passivo não circulante, se tiverem vencimento em prazo maior**, observado o disposto no parágrafo único do art. 179 desta Lei. (Redação dada pela Lei nº 11.941, de 2009)"

16 http://cosif.com.br/mostra.asp?arquivo=padron401

Definição segundo o Cosif:

"**São Exigíveis a Longo Prazo aqueles a vencer depois do final exercício seguinte**. Neste caso o legislador sendo leigo em contabilidade e não tendo quem o orientasse (ou não quis ser orientado) considerou que as empresas fazem apenas um balanço anual no final de cada ano (ano-calendário). Mas, na verdade, no SFN o CMN – Conselho Monetário Nacional obriga que sejam levantados balanços semestrais (semestre civil). A CVM determina que as Companhias Abertas apresentem Informações Trimestrais (ITR) sobre a sua Situação Líquida Patrimonial. Para efeito do recolhimento do imposto de renda trimestral, os balanços devem ser trimestrais (trimestre civil). **Assim sendo, podemos considerar como exercício social seguinte o prazo de 1 ano a partir do encerramento do balanço patrimonial, seja ele trimestral, semestral ou anual.** Veja o texto O Exercício Social e o Realizável e Exigível a Longo Prazo. Veja também a NOTA ao final do artigo 175 da Lei 6.404/1976."[17]

Nota: O Cosif (Plano de Contas das Instituições Financeiras) entende que o Longo Prazo é a partir do encerramento de cada trimestre. Para efeito de estudo neste livro, iremos utilizar as definições dos Arts. 179 e 180 da Lei nº 6404/76.

Exemplo de uma operação de venda de longo prazo (neste exemplo não estamos considerando o "Ajuste a Valor Presente" CPC 12:

A empresa Revendedora de Caminhões T Ltda. efetuou uma venda de um caminhão no valor de R$ 36.000,00, no mês 06/20X3, para ser paga em 36 meses.

1. Curto Prazo:

1.1) Ano 20X3 – Julho a Dezembro = 6 meses = R$ 6.000,00

1.2) Ano 20x4 – Janeiro a Dezembro = 12 meses = R$ 12.000,00

2.Longo Prazo:

2.1) Ano 20X5 e 6 meses de 20X6 = R$ 18.000,00

1 - Vendas – NF 0044 Cliente X – 01/06/20X3		
D 1.1.2.001.01 Clientes	18.000,00	
D 1.3.1.001.01 Contas a Receber de Longo Prazo	18.000,00	
C 3.1.1.001.01 Vendas		36.000,00

Nota: O conceito de tempo de Curto/Longo Prazo é aplicado igualmente para os recebíveis (Ativo) e as obrigações (Passivo).

17 http://cosif.com.br/mostra.asp?arquivo=padron405

7.2.2. Investimentos[18]

Nas contas do Grupamento de Investimentos, no Ativo Permanente, são contabilizadas **as aplicações de caráter permanente em controladas, coligadas, empresas beneficiadas por incentivos fiscais em que haja a intenção de controle ou coligação, títulos patrimoniais (incluindo os de Clubes), Obras de Arte e Antiguidades, entre outros investimentos institucionais com a intenção de geração de renda perene ou perpétua.**

Nota: Para melhor estudo de Investimentos ver CPC 18 (R2) Investimento em Coligada, em Controlada e em Empreendimento Controlado em Conjunto – Comitê de Pronunciamentos Contáveis.

Exemplo de participação acionária na Empresa "X"

2 - Participação acionária Empresa "X" – 02/06/20X3		
D 1.1.2.001.01 Clientes	5.000,00	
C 1.1.1.001.01 Caixa		5.000,00

7.2.3. Imobilizado de Uso[19]

No Imobilizado de Uso são contabilizados os bens necessários ao desenvolvimento do objeto social da empresa, tais como imóveis, móveis e utensílios, instalações, máquinas e equipamentos, veículos automotores terrestres, aéreos, marítimos e ferroviários, entre outros.

Mensalmente deve ser contabilizada a depreciação desses bens, excetuando-se a de terrenos.

Exemplos de Imobilizado:

-Terrenos
-Construções em andamento
-Imóveis e Edifícios
-Veículos
-Máquinas e Equipamentos
-Ferramentas
-Etc.

Nota: O grupo **Imobilizado**, bem como **Depreciações** e **Exaustões** serão tratados em Capítulo próprio deste livro.

18 http://cosif.com.br/mostra.asp?arquivo=p_contas31

19 http://cosif.com.br/mostra.asp?arquivo=p_contas32

7.2.4. Intangível

O Intangível deve registrar nos subtítulos apropriados o valor dos direitos adquiridos ou desenvolvidos. Intangíveis são os bens não palpáveis, como por exemplo:

- **Direitos Autorais**
- **Fundo de Comércio *(Goodwill)***
- **Franquias**
- **Marcas**
- ***Softwares***
- **Patentes e Segredos Industriais**
- **Investimentos em Projetos ou em Pesquisas Científicas e Tecnológicas**
- **Etc.**

Nota: O grupo **Intangível** bem como **Amortizações** serão tratados em Capítulo próprio deste livro.

7.3. Passivo

O Passivo: indica a existência de capital de terceiros e está subdividido em:

- **Passivo Circulante**
- **Passivo não Circulante**
- **Exigível a Longo Prazo**
- **Receitas** Diferidas (antigo Resultado de Exercícios Futuros)

7.3.1. Passivo Circulante (Exigível)

Art. 180. As obrigações da companhia, inclusive financiamentos para aquisição de direitos do ativo não circulante, serão classificadas no passivo circulante, quando se vencerem no exercício seguinte, e no passivo não circulante, se tiverem vencimento em prazo maior, observado o disposto no parágrafo único do art. 179 desta Lei. (Redação dada pela Lei nº 11.941, de 2009)

7.3.1.1. Critérios de Avaliação do Passivo

Art. 184. No balanço, os elementos do passivo serão avaliados de acordo com os seguintes critérios:

I – as obrigações, encargos e riscos, conhecidos ou calculáveis, inclusive Imposto sobre a Renda a pagar com base no resultado do exercício, serão computados pelo valor atualizado até a data do balanço;

II – as obrigações em moeda estrangeira, com cláusula de paridade cambial, serão convertidas em moeda nacional à taxa de câmbio em vigor na data do balanço;

III – as obrigações, os encargos e os riscos classificados no passivo não circulante serão ajustados ao seu valor presente, sendo os demais ajustados quando houver efeito relevante.(Redação dada pela Lei nº 11.941, de 2009)"

Nota: No Ativo os valores devem ser avaliados a "Valor Presente" (na data do Balanço), e, da mesma forma também no Passivo. Por exemplo, suponha-se que uma empresa importadora/exportadora tenha créditos a receber em dólares e dívidas a pagar também em dólares. Se os seus recebíveis em dólares originaram-se de uma exportação quando a cotação do dólar estava, por exemplo, R$ 3,00 por um US$ 1.00, seus recebíveis foram contabilizados com essa cotação. Porém, se o dólar aumentar para R$ 3,30 esses recebíveis deverão ser atualizados. A diferença entre a variação de R$ 3,00 para R$ 3,30 será ajustada no recebível contra a conta de Outras Receitas Operacionais (daí a palavra "Valor Presente"). Pelo lado do Passivo, o mesmo ocorrerá com suas dívidas. Se o dólar aumentar a "empresa deve mais em Reais" e, portanto, também deve fazer o ajuste da dívida debitando a conta de Outras Despesas Operacionais e creditando a conta passiva.

Dica → Tanto no Passivo Circulante quanto no Não Circulante, as dívidas relativas a Empréstimos, Financiamentos, Debêntures a Pagar etc. que tenham "juros embutidos", são denominadas Passivo Onerosos. As demais dívidas são denominadas Passivo de Funcionamento.

7.3.1.2. Divisões do Passivo

O Passivo (Passivo Circulante + Passivo Não Circulante) contém o conjunto de obrigações a pagar a terceiros. Todos os elementos do Passivo estão descriminados no lado direito do Balanço Patrimonial.

Obrigações são os créditos de terceiros relativos a bens, materiais, matérias primas, valores ou serviços fornecidos à entidade, que se encontram registrados no Passivo como valores a pagar, tais como as duplicatas a pagar, títulos a pagar, os impostos a recolher, os créditos de acionistas ou quotistas e os aprovisionamentos de contas a pagar.

7.4. Patrimônio Líquido

Art. 182. A conta do Capital Social discriminará o montante subscrito e, por dedução, a parcela ainda não realizada.

§ 1º Serão classificadas como **Reservas de Capital** as contas que registrarem:

a) a contribuição do subscritor de ações que ultrapassar o valor nominal e a parte do preço de emissão das ações sem valor nominal que ultrapassar a importância destinada à formação do capital social, inclusive nos casos de conversão em ações de debêntures ou partes beneficiárias;

b) o produto da alienação de partes beneficiárias e bônus de subscrição;

§ 2° Será ainda registrado como reserva de capital o resultado da correção monetária do capital realizado, enquanto não-capitalizado.

§ 3º Serão classificadas como Ajustes de Avaliação Patrimonial, enquanto não computadas no resultado do exercício em obediência ao regime de competência, as contrapartidas de aumentos ou diminuições de valor atribuídos a elementos do ativo e do passivo, em decorrência da sua avaliação a valor justo, nos casos previstos nesta Lei ou, em normas expedidas pela Comissão de Valores Mobiliários, com base na competência conferida pelo § 3º do art. 177 desta Lei. (Redação dada pela Lei nº 11.941, de 2009)

§ 4º Serão classificados como reservas de lucros as contas constituídas pela apropriação de lucros da companhia.

§ 5º As Ações em Tesouraria deverão ser destacadas no balanço como dedução da conta do Patrimônio Líquido que registrar a origem dos recursos aplicados na sua aquisição.

7.4.1. Divisões do Patrimônio Líquido

O **Patrimônio Líquido** é a diferença entre o valor do Ativo (bens, direitos e valores) e do Passivo (obrigações) de uma entidade em determinado momento. Representa o registro do valor que os proprietários da entidade têm aplicado no negócio.

Dentro do Patrimônio Líquido estão o Capital Próprio adicionado das Reservas de Capital (que inclui os Lucros Acumulados), dos Ajustes de Avaliações Patrimoniais (cujo saldo pode ser positivo ou negativo), das Ações ou Quotas em Tesouraria e dos Prejuízos Acumulados.

Patrimônio Líquido = Capital + Reservas ± Ajustes de Avaliação Patrimonial - Prejuízos Acumulados - Ações ou Quotas em Tesouraria.

Quando a soma algébrica na equação acima resulta em saldo negativo (devedor = Patrimônio Líquido Negativo), significa que existe **Passivo a Descoberto**. Ou seja, a empresa está insolvente.

Passivo + Patrimônio Líquido: indica a origem dos capitais ou recursos de terceiros (entes externos).

Patrimônio: é o resultado líquido da soma algébrica dos bens, direitos e obrigações de uma Entidade: = Bens + Direitos + Valores – Obrigações

Exemplo de uma empresa com Passivo a Descoberto

Balanço Patrimonial - Patrimônio Líquido - Bombril S.A.[20]		
	30/06/2015	**31/12/2014**
Descrição	**(R$ mil)**	**(R$ mil)**
Patrimônio Líquido Consolidado	**(77.560)**	**(60.268)**
Capital Social Realizado	795.142	795.142
Reservas de Capital	97.945	95.962
Reservas de Reavaliação	33.513	34.492
Lucros/Prejuízos Acumulados	(1.182.488)	(1.094.404)
Ajustes de Avaliação Patrimonial	66.396	66.875
Ajustes Acumulados de Conversão	111.932	41.665

Nota: O total dos Prejuízos Acumulados da Bombril S.A. superam o seu Patrimônio Líquido. Neste caso, o Passivo está maior que o seu Ativo.

7.4.2. Capital Social

O Artigo 182 da Lei 6.404/1976 define: "A conta do capital social discriminará o montante subscrito e, por dedução, a parcela ainda não realizada."

O Sebrae SP define o Capital Social como: "Capital Social é o montante necessário para se constituir e iniciar as atividades de uma nova empresa enquanto esta não gera recursos suficientes para se sustentar. O valor do Capital Social deve ser estipulado baseado num plano de negócios elaborado pelos interessados previamente."

7.4.3. Reservas de Capital

O Artigo 182 da Lei 6.404/1976: São classificadas como **Reservas de Capital** as contas que registrarem:

a) a contribuição do subscritor de ações que ultrapassar o valor nominal e a parte do preço de emissão das ações sem valor nominal que ultrapassar a importância destinada à formação do capital social, inclusive nos casos de conversão em ações de debêntures ou partes beneficiárias;

b) o produto da alienação (venda) de partes beneficiárias e bônus de subscrição;

São ainda registrados como reserva de capital o resultado da correção monetária do capital realizado, enquanto não capitalizado.

20 http://www.investsite.com.br/balanco_patrimonial_passivo.php?cod_negociacao=BOBR4

O artigo 200 da Lei 6.404/1976 estabelece que as Reservas de Capital serão utilizadas para:

I – absorção de prejuízos que ultrapassarem os lucros acumulados e as reservas de lucros (art.189, § único);
II – resgate, reembolso ou compra de ações;
III – resgate de partes beneficiárias;
IV – incorporação ao Capital Social;
V – pagamento de dividendo a ações preferenciais, quando essa vantagem lhes for assegurada (art.17, § 5º).

A Lei explica ainda que Reserva de Capital constituída com o produto da venda de Partes **Beneficiárias** poderá ser destinada ao resgate desses títulos.

Nota: Ver no Plano de Contas neste livro as contas que compõem o grupo Reservas de Capital.

7.4.4. Reservas de Lucros[21]

Segundo o **artigo 182 da Lei 6.404/1976**, depois de alterado pela Lei 11.638/2007 e pela Medida Provisória 449/2008, convertida na Lei 11.941/2009, que se refere ao Patrimônio Líquido, são classificados como Reservas de Lucros as contas constituídas pela apropriação de lucros da companhia.

Quando os Lucros a Realizar forem Realizados, poderão ser distribuídos na forma de dividendo, de conformidade com o disposto no artigo 197 da Lei 6.404/1976 com as alterações da Lei 10.303/2001 e da Lei 11.638/2007.

Veja também o contido na Lei 12.973/2014 (artigo 30) quando se refere às Subvenções Para Investimento. Veja ainda a NBC-TG-07 - Subvenção e Assistência Governamentais, indiretamente mencionada no artigo 30 da Lei 12.973/2014, que menciona também o artigo 195-A da Lei 6.404/1976 sobre Reserva de Incentivos Fiscais.

Segundo o Plano de Contas Referencial da Receita Federal (SPED), o grupamento relativo ao Patrimônio Líquido ou ao Patrimônio Social deve ter obrigatoriamente as seguintes contas básicas a partir de 01/01/2009:

Patrimônio líquido – **Reservas de Lucros** (Entidades com Fins Lucrativos)

- Reserva Legal
- Reservas Estatutárias

21 http://cosif.com.br/mostra.asp?arquivo=p_contas75

- Reserva para Contingências
- Reservas de Incentivos Fiscais
- Reservas de Lucros para Expansão
- Reservas de Lucros a Realizar
- Reserva Especial para Dividendo Obrigatório Não Distribuído

Lei nº 11.638/07 Art. **199**. O saldo das **Reservas de Lucros**, exceto as para Contingências, de Incentivos Fiscais e de Lucros a Realizar, não poderá ultrapassar o Capital Social. **Atingindo esse limite, a assembleia deliberará sobre aplicação do excesso** na integralização ou no aumento do Capital Social ou na distribuição de dividendos. (Redação dada pela Lei nº 11.638, de 2007)

Patrimônio líquido (Entidades sem Fins Lucrativos)

- Reservas Patrimoniais
- Reservas Estatutárias

7.4.4.1. Reserva Legal

As contas **Reserva Legal e Estatutária** (artigos 193 e 194 da Lei 6.404/1976) devem registrar nos subtítulos apropriados o valor das respectivas reservas de conformidade com o previsto no estatuto da empresa ou no seu contrato social.

As Reservas Legal e Estatutária são constituídas por ocasião do encerramento do exercício social, logo após o levantamento do Balancete de Verificação. São calculadas de conformidade com estabelecido no estatuto ou contrato social e deduzidas dos Lucros do Exercício.

Limites da Reserva Legal:

Art. 193 (Seção II). Do Lucro Líquido do exercício, 5% (cinco por cento) serão aplicados, antes de qualquer outra destinação, na constituição da Reserva Legal, que não excederá de 20% (vinte por cento) do Capital Social.

§ 1º A companhia poderá deixar de constituir a Reserva Legal no exercício em que o saldo dessa Reserva, acrescido do montante das Reservas de Capital de que trata o § 1º do artigo 182, exceder de 30% (trinta por cento) do Capital Social.

§ 2º A Reserva Legal tem por fim assegurar a integridade do **Capital Social** e **somente poderá ser utilizada para compensar prejuízos ou aumentar o Capital.**

Parágrafo único. A reserva constituída com o produto da venda de partes beneficiárias poderá ser destinada ao resgate desses títulos.

Exemplo 1: Demonstrativo do Lucro Líquido e contabilização do limite da Reserva Legal:

a) Balancete com Saldos Contábeis – 30/12/X0 – R$	
1.Capital Social	100.000,00
2.Reserva Legal	18.000,00

b) Constituição da Reserva Legal do exercício 20X0 – R$	
3.Lucro Líquido em 31/12/X0	50.000,00
4.Reserva Legal 5% do Lucro Líquido	2.500,00

c) Contabilização da Reserva Legal em 31/12/X0 – R$	
5.Saldo de Reserva Legal	18.000,00
6.Limite 20% do Capital Social	20.000,00
7.Diferença a ser contabilizada	2.000,00

Nota: Não se pode contabilizar R$ 2.500,00 de Reserva Legal, pois o limite seria ultrapassado

Lançamento Contábil da Constituição de Reserva Legal, ano 20X0

1-Constituição de Reserva Legal ref. ano 20X0 31/12/X0		
D 2.4.2.004.01 Lucros do Exercício	2.000,00	
C 2.4.2.003.01 Reserva Legal		2.000,00

Exemplo 2: Apuração de Lucro Líquido e contabilização do limite da Reserva Legal Conforme § 1º do Art. 193*:*

a) Balancete com Saldos Contábeis 30/12/X0 – R$	
1.Capital Social	100.000,00
2.Reserva Legal	18.000,00
3.Reservas de Capital	11.000,00
3.1.Total das Reservas	29.000,00
3.2.Percentual sobre o Capital Social	29%

Nota: 1. O limite é 30% do Capital Social na soma da Reserva Legal + Reservas de Capital.

2. Para conhecer quais as contas que compõem as Reservas de Capital, ver no Plano de Contas neste livro.

b) Constituição da Reserva Legal do exercício 20X0 – R$	
4.Lucro Líquido em 31.12.20X0	50.000,00
5.Reserva Legal 5% do Lucro Líquido	2.500,00

c) Contabilização da Reserva Legal em 31/12/X0 – R$	
6.Saldo de Reserva Legal + Reservas de Capital	29.000,00
7.Limite 30% do Capital Social	30.000,00
8.Diferença a ser contabilizada	1.000,00

Lançamento Contábil da Constituição de Reserva Legal, ano 20X0.

1 - Constituição de Reserva Legal ref. ano 20X0 – 31/12/X0		
D 2.4.2.004.01 Lucros do Exercício	1.000,00	
C 2.4.2.003.01 Reserva Legal		1.000,00

Nota: 3. Apesar do cálculo de 5% do Lucro Líquido do exercício ser de R$ 2.500 só poderá ser contabilizado R$ 1.000, pois o limite não poderá ultrapassar R$ 30.000.

4. Como há muitas dúvidas e divergências a respeito da constituição ou não de Reserva Legal quando a empresa apresenta **Prejuízo**, o Cosife esclarece essa dúvida conforme **Nota** a seguir:

NOTA DO COSIFE:[21]

Em 29/04/2014, usuário do COSIFE pergunta:

Minha dúvida é referente a constituição da Reserva Legal (art. 193).

De acordo com este artigo, "do Lucro Liquido do exercício, cinco por cento serão aplicados, antes de qualquer outra destinação..."

Dúvida: a empresa tem prejuízo acumulado. Neste caso, considero também "qualquer outra destinação" o abatimento do prejuízo acumulado? Ou seja, a base de cálculo para a constituição da Reserva Legal de cinco por cento ***exclui a dedução do Lucro Liquido pelo Prejuízo Acumulado.***

22 http://cosif.com.br/mostra.asp?arquivo=lei6404cap16s2

RESPOSTA DO COSIFE:

No ano ou nos anos em que ocorreu ou ocorreram os prejuízos não foi constituída a Reserva Legal. Logo, se no ano seguinte e nos demais anos fosse abatido o prejuízo acumulado existente, estaria sendo deduzido o mesmo valor várias vezes.

Portanto, o Prejuízo Acumulado também está incluído no termo "*qualquer outra distribuição*". **Isto é, não deve ser deduzido antes do cálculo da Reserva Legal a ser constituída.**

Nota: Quando há Prejuízo Líquido não há a constituição de Reserva Legal.

7.4.5. Ajustes de Avaliação Patrimonial

(Reserva de Avaliação de Ativos Próprios)

O artigo 200 da Lei 6.404/1976 § 3º estabelece que "Serão classificadas como ajustes de avaliação patrimonial, enquanto não computadas no resultado do exercício em obediência ao regime de competência, as contrapartidas de aumentos ou diminuições de valor atribuídos a elementos do ativo e do passivo, em decorrência da sua avaliação a valor justo, nos casos previstos nesta Lei ou, em normas expedidas pela Comissão de Valores Mobiliários, com base na competência conferida pelo § 3º do art. 177 desta Lei. (Redação dada pela Lei nº 11.941, de 2009)"

Nota: Este tema é tratado amplamente no Capítulo **Imobilizado** deste livro.

7.4.6. Ações em Tesouraria

O artigo 200 da Lei 6.404/1976 § 5º estabelece que "As Ações em Tesouraria deverão ser destacadas no balanço como dedução da conta do Patrimônio Líquido que registrar a origem dos recursos aplicados na sua aquisição."

Uma empresa pode adquirir ações patrimoniais da própria entidade. Tais ações em tesouraria poderão ser vendidas para gerar "ágio" (ganho) em oportunidades futuras. Essas ações adquiridas devem ser contabilizadas diretamente na conta Ações em Tesouraria, no Patrimônio Líquido (CPC 39.33 e 34).

Exemplo de aquisição de Ações da própria companhia:

A empresa Companhia ABC S.A. apresenta na sua contabilidade os seguintes valores em seu Patrimônio Líquido, em 30/12/X4:

Ativo		Passivo	
Caixa e Bancos	10.000,00	Capital Social	8.000,00
		Reservas de Lucros	2.000,00
Total:	**10.000,00**	**Total:**	**10.000,00**

No dia 31/12/X4 a Cia ABC S.A. adquire um lote de ações da própria entidade, pagamento em dinheiro:

1-Aquisição de Lotes de Ações da Cia ABC S.A. – 30/12/X4		
D 2.4.2.004.03 (-) Ações em Tesouraria	500,00	
C 1.1.1.001.01 Caixa		500,00

No dia 31/12/X4 a empresa apresenta a seguinte situação contábil:

Ativo		Passivo	
Caixa e Bancos	9.500,00	Capital Social	8.000,00
		Reservas de Lucros	2.000,00
		(-) Ações em Tesouraria	(500,00)
Total:	**9.500,00**	**Total:**	**9.500,00**

Supondo-se que no exercício 20X5 a empresa venda essas Ações e tenha "lucro" ("ágio"), esse ágio será registrado na conta "Ágio na Emissão de Ações", ou se tiver prejuízo ("deságio") será debitado em conta de Reservas de Lucros, ambas do Patrimônio Líquido.

7.4.7. Prejuízos Acumulados

Registra os prejuízos do período, acumulando-os com outros existentes anteriormente. **Caso a empresa tenha Prejuízo Acumulado no exercício anterior, e neste exercício tenha Lucro, deverá "compensar" nesta conta. Se o Lucro for maior que o prejuízo, a conta Prejuízos Acumulados será "zerada" e a diferença irá para "Lucros do Exercício".**

Segundo a Lei 6.474/89, Art. 189, "Do resultado do exercício serão deduzidos, antes de qualquer participação, os prejuízos acumulados e a provisão para o Imposto sobre a Renda.

Parágrafo único. O prejuízo do exercício será obrigatoriamente absorvido pelos Lucros Acumulados, pelas Reservas de Lucros e pela Reserva Legal, nessa ordem.

7.5. Custos dos Produtos, das Mercadorias e Serviços Vendidos

CPV – Custo dos Produtos Vendidos – Empresas Industriais

CMV – Custo das Mercadorias Vendidas – Empresas Comerciais

CSP – Custo dos Serviços Prestados – Empresas de Serviços

O Custo dos Produtos, das Mercadorias, ou dos Serviços, nada mais é que efetivamente "quanto custou para vender" o produto, a mercadoria ou serviço. Aqui não entram as despesas ou receitas que não as Vendas.

Exemplo do CMV – Custo das Mercadorias Vendidas – Empresa Comercial:

Tabela 1 – Data: 31/12/X0

Itens:	R$	R$
1. Estoque Inicial do Exercício:		1.000,00
2. Compras de Mercadorias	500,00	
2.1. Fretes sobre as Compras	200,00	
2.2. Seguros sobre as Compras	100,00	
2.3. Impostos de Importação	50,00	
2.4. Devoluções de Compras	(150,00)	700,00
3. Estoque no Final do Exercício		(600,00)
4.(1+2-3) CMV – Custo das Vendas		**1.100,00**

Dica → A fórmula do CMV, para uma melhor fixação, é: CMV = EI + C – EF, ou seja, **Estoque Inicial + Compras – Estoque final.**

Exemplo do CPV – Custo dos Produtos Vendidos – Empresa Industrial:

Demonstrativo do do CPV – Custo dos Produtos Vendidos	
Estoque Inicial de Matérias-Primas	1.100,00
(+) Compras de Matérias-Primas	7.500,00
(+) Fretes sobre Compras de Matérias-Primas	250,00
(=) Custo do Material Direto Disponível	8.850,00
(-) Estoque Final de Matérias-Primas	(2.600,00)
(=) Custo do Material Direto Disponível	6.250,00
(+) Mão de Obra Direta	4.000,00

(+) Custos Diretos de Produção	780,00
(+) Custos Indiretos de Produção	6.670,00
(=) CPP-CUSTO DA PRODUÇÃO DO PERÍODO	***17.700,00***
(+) Estoque Inicial de Produtos em Elaboração	7.900,00
(=) Custo Total de Produção	25.600,00
(-) Estoque Final de Produtos em Elaboração	(950,00)
(=) CPA-CUSTO DA PRODUÇÃO ACABADA	***24.650,00***
(+) Estoque Inicial dos Produtos Acabados	3.700,00
(=) Custo dos Produtos Disponíveis	28.350,00
(-) Estoque Final de Produtos Acabados	(3.100,00)
(=) CPV – CUSTO DOS PRODUTOS VENDIDOS	***25.250,00***

Nota: 1.Tanto no CMV quanto no CPV todos os valores devem estar Excluídos dos Impostos Recuperáveis.

Resumo de Custos de uma Empresa que tenha produção, comercialização e prestação de serviços:

1. Custo dos Produtos Vendidos (CPV)	25.250,00
2. Custo das Mercadorias Vendidas (CMV)	1.100,00
3. Custo dos Serviços Prestados (CSP)	4.650,00

7.6. Exercícios de Balanço Patrimonial

A empresa Comercial M Ltda. apresentou um relatório com os saldos de várias contas Ativas, Passivas, Despesas e Receitas, referentes ao mês de Setembro/X4. Pede-se: um Balanço Patrimonial.

Relatório de Contas/Saldos Contábeis:	
Contas:	**R$**
Capital Social	30.000,00
Máquinas e Equipamentos	8.000,00
Fornecedores	3.000,00
Ferramentas	4.500,00
ICMS a Recolher	2.000,00
Adiantamentos a Fornecedores	500,00

Mercadorias	6.000,00
PIS a Recuperar	2.500,00
Terrenos	12.000,00
Lucros do Exercício	9.000,00
Contas a Receber Longo Prazo	3.000,00
Ações em Tesouraria	1.000,00
Softwares	6.000,00
Salários a Pagar	11.000,00
Caixa	3.500,00
Fornecedores no País a Longo Prazo	7.000,00
Banco Itaú c/Movimento	15.000,00

8. Ativo Imobilizado[23]

O que é um Ativo Imobilizado?

O **Ativo Imobilizado** compreende bens corpóreos (bens físicos, tangíveis) que são utilizados nos negócios da empresa, com vida útil superior a um ano, não destinados à venda e que se destinam às suas atividades-fins. Por exemplo, um supermercado tem por atividade-fim o comércio de produtos em geral. Logo, a aquisição de um *apartamento na praia*, em razão de "uma oportunidade de negócio", não pode ser contabilizado como um Ativo Imobilizado, embora tenha vida útil superior a um ano e seja um bem corpóreo, visto que o apartamento não se destina à sua "atividade-fim". Nesse caso, a contabilização será feita na conta "Investimentos".

8.1. Definições

Segundo o CPC 27 - Ativo Imobilizado os seguintes termos são usados neste Pronunciamento, com os significados especificados:

Valor contábil é o valor pelo qual um ativo é reconhecido após a dedução da depreciação e da perda por redução ao valor recuperável acumuladas.

Custo é o montante de caixa ou equivalente de caixa pago ou o valor justo de qualquer outro recurso dado para adquirir um ativo na data da sua aquisição ou construção, ou ainda, se for o caso, o valor atribuído ao ativo quando inicialmente reconhecido de acordo com as disposições específicas de outros Pronunciamentos, como, por exemplo, o Pronunciamento Técnico CPC 10 - Pagamento Baseado em Ações.

Valor depreciável é o custo de um ativo ou outro valor que substitua o custo, menos o seu valor residual.

Depreciação é a alocação sistemática do valor depreciável de um ativo ao longo da sua vida útil.

Valor específico para a entidade (valor em uso) é o valor presente dos fluxos de caixa que a entidade espera (i) obter com o uso contínuo de um ativo e com a alienação ao final da sua vida útil ou (ii) incorrer para a liquidação de um passivo.

23 Capítulo fundamentado no CPC 27 – Ativo Imobilizado.

Valor justo (Fair Value) é o preço que seria recebido pela venda de um ativo ou que seria pago pela transferência de um passivo em uma transação não forçada entre participantes do mercado na data de mensuração.

Perda por redução ao valor recuperável é o valor pelo qual o valor contábil de um ativo ou de uma unidade geradora de caixa excede seu valor recuperável.

Ativo imobilizado é o item tangível que:

a) é mantido para uso na produção ou fornecimento de mercadorias ou serviços, para aluguel a outros, ou para fins administrativos; e

b) se espera utilizar por mais de um período.

Correspondem aos direitos que tenham por objeto bens corpóreos destinados à manutenção das atividades da entidade ou exercidos com essa finalidade, inclusive os decorrentes de operações que transfiram a ela os benefícios, os riscos e o controle desses bens.

Valor recuperável é o maior valor entre o valor justo menos os custos de venda de um ativo e seu valor em uso.

Valor residual de um ativo é o valor estimado que a entidade obteria com a venda do ativo, após deduzir as despesas estimadas de venda, caso o ativo já tivesse a idade e a condição esperadas para o fim de sua vida útil.

Vida útil é:

a) o período de tempo durante o qual a entidade espera utilizar o ativo; ou

b) o número de unidades de produção ou de unidades semelhantes que a entidade espera obter pela utilização do ativo.

Exem*plo de valor Contábil:*

1. Valor Contábil

Custo de Aquisição do Ativo	**10.000,00**
(-) Depreciação Acumulada	(1.000,00)
(-) Perda por Redução ao Valor Recuperável	(2.000,00)
(=) Valor Contábil	**7.000,00**

Nota: 1.O valor mínimo para Ativar (Imobilizado e Intangível) é de R$ 1.200,00[24].

24 Esse valor começou a vigorar a partir das seguintes datas: (a) a contar de 01/01/2014, para as pessoas jurídicas que optarem pela aplicação das disposições dos artigos 1º, 2º e 4º a 70 da Lei nº 12.973/2014 e; (b) a partir de 01/01/2015, para as pessoas jurídicas que não optarem pelos artigos citados na letra "a". No período de 01/01/1996 até a citadas datas, o referido valor era de R$ 326,61 (Trezentos e vinte e seis reais e sessenta e um centavos).

2. Para melhor estudo da **Perda por Redução ao Valor Recuperável** (*Impairment*), ***Valor específico para a entidade*** **(valor em uso)**, ver CPC 01 - Perda por Redução ao Valor Recuperável de Ativos. Com relação ao Valor Justo, ver CPC 46 - Mensuração do Valor Justo.

Exemplo de valor Depreciável e Valor Residual:

2. Valor Depreciável

Custo de Aquisição do Ativo	**10.000,00**
(-) Depreciação Acumulada	(1.000,00)
(-) Perda por Redução ao Valor Recuperável	(2.000,00)
(=) Valor Contábil	**7.000,00**
(-) Valor Residual do Ativo	(5.000,00)
(=) Valor Depreciável	**(2.000,00)**

Nota: 1. Como a empresa tem uma expectativa de, por exemplo, após 5 anos da aquisição do bem vendê-lo por R$ 5.000 (***Valor Residual do Ativo***), o ***Valor Depreciável*** deve refletir essa expectativa, e as Depreciações serem feitas a partir desse valor. Esclarece-se que esse ***Valor Residual do Ativo*** não é contabilizado, já que não é um Fato Contábil. Ele é o Valor que ficará residual na contabilidade após as depreciações.

8.2. Bens de pequeno valor ou com Vida Útil inferior a um ano

Segundo o **artigo 301 do RIR/99**, os bens de pequeno valor (até R$ 1.200,00) ou que o seu tempo de vida útil não ultrapasse a um ano, podem ser contabilizados como despesa em vez serem contabilizados no Imobilizado de uso. No citado artigo 301 do RIR/99 lê-se:

Art.301. O custo de aquisição de bens do ativo permanente não poderá ser deduzido como despesa operacional, salvo se o bem adquirido tiver valor unitário não superior a mil e duzentos reais (R$ 1.200,00), *ou* ***prazo de vida útil que não ultrapasse um ano*** *(Decreto-Lei nº 1.598, de 1977, art. 15, Lei 8.218, de 1991, art. 20, Lei nº 8.383, de 1991, art. 3º, inciso II, e Lei nº 9.249, de 1995, art. 30).*

§1º Nas aquisições de bens, cujo valor unitário esteja dentro do limite a que se refere este artigo, a exceção contida no mesmo não contempla a hipótese onde a atividade exercida exija utilização de um conjunto desses bens.

§2º Salvo disposições especiais, o ***custo dos bens adquiridos ou das melhorias realizadas, cuja vida útil ultrapasse o período de um ano****, deverá ser ativado para ser depreciado ou amortizado (Lei nº 4.506, de 1964, art. 45, §1º).*

Exemplo de uma "Construção em Andamento" com gastos inferiores a R$ 1.200,00, e ativados:

A empresa Comercial Z Ltda. está construindo, em terreno próprio, um novo armazém para seu depósito central. Os gastos com materiais de construção estão sendo ativados no grupo Ativo Não Circulante, conta Construções em Andamento – Imóvel Próprio. Há gastos com tijolos, cimento, areia, pedra, ferro... etc. Porém, há gastos inferiores a R$ 1.200,00. *Nesse caso, a ativação se dará normalmente, conforme §2º do Art. 301 – RIR/99.* Quando, ao final da construção o Imóvel estiver pronto, será debitada a conta Imóveis/Edifícios e creditada a conta Construções em Andamento – Imóvel Próprio.

Exemplo de *lançamentos contábeis:*

1 - Pago NF. 000 Cimentos X Ltda. – 02/01/20X4		
D 1.3.2.001.12 Construções em Andamento – Imóvel Próprio	400,00	
C 1.1.1.001.01 Caixa		400,00

2 - Pago NF. 000 Areia e Pedra Y Ltda. – 03/01/20X4		
D 1.3.2.001.12 Construções em Andamento – Imóvel Próprio	500,00	
C 1.1.1.001.01 Caixa		500,00

Suponha-se que após um período o armazém esteja pronto. O gasto total foi de R$ 80.000,00. O lançamento final será:

3 - Conclusão Imóvel Rua A, nº 000, conf. Escritura – 30/12/20X4		
D 1.3.2.001.02 Imóveis/Edifícios	80.000,00	
C 1.3.2.001.12 Construções em Andamento – Imóvel Próprio		80.000,00

8.3. Imobilização de talheres e pratos de um restaurante (ou hotel)

Um restaurante mantém estoque de talheres e prato para utilização no seu dia a dia. A vida útil desses bens geralmente é superior a um ano. É apropriado classificar os pratos e talheres como ativo Imobilizado?

Sim. Esses itens são ativos tangíveis mantidos para uso no fornecimento de bens e serviços e se espera que sejam usados durante mais de um período. Eles são, portanto, adequadamente classificados como Ativo Imobilizado e não devem ser incluídos no Ativo Circulante[25].

Nota: 1. Artigos de cama, mesa e banho de hotéis, ver no Anexo I da Tabela de Depreciações, "Capítulo 63 - Outros Artefatos Têxteis Confeccionados" o que pode ser ativado;

2.Pratos e talheres roubados, danificados ou quebrados devem ser "baixados" como Perda com Baixa de Ativos do **Ativo Imobilizado**, e, inclusive baixada a **Depreciação Acumulada**.

8.4. Reconhecimento (do Ativo)

(7). O custo de um item de ativo imobilizado deve ser reconhecido como ativo se, e apenas se:

a) for provável que futuros benefícios econômicos associados ao item fluirão para a entidade; e

b) o custo do item puder ser mensurado confiavelmente.

Sobressalentes, peças de reposição, ferramentas e equipamentos de uso interno são classificados como ativo imobilizado quando a entidade espera usá-los por mais de um período. Da mesma forma, se puderem ser utilizados somente em conexão com itens do ativo imobilizado, também são contabilizados como ativo imobilizado.

Este Pronunciamento não prescreve a unidade de medida para o reconhecimento, ou seja, aquilo que constitui um item do ativo imobilizado. Assim, é necessário exercer julgamento ao aplicar os critérios de reconhecimento às circunstâncias específicas da entidade. Pode ser apropriado agregar itens individualmente insignificantes, tais como moldes, ferramentas e bases, e aplicar os critérios ao valor do conjunto.

A entidade avalia segundo esse princípio de reconhecimento todos os seus custos de ativos imobilizados no momento em que eles são incorridos. Esses custos incluem custos incorridos inicialmente para adquirir ou construir um item do ativo imobilizado e os custos incorridos posteriormente para renová-lo, substituir suas partes, ou dar manutenção ao mesmo.

8.5. Custos iniciais

Itens do ativo imobilizado podem ser adquiridos por razões de segurança ou ambientais. A aquisição de tal ativo imobilizado, embora não au-

---

25 Curso de Contabilidade Intermediária em IFRS e CPC, Almeida, Marcelo Cavalcanti, Atlas, pg. 85

mentando diretamente os futuros benefícios econômicos de qualquer item específico já existente do ativo imobilizado, pode ser necessária para que a entidade obtenha os benefícios econômicos futuros dos seus outros ativos. Esses itens do ativo imobilizado qualificam-se para o reconhecimento como ativo porque permitem à entidade obter benefícios econômicos futuros dos ativos relacionados acima dos benefícios que obteria caso não tivesse adquirido esses itens. **Por exemplo, uma indústria química pode instalar novos processos químicos de manuseamento a fim de atender às exigências ambientais para a produção e armazenamento de produtos químicos perigosos; os melhoramentos e as benfeitorias nas instalações são reconhecidos como ativo porque, sem eles, a entidade não estaria em condições de fabricar e vender tais produtos químicos. Entretanto, o valor contábil resultante desse ativo e dos ativos relacionados deve ter a redução ao valor recuperável revisada de acordo com o Pronunciamento Técnico CPC 01 (R1) - Redução ao Valor Recuperável de Ativos.**

8.6. Custos subsequentes

(12). Segundo o princípio de reconhecimento do item do Reconhecimento(7), a entidade **não reconhece no valor contábil de um item do ativo imobilizado os custos da manutenção periódica do item.** Pelo contrário, **esses custos são reconhecidos no resultado** quando incorridos. **Os custos da manutenção periódica são principalmente os custos de mão de obra e de produtos consumíveis, e podem incluir o custo de pequenas peças. A finalidade desses gastos é muitas vezes descrita como sendo para "reparo e manutenção" de item do ativo imobilizado.**

(13). Partes de alguns itens do ativo imobilizado podem requerer substituição em intervalos regulares. Por exemplo, um forno pode requerer novo revestimento após um número específico de horas de uso; ou o interior dos aviões, como bancos e equipamentos internos, pode exigir substituição diversas vezes durante a vida da estrutura. Itens do ativo imobilizado também podem ser adquiridos para efetuar substituição recorrente menos frequente, tal como a substituição das **paredes interiores de edifício**, ou para efetuar substituição não recorrente. Segundo o princípio de reconhecimento do item (7), **a entidade reconhece no valor contábil de um item do ativo imobilizado o custo da peça reposta desse item quando o custo é incorrido se os critérios de reconhecimento forem atendidos. O valor contábil das peças que são substituídas é baixado de acordo com as disposições de baixa deste Pronunciamento** (ver itens de **Baixa**).

(14). Uma condição para continuar a operar um item do ativo imobilizado (por exemplo, uma aeronave) pode ser a realização regular de inspeções importantes em busca de falhas, independentemente das peças desse item serem ou não substituídas. Quando cada inspeção importante for efetuada, o seu custo é reconhecido no valor contábil do item do ativo imobilizado como uma substituição se os critérios de reconhecimento forem satisfeitos. Qualquer valor contábil remanescente do custo da inspeção anterior (distinta das peças físicas) é baixado. Isso ocorre independentemente do custo da inspeção anterior ter sido identificado na transação em que o item foi adquirido ou construído. Se necessário, o custo estimado de futura inspeção semelhante pode ser usado como indicador de qual é o custo do componente de inspeção existente, quando o item foi adquirido ou construído.

8.6.1. Custos subsequentes com grandes reparos, troca/substituição de partes e componentes de aeronaves, veículos, máquinas, equipamentos, imóveis etc. [26]

a) Bens totalmente depreciados

Os gastos com reparos, conservação e substituição de partes e peças de bens do Ativo Imobilizado que impliquem aumento da vida útil do bem, a que sejam relacionados e desde que em valor superior a R$ 1.200,00, deverão ser ativados e depreciados conforme o prazo de vida útil previsto (art. 301 do RIR/99).

No caso de bens já totalmente depreciados, o valor a ser ativado referente ao aumento da vida útil em decorrência de reparos, conservação de partes e peças, é aquele equivalente aos gastos, inclusive despesas acessórias.

b) Bens com valores contábeis a depreciar

Se, dos gastos mencionados resultar aumento da vida útil prevista para o bem, tais gastos deverão ser incorporados ao valor do bem, desde que relevantes.

O valor contábil das partes substituídas deve ser baixado (NBC 19.1.5.10). Exemplos: a troca de revestimento de forno depois de determinado número de horas de uso ou de motor de aeronave durante a vida útil da fuselagem.

Neste caso, para fins de depreciação do novo valor contábil, no novo prazo de vida útil previsto para o bem recuperado, deve ser observado o seguinte (PN CST nº 22/87):

---

26 NBC 19.1.5.10) e Parecer Normativo – Coordenador do Sistema Tributário – PN CST nº 22/87

a) aplicar o percentual de depreciação correspondente à parte não depreciada do bem sobre os custos de substituição das partes ou peças;

b) apurar a diferença entre o total dos custos de substituição e o valor determinado conforme a letra "a";

c) escriturar o valor apurado na letra "a" a débito de contas de resultado;

d) escriturar o valor de "b" a débito da conta do Ativo Imobilizado que registre o bem, o qual terá seu novo valor contábil depreciável no novo prazo de vida útil previsto.

Exemplo de contabilização de substituição de um motor de um veículo:

A Cia. C comprou um veículo para o departamento de vendas, e depois de algum tempo de uso necessitou trocar o motor. O gasto foi a prazo. O veículo estava assim contabilizado:

Valor contabilizado do veículo:	
a. Custo de Aquisição do Ativo	100.000,00
b. Valor depreciado (até o momento da troca do motor)	(40.000,00)
c. % depreciado em relação ao Custo de Aquisição	40%
d. Prazo restante para depreciação do bem:	60% ou 3 anos
e. Depreciação mensal: R$ 100.000,00 /60 meses	1.666,67

f. Gasto com a troca do motor	**20.000,00**
g. Aplicação de 40% sobre o gasto com o motor	8.000,00
h. Valor a ser Imobilizado	**12.000,00**

Lançamento contábil:

1. Aquisição motor NF 000-Fornecedor X, veículo AAA-0000 – 00/00/X5		
D 1.3.2.001.07 Veículos	12.000,00	
D 3.2.2.001.20 Manutenção de Veículos	8.000,00	
C 2.1.1.001.07 Duplicatas a Pagar		20.000,00

Nota: O valor de R$ 8.000,00 irá direto para Despesa (Resultado)

Novo valor do veículo a ser depreciado:	
a. Custo de Aquisição do Ativo	100.000,00
b. (-) Valor depreciação acumulada	(40.000,00)
c. Valor Imobilizado pela troca do motor	12.000,00
d. Valor Contábil/Depreciável	**72.000,00**
e. Tempo restante para depreciar o bem:	3 anos ou 36 meses
f. Depreciação mensal: R$ 72.000 / 36 meses	2.000,00

Nota: Se o bem for extinguido no prazo normal, só mudará o valor da cota mensal de depreciação, ou seja, antes R$ 1.666,67, agora R$ 2.000,00 por 36 meses.

8.7. Mensuração no reconhecimento

Um item do ativo imobilizado que seja classificado para reconhecimento como ativo deve ser mensurado pelo seu custo.

Elementos do custo.

O custo de um item do ativo imobilizado compreende:

a) seu preço de aquisição, acrescido de impostos de importação e impostos não recuperáveis sobre a compra, depois de deduzidos os descontos comerciais e abatimentos;
b) quaisquer custos diretamente atribuíveis para colocar o ativo no local e condição necessárias para o mesmo ser capaz de funcionar da forma pretendida pela administração;
c) a estimativa inicial dos custos de desmontagem e remoção do item e de restauração do local (sítio) no qual este está localizado. Tais custos representam a obrigação em que a entidade incorre quando o item é adquirido ou como consequência de usá-lo durante determinado período para finalidades diferentes da produção de estoque durante esse período.

Exemplos de custos diretamente atribuíveis são:

a) custos de benefícios aos empregados (tal como definidos no Pronunciamento Técnico CPC 33 – Benefícios a Empregados) decorrentes diretamente da construção ou aquisição de item do ativo imobilizado;
b) custos de preparação do local;
c) custos de frete e de manuseio (para recebimento e instalação);
d) custos de instalação e montagem;

e) custos com testes para verificar se o ativo está funcionando corretamente, após dedução das receitas líquidas provenientes da venda de qualquer item produzido enquanto se coloca o ativo nesse local e condição (tais como amostras produzidas quando se testa o equipamento); e
f) honorários profissionais.

A entidade aplica o Pronunciamento Técnico CPC 16 - Estoques aos custos das obrigações de desmontagem, remoção e restauração do local em que o item está localizado que sejam incorridos durante determinado período como consequência de ter usado o item para produzir estoque durante esse período. As obrigações decorrentes de custos contabilizados de acordo com o Pronunciamento Técnico CPC 16 ou este Pronunciamento são reconhecidas e mensuradas de acordo com o Pronunciamento Técnico CPC 25 - Provisões e Passivos Contingentes e Ativos Contingentes.

Exemplos que não são custos de um item do ativo imobilizado são:

a) custos de abertura de nova instalação;
b) custos incorridos na introdução de novo produto ou serviço (incluindo propaganda e atividades promocionais);
c) custos da transferência das atividades para novo local ou para nova categoria de clientes (incluindo custos de treinamento); e
d) custos administrativos e outros custos indiretos.

O reconhecimento dos custos no valor contábil de um item do ativo imobilizado cessa quando o item está no local e nas condições operacionais pretendidas pela administração. Portanto, os custos incorridos no uso ou na transferência ou reinstalação de um item não são incluídos no seu valor contábil, como, por exemplo, os seguintes custos:

a) custos incorridos durante o período em que o ativo capaz de operar nas condições operacionais pretendidas pela administração não é utilizado ou está sendo operado a uma capacidade inferior à sua capacidade total;
b) prejuízos operacionais iniciais, tais como os incorridos enquanto a demanda pelos produtos do ativo é estabelecida; e
c) custos de realocação ou reorganização de parte ou de todas as operações da entidade.

Algumas operações realizadas em conexão com a construção ou o desenvolvimento de um item do ativo imobilizado não são necessárias para deixá-lo no local e nas condições operacionais pretendidas pela administração. Essas atividades eventuais podem ocorrer antes ou durante as atividades de construção ou desenvolvimento. Por exemplo, o local de construção pode ser usado como estacionamento e gerar receitas, até que a construção se inicie. Como essas atividades não são necessárias para que o ativo fique em condições de funcionar no local e nas condições operacionais pretendidas pela administração, as receitas e as despesas relacionadas devem ser reconhecidas no resultado e incluídas nas respectivas classificações de receita e despesa.

O custo de ativo construído pela própria empresa determina-se utilizando os mesmos princípios de ativo adquirido. Se a entidade produz ativos idênticos para venda no curso normal de suas operações, o custo do ativo é geralmente o mesmo que o custo de construir o ativo para venda (ver o Pronunciamento Técnico CPC 16 – Estoques). Por isso, quaisquer lucros gerados internamente, são eliminados para determinar tais custos. De forma semelhante, o custo de valores anormais de materiais, de mão de obra ou de outros recursos desperdiçados incorridos na construção de um ativo não é incluído no custo do ativo. O Pronunciamento Técnico CPC 20 – Custos de Empréstimos estabelece critérios para o reconhecimento dos juros como componente do valor contábil de um item do ativo imobilizado construído pela própria empresa.

Exemplos de contabilização de Ativos:

1. Contabilização de um Ativo Imobilizado (Custo)

Custo de Aquisição do Ativo	**10.000,00**
(+) Fretes para transporte do Ativo	1.200,00
(+) Custo de preparação do local (Concretagem, Terraplanagem...)	500,00
(+) Custo de Instalação e Montagem	300,00
(=) Custo Total do Ativo	**12.000,00**

Nota: **1**. Quando se trata de **Imobilizado** não se pode deixar de falar de **Juros Financeiros** incorridos no financiamento de bens Ativos. Quando esses bens são "**Ativos Qualificáveis**" os "Juros Financeiros" não são Despesas e sim devem ser Ativados com o **Imobilizado** adquirido.

2. Para melhor estudo de **Juros sobre Empréstimos** e **Ativos Qualificáveis** ver CPC 20 (R1) – Custos de Empréstimos.

8.8. Mensuração do custo (do Ativo Imobilizado)

O custo de um item de ativo imobilizado é equivalente ao preço à vista na data do reconhecimento. Se o prazo de pagamento excede os prazos normais de crédito, a diferença entre o preço equivalente à vista e o total dos pagamentos deve ser reconhecida como despesa com juros durante o período (ver os Pronunciamentos Técnicos CPC 12 – Ajuste a Valor Presente, principalmente seu item 9, e CPC 08 – Custos de Transação e Prêmios na Emissão de Títulos e Valores Mobiliários), a menos que seja passível de capitalização de acordo com o Pronunciamento Técnico CPC 20 (R1) - Custos de Empréstimos.

Um ativo imobilizado pode ser adquirido por meio de permuta por ativo não monetário, ou conjunto de ativos monetários e não monetários. Os ativos objetos de permuta podem ser de mesma natureza ou de naturezas diferentes. O texto a seguir refere-se apenas à permuta de ativo não monetário por outro; todavia, o mesmo conceito pode ser aplicado a todas as permutas descritas anteriormente. O custo de tal item do ativo imobilizado é mensurado pelo valor justo a não ser que (a) a operação de permuta não tenha natureza comercial ou (b) o valor justo do ativo recebido e do ativo cedido não possam ser mensurados com segurança. O ativo adquirido é mensurado dessa forma mesmo que a entidade não consiga dar baixa imediata ao ativo cedido. Se o ativo adquirido não for mensurável ao valor justo, seu custo é determinado pelo valor contábil do ativo cedido.

A entidade deve determinar se a operação de permuta tem natureza comercial considerando até que ponto seus fluxos de caixa futuros serão modificados em virtude da operação. A operação de permuta tem natureza comercial se:

a) configuração (ou seja, risco, oportunidade e valor) dos fluxos de caixa do ativo recebido for diferente da configuração dos fluxos de caixa do ativo cedido; ou

b) o valor específico para a entidade de parcela das suas atividades for afetado pelas mudanças resultantes da permuta; e

c) a diferença em a) ou b) for significativa em relação ao valor justo dos ativos permutados.

Para determinar se a operação de permuta tem natureza comercial, o valor específico para a entidade da parcela das suas atividades afetada pela operação deve estar refletido nos fluxos de caixa após os efeitos da sua tributação. O resultado dessas análises pode ficar claro sem que a entidade realize cálculos detalhados.

O valor justo de um ativo é mensurável de forma confiável: (a) se a variabilidade da faixa de mensuração de valor justo razoável não for significativa ou (b) se as probabilidades de várias estimativas, dentro dessa faixa, puderem ser razoavelmente avaliadas e utilizadas na mensuração do valor justo. Caso a entidade seja capaz de mensurar com segurança tanto o valor justo do ativo recebido como do ativo cedido, então o valor justo do segundo deve ser usado para mensurar o custo do ativo recebido, a não ser que o valor justo do primeiro seja mais evidente.

O custo de um item do ativo imobilizado mantido por arrendatário por operação de arrendamento mercantil financeiro é determinado de acordo com o Pronunciamento Técnico CPC 06 – Operações de Arrendamento Mercantil.

O valor contábil de um item do ativo imobilizado pode ser reduzido por subvenções governamentais de acordo com o Pronunciamento Técnico CPC 07 – Subvenção e Assistência Governamentais.

Nota: Ativos adquiridos em operações de Médio/Longo Prazo devem ter seu valor contabilizado de acordo com o CPC 12 – Ajuste a Valor presente. Ou seja, os "juros embutidos na aquisição do Ativo" devem ser separados da efetiva aquisição do Ativo.

Exemplo de Ativação com o Ajuste a Valor Presente (Present Value):

A empresa Fábrica de Chocolates Choc S/A. comprou um Imóvel para instalação de sua nova planta industrial numa determinada localidade. O valor da aquisição do Imóvel é de R$ 10.000.000,00. A forma de pagamento é: R$ 4.000.000,00 em dinheiro, no ato, e R$ 6.000.000,00 financiado em 3 anos, a uma taxa anual de 18% a.a.

Demonstrativo dos valores negociados anualmente, e os cálculos do **Valor Presente** para fins de contabilização do Imóvel:

Quadro 1 – Demonstrativo do Ajuste a Valor Presente – CPC 12

Anos:	Valor Mensal $	Taxa	Taxa Ac.	Valor Presente $	Juros a Apropriar
Ano1	2.000.000,00	18%	1,180000	1.694.915,25	305.084,75
Ano2	2.000.000,00	$18\%^2$	1,392400	1.436.368,86	563.631,14
Ano3	2.000.000,00	$18\%^3$	1,643032	1.217.261,75	782.738,25
	6.000.000,00			**4.348.545,86**	**1.651.454,14**
		Pago em Dinheiro:		4.000.000,00	
		Total a Ativar:		**8.348.545,86**	

Como demonstrado, apesar do valor do Imóvel adquirido ser de R$ 10.000.000,00, há, embutido, R$ 1.651.454,14 de juros "antecipados". Assim, a ativação do Imóvel não se dará pelo valor adquirido, e sim pelo **Valor Presente**, que, no caso, é R$ 8.348.545,86. Os juros embutidos ficarão numa conta contábil Juros a Apropriar e, pelo **Princípio da Competência**, mês a mês, ano a ano, serão apropriados os valores mensais como **despesas de juros** contra a conta **Juros a Apropriar**, conforme **Quadro 3** abaixo. **No Quadro 2** temos a contabilização da aquisição do Imóvel:

Quadro 2 – Contabilização do Ativo:

1 - Aquisição do Imóvel Rua..., nº xxx conf. Escritura.... 00/00/20X1		
D 1.3.2.001.02 Imóveis/Edifícios	8.348.545,86	
D 2.2.1.001.03 (-) Juros a Apropriar Decorrentes de AVP	1.651.454,14	
C 1.1.1.001.01 Caixa		4.000.000,00
C 2.2.1.001.02 Empréstimos/Financiamentos a Pagar Longo Prazo		6.000.000,00

*AVP – Ajuste a Valor Presente

Quadro 3 – Apropriação mensal das despesas de Juros Financeiros:

Apropriação Mensal dos Juros		Princípio da Competência	Contabilização
Mês/ Ano1	Valor R$		
01	25.423,73	D 3.2.3.000.01 Juros s/ Empréstimos	C 2.2.1.001.03 (-) Juros a Apropriar
02	25.423,73	D 3.2.3.000.01 Juros s/ Empréstimos	C 2.2.1.001.03 (-) Juros a Apropriar
03	25.423,73	D 3.2.3.000.01 Juros s/ Empréstimos	C 2.2.1.001.03 (-) Juros a Apropriar
04	25.423,73	D 3.2.3.000.01 Juros s/ Empréstimos	C 2.2.1.001.03 (-) Juros a Apropriar
05	25.423,73	D 3.2.3.000.01 Juros s/ Empréstimos	C 2.2.1.001.03 (-) Juros a Apropriar
06	25.423,73	D 3.2.3.000.01 Juros s/ Empréstimos	C 2.2.1.001.03 (-) Juros a Apropriar
07	25.423,73	D 3.2.3.000.01 Juros s/ Empréstimos	C 2.2.1.001.03 (-) Juros a Apropriar
08	25.423,73	D 3.2.3.000.01 Juros s/ Empréstimos	C 2.2.1.001.03 (-) Juros a Apropriar
09	25.423,73	D 3.2.3.000.01 Juros s/ Empréstimos	C 2.2.1.001.03 (-) Juros a Apropriar
10	25.423,73	D 3.2.3.000.01 Juros s/ Empréstimos	C 2.2.1.001.03 (-) Juros a Apropriar
11	25.423,73	D 3.2.3.000.01 Juros s/ Empréstimos	C 2.2.1.001.03 (-) Juros a Apropriar
12	25.423,73	D 3.2.3.000.01 Juros s/ Empréstimos	C 2.2.1.001.03 (-) Juros a Apropriar
Total:	305.084,75		
Ano 2:	563.631,14		
Ano 3:	782.738,25		
Total $:	**1.651.454,15**		

Conforme demonstrado, no Ano 1 será apropriado como despesa de Juros s/ Empréstimos um total de R$ 305.084,75. Sucessivamente, para o Ano 2 e o Ano 3, mensalmente serão apropriados os juros correspondentes (a calcular).

Nota: Para efeito de Depreciação, na contabilidade será considerado o valor de R$ 8.348.545,86, para efeito de Contabilidade Fiscal será o valor de R$ 10.000.000,00. Quanto às despesas de juros, ver a dedutibilidade no RTT – Regime Tributário de Transição.

Exemplos de permuta de Ativos:

Exemplo 1: A empresa Industrial W Ltda. pretende trocar uma máquina Fresadora usada por uma nova e pagar a diferença em dinheiro. Obviamente que nesta operação haverá uma Nota Fiscal (Danfe) de saída do bem usado e uma Nota Fiscal de entrada do bem novo. A contabilização será:

Lançamentos Contábeis:

1 - Aquisição de uma Fresadora nova NF 0002-Fornecedor Y - 00/00/X5		
D 1.3.2.001.05 Máquinas e Equipamentos	90.000,00	
Venda de uma Fresadora usada n/ NF 0001 ao Cliente Y		
C 1.3.2.001.05 Máquinas e Equipamentos		50.000,00
Aquisição de uma Fresadora nova NF 0002-Fornecedor Y		
C 1.1.1.001.01 Caixa		40.000,00

Nota: A contabilização da baixa do Imobilizado há que ser feita, tanto baixando o bem quanto baixando a **Depreciação Acumulada.** No exemplo, o **Valor Justo** já havia feito esse ajuste.

Exemplo 2: A empresa Fabril K Ltda. pretende trocar um Terreno por outro Terreno maior, e completar a negociação com o pagamento de R$ 10.000,00 em dinheiro. O Terreno que irá adquirir tem o valor de R$ 100.000,00 a **Valor Justo**, e o Terreno que trocará tem o **Valor Justo** de R$ 80.000,00.

Lançamentos Contábeis:

1 - Aquisição de Terreno p/Permuta de Manoel de Tal, conf. Escritura. 00/00/X5		
D 1.3.2.001.01 Terrenos	100.000,00	
Terreno dado em troca a Manoel de Tal, conf. Escritura		
C 1.3.2.001.01 Terrenos		80.000,00
C 1.1.1.001.01 Caixa		10.000,00
C 3.1.3.001.01 Ganhos na Venda de Ativos		10.000,00

Nota: **1.**Nesta operação não há **Depreciação Acumulada**, visto que a conta Terrenos não tem depreciação.

2.A Fabril K Ltda. teve um ganho (Receita) de R$ 10.000,00 na permuta do Terreno.

8.9. Mensuração após o reconhecimento

Quando a opção pelo método de reavaliação for permitida por lei, a entidade deve optar pelo método de custo do item do **Método de Custo** ou pelo método de reavaliação do item **Método de Reavaliação** como sua política contábil e deve aplicar essa política a uma classe inteira de ativos imobilizados.

8.10. Método do custo

Após o reconhecimento como ativo, um item do ativo imobilizado deve ser apresentado ao **custo menos qualquer depreciação e perda por redução ao valor recuperável acumuladas** (Pronunciamento Técnico CPC 01 (R1) – Redução ao Valor Recuperável de Ativos).

Nota: No Balanço Patrimonial, quando a empresa apresenta o total de "Imobilizado ou Intangível" o faz considerando o valor do Custo menos o total da Depreciação/Exaustão Acumulada e o total da Redução ao Valor Recuperável do Ativo Acumulado (*Impairment*)

Exemplo da divulgação do Imobilizado no Balanço Patrimonial:

A empresa Mercantil M Ltda. tem a soma dos seus ativos Imobilizados, Depreciação Acumulada, Redução ao Valor Recuperável do Ativo Acumulado da seguinte forma:

Saldos Contábeis do Imobilizado – em 31/12/X5

Custo Total de Aquisição dos Ativos:	**100.000,00**
(-) Depreciação Acumulada	(20.000,00)
(-) Redução ao Valor Recuperável do Ativo Acumulado	(10.000,00)
(=) Total Imobilizado	**70.000,00**

O valor do Imobilizado que constará no Balanço Patrimonial da empresa é de R$ 70.000,00, não sendo necessário fazer constar os demais valores.

8.11. Método da Reavaliação

Após o reconhecimento como um ativo, o item do ativo imobilizado cujo valor justo possa ser mensurado confiavelmente pode ser apresentado, se permitido por lei, pelo seu valor reavaliado, correspondente ao seu valor justo à data da reavaliação menos qualquer depreciação e perda por redução ao valor recuperável acumuladas subsequentes. A reavaliação deve ser realizada com suficiente regularidade para assegurar que o valor contábil do ativo não apresente divergência relevante em relação ao seu valor justo na data do balanço.

A frequência das reavaliações, se permitidas por lei, depende das mudanças dos valores justos do ativo imobilizado que está sendo reavaliado. Quando o valor justo de um ativo reavaliado difere materialmente do seu valor contábil, exige-se nova reavaliação. Alguns itens do ativo imobilizado sofrem mudanças voláteis e significativas no valor justo, necessitando, portanto, de reavaliação anual. **Tais reavaliações frequentes são desnecessárias para itens do ativo imobilizado que não sofrem mudanças significativas no valor justo. Em vez disso, pode ser necessário reavaliar o item apenas a cada três ou cinco anos.**

Quando um item do ativo imobilizado é reavaliado, o valor contábil do ativo deve ser ajustado para o valor reavaliado. Na data da reavaliação, o ativo deve ser tratado de uma das seguintes formas:

a) o valor contábil bruto deve ser ajustado de forma que seja consistente com a reavaliação do valor contábil do ativo. Por exemplo, o valor contábil bruto pode ser ajustado em função dos dados de mercado observáveis, ou pode ser ajustado proporcionalmente à variação no valor contábil. A depreciação acumulada à data da reavaliação deve ser ajustada para igualar a diferença entre o valor contábil bruto e o valor contábil do ativo após considerar as perdas por desvalorização acumuladas; ou

b) a depreciação acumulada é eliminada contra o valor contábil bruto do ativo.

O valor do ajuste da depreciação acumulada faz parte do aumento ou da diminuição no valor contábil registrado de acordo com os itens (39) e (40) do CPC 27 – Ativo Imobilizado.

Se o método de reavaliação for permitido por lei e um item do ativo imobilizado for reavaliado, toda a classe do ativo imobilizado à qual pertence esse ativo deve ser reavaliado.

Classe de ativo imobilizado é um agrupamento de ativos de natureza e uso semelhantes nas operações da entidade. São exemplos de classes individuais:

a) terrenos;
b) terrenos e edifícios;
c) máquinas;
d) navios;

e) aviões;
f) veículos a motor;
g) móveis e utensílios;
h) equipamentos de escritório.

Os itens de cada classe do ativo imobilizado são reavaliados simultaneamente, a fim de ser evitada a reavaliação seletiva de ativos e a divulgação de montantes nas demonstrações contábeis que sejam uma combinação de custos e valores em datas diferentes. Porém, uma classe de ativos pode ser reavaliada de forma rotativa desde que a reavaliação da classe de ativos seja concluída em curto período e desde que as reavaliações sejam mantidas atualizadas.

Se o valor contábil do ativo aumentar em virtude de reavaliação, esse aumento deve ser creditado diretamente à conta própria do patrimônio líquido. No entanto, o aumento deve ser reconhecido no resultado quando se tratar da reversão de decréscimo de reavaliação do mesmo ativo anteriormente reconhecido no resultado.

Se o valor contábil do ativo diminuir em virtude de reavaliação, essa diminuição deve ser reconhecida no resultado. No entanto, se houver saldo de reserva de reavaliação, a diminuição do ativo deve ser debitada diretamente ao patrimônio líquido contra a conta de reserva de reavaliação, até o seu limite.

O saldo relativo à reavaliação acumulada do item do ativo imobilizado incluído no patrimônio líquido somente pode ser transferido para lucros acumulados quando a reserva é realizada. O valor total pode ser realizado com a baixa ou a alienação do ativo. Entretanto, parte da reserva pode ser transferida enquanto o ativo é usado pela entidade. Nesse caso, o valor da reserva a ser transferido é a diferença entre a depreciação baseada no valor contábil do ativo e a depreciação que teria sido reconhecida com base no custo histórico do ativo. As transferências para lucros acumulados não transitam pelo resultado.

Os efeitos do imposto de renda, se houver, resultantes da reavaliação do ativo imobilizado são reconhecidos e divulgados de acordo com o Pronunciamento Técnico CPC 32 – Tributos sobre o Lucro.

Exemplo de Reavaliação de Ativos:*

**Não confundir com "Correção Monetária do Ativo", que foi revogado.*

A empresa Auto Peças Mix Ltda. possui um Imóvel que é utilizado para depósito de peças da empresa. O valor de aquisição do Imóvel foi de R$ 100.000,00 e a Depreciação Acumulada é de R$ 10.000,00. Sua posição contábil é:

Nos Razonetes:

1.3.2.001.02-Imóveis/Edifícios	
100.000,00	

1.3.2.003.01-(-) Depreciação.Acumulada	
	10.000,00

Ocorre que a área onde se localiza esse imóvel sofreu, nos últimos anos, uma supervalorização imobiliária. Hoje, esse imóvel vale entre R$ 300.000.00 e R$ 350.000,00. Logo, de acordo com o CPC 46 – Mensuração do Valor Justo, há que se atualizar o valor contábil para refletir, na contabilidade, o valor real do bem. Esclarece-se que:

a) o **Valor Justo** é uma mensuração que *reflete o valor do mercado*, não uma mensuração arbitrária feita pela empresa;

b) uma atualização contábil pelo **Valor Justo** pode ou não se destinar à venda do bem Ativo.

c) De acordo com a **NBC T 19.6.1.2** ("Reavaliação de Ativos"), "*O valor da reavaliação do ativo imobilizado é a diferença entre o* ***valor líquido contábil do bem e o valor de mercado, com base em laudo técnico elaborado por três peritos ou entidade especializada***". Desse modo, além de atender a NBC, também há que atender o "Princípio da Prudência" (ver capítulo dos "Princípios Contábeis" neste livro). Por conseguinte, nesse exemplo, a empresa deve proceder a três laudos de avaliação do imóvel junto a empresas imobiliárias qualificadas da região, para determinar seu real. Desses três laudos escolhe-se o "de menor valor". Considere-se, então, que o laudo de menor valor seja de R$ 300.000,00. Neste caso, a contabilização da reavaliação será:

Lançamentos contábeis do Valor Justo:

1 - Ajuste do Valor Justo do Imóvel xxxx, conf. laudo xxx. – 00/00/X5		
D 1.3.2.001.02 Imóveis/Edifícios	200.000,00	
D 1.3.2.003.01 (-) Depreciação Acumulada	10.000,00	
C 2.4.2.002.01 Ajustes de Avaliação de Ativos Próprios		159.600,00
C 2.2.1.005.01 Débitos Fiscais IRPJ/CSLL – Longo Prazo		50.400,00

Razonetes:

1.3.2.001.02-Imóveis/Edifícios	
0-100.000,00	
1-200.000,00	
300.000,00	

1.3.2.003.01-(-) Depreciação Acumulada	
1 - 10.000,00	10.000,00-0
0,00	***0,00***

2.4.2.002.01-Ajustes de Aval. Ativos Própr.	
	159.600,00 -1
	159.600,00

2.2.1.005.01-Déb.Fiscais IRPJ/CSLL	
	50.400,00 -1
	50.400,00

Nota: 1. Conforme os registros demonstrados, a Reavaliação do Imóvel NÃO É UMA RECEITA, logo não é LUCRO;

2. O valor do Imóvel agora é R$ 300.000,00 na contabilidade, que é justamente o seu valor de mercado;

3. O saldo que havia de **Depreciação Acumulada** é "zerado". Assim, com o novo valor de R$ 300.000,00 a empresa reiniciará o processo de depreciações do bem;

4. O valor de R$ 210.000,00 da diferença sofre uma retenção de 24% (15% IRPJ + 9% CSLL), que totaliza R$ 50.400,00. O restante é contabilizado como **Ajustes de Avaliação de Ativos Próprios** no grupo **Patrimônio Líquido**. E ficará nessa a conta, a princípio, até a "realização do bem", ou seja até o momento em que a empresa alienar o Ativo. Quando isso ocorrer, o respectivo valor no Patrimônio Líquido será: **NBC T 19.6.13.1.** "*A reserva de reavaliação é considerada realizada na proporção em que se realizarem os bens reavaliados, devendo ser transferida para* ***lucros ou prejuízos acumulados****, sem transitar pelas contas do resultado.*" Em outras palavras, esse Ajuste, num futuro, poderá ser incorporado ao Capital Social;

4.1. O Imposto de Renda sobre o Lucro Líquido é de 15% mais um adicional de 10% sobre lucros superiores a R$ 60.000,00 por trimestre e Contribuição Social sobre o Lucro Líquido CSLL de 9%. Para bancos e entidades financeiras a CSLL é de 20% (a partir de outubro 2015).

5. Com relação aos Impostos (Imposto de Renda e Contribuição Social sobre o Lucro Líquido) da Reavaliação, a **NBC T 19.6.10.1** orienta que

"A diferença positiva entre o valor da reavaliação e o valor líquido contábil do bem deve ser incorporada ao ativo reavaliado correspondente, e deve ter como contrapartida conta de reserva da reavaliação, líquida dos tributos incidentes sobre a reavaliação, no patrimônio líquido";

6. Ainda com relação aos Impostos, a **NBC T 19.6.11.2** orienta que"*A parcela correspondente aos tributos incidentes sobre a reavaliação deve ser* ***registrada no passivo exigível a longo prazo, sendo transferida para o passivo circulante, à medida que os ativos forem sendo realizados.*** *As eventuais oscilações nas alíquotas dos tributos devem ser reconhecidas em contrapartida da reserva de reavaliação.*

7. Caso a Auto Peças Mix Ltda. *realize* o imóvel, ou seja, venda ou permute o imóvel, ela dará baixa no Ativo, incorporará o Ajuste de Avaliação de R$ 159.600,00 aos Lucros, inclusive podendo incorporar ao seu Capital Social, e os impostos diferidos de R$ 50.400,00 transferirá para o Passivo Circulante para recolhimento ao fisco.

8.12. Depreciação

O que é Depreciação de bens do ativo imobilizado?

Segundo o Cosif: "**A depreciação de bens do ativo imobilizado corresponde à diminuição do valor dos elementos ali classificáveis, resultante do desgaste pelo uso, ação da natureza ou obsolescência normal.**

Cada componente de um item do ativo imobilizado com custo significativo em relação ao custo total do item deve ser depreciado separadamente.

A entidade aloca o valor inicialmente reconhecido de um item do ativo imobilizado aos componentes significativos desse item e os deprecia separadamente. Por exemplo, pode ser adequado depreciar separadamente a estrutura e os motores de aeronave, seja ela de propriedade da entidade ou obtida por meio de operação de arrendamento mercantil financeiro. De forma similar, se o arrendador adquire um ativo imobilizado que esteja sujeito a arrendamento mercantil operacional, pode ser adequado depreciar separadamente os montantes relativos ao custo daquele item que sejam atribuíveis a condições do contrato de arrendamento mercantil favoráveis ou desfavoráveis em relação a condições de mercado.

Um componente significativo de um item do ativo imobilizado pode ter a vida útil e o método de depreciação que sejam os mesmos que a vida útil e o método de depreciação de outro componente significativo do mesmo item. Esses componentes podem ser agrupados no cálculo da despesa de depreciação.

Conforme a entidade deprecia separadamente alguns componentes de um item do ativo imobilizado, também deprecia separadamente o remanescente do item. Esse remanescente consiste em componentes de um item que não são individualmente significativos. Se a entidade possui expectativas diferentes para essas partes, técnicas de aproximação podem ser necessárias para depreciar o remanescente de forma que represente fidedignamente o padrão de consumo e/ou a vida útil desses componentes.

A entidade pode escolher depreciar separadamente os componentes de um item que não tenham custo significativo em relação ao custo total do item.

(48). A despesa de depreciação de cada período deve ser reconhecida no resultado a menos que seja incluída no valor contábil de outro ativo.

A depreciação do período deve ser normalmente reconhecida no resultado. No entanto, por vezes os benefícios econômicos futuros incorporados no ativo são absorvidos para a produção de outros ativos. Nesses casos, a depreciação faz parte do custo de outro ativo, devendo ser incluída no seu valor contábil. **Por exemplo, a depreciação de máquinas e equipamentos de produção é incluída nos custos de produção de estoque (ver o Pronunciamento Técnico CPC 16 – Estoques).** De forma semelhante, a depreciação de ativos imobilizados usados para atividades de desenvolvimento pode ser incluída no custo de um ativo intangível reconhecido de acordo com o Pronunciamento Técnico CPC 04 – Ativo Intangível.

Exemplo de depreciação que não é despesa, mas custo que se integra a outro Ativo (item 48):

A empresa Metalúrgica LM S/A. está construindo uma máquina para uso próprio. Para construir essa máquina ela utiliza outras máquinas, equipamentos e ferramental próprio.

Seus gastos (custos) financeiros com o desenvolvimento da máquina totalizaram R$ 50.000,00 e as depreciações das máquinas, equipamentos e ferramentas utilizadas totalizou no período R$ 5.000,00. Assim, as depreciações integrarão o custo do ativo "máquina":

Construção da máquina modelo XY – Período: 02/01/X1 A 30/12/X1

a. Gastos com o desenvolvimento do Ativo	50.000,00
b. Depreciações	5.000,00
c. Valor Contábil da máquina/Valor Depreciável	55.000,00

Lançamentos contábeis:

1 - Construção máquina modelo XY – Gastos em desenvolvimento 30/12/X1		
D 1.3.2.001.13 Construção de Ativos Próprios em Andamento	50.000,00	
C 1.1.1.001.01 Caixa		50.000,00

2 - Construção máquina modelo XY – Depreciações de Ativos 30/12/X1		
D 1.3.2.001.13 Construção de Ativos Próprios em Andamento	5.000,00	
C 1.3.2.003.01 (-) Depreciação Acumulada		5.000,00

A máquina modelo XY está pronta e vai entrar em uso. Data: 31/12/X1

3 - Ativação da máquina modelo XY – 31/12/X1		
D 1.3.2.001.05 Máquinas e Equipamentos	55.000,00	
C 1.3.2.001.13 Construção de Ativos Próprios em Andamento		55.000,00

8.12.1. Taxas de Depreciação

Referida perda de valor dos ativos, que tem por objeto bens físicos do ativo imobilizado das empresas, será registrada periodicamente nas contas de custo ou despesa (encargos de depreciação do período de apuração) que terão como contrapartida contas de registro da depreciação acumulada, classificadas como contas retificadoras do ativo permanente."

A quota de depreciação a ser registrada na escrituração da pessoa jurídica, como custo ou despesa operacional, será determinada com base nos prazos de **vida útil** e nas **taxas de depreciação** constantes dos anexos da *Instrução Normativa SRF nº 162/1998*, alterada pela *Instrução Normativa SRF nº 130/1999*, a saber:

Exemplos das principais Taxas de Depreciação:

Tabela de Bens - Resumo:

Bens	Prazo de Vida Útil (anos)	Tx Anual de depreciação
Instalações, Móveis, Equipamentos de Uso	10	10%
Edificações (Imóveis, Prédios etc.)	25	4%
Sistema de Comunicação (exclusive direitos de uso	10	10%
Sistema de Processamento de Dados	5	20%
Veículos	4 ou 5	20 ou 25%
Máquinas e Equipamentos	10	10%
Ferramentas Manuais (Capítulo 82)	5	20%
Ferramentas (Aparelhos Mecânicos – Capítulo 82)	10	10%
Caminhões "Fora de Estrada"	4	25%
Motociclos	4	25%

Anexo I – Bens relacionados na Nomenclatura Comum do MERCOSUL – NCM			
Referência NCM	**Bens**	**Prazo de vida útil (anos)**	**Taxa anual de depreciação**
Capítulo 01	ANIMAIS VIVOS		
101	Animais vivos das espécies cavalar, asinina e muar	5	20%
102	Animais vivos da espécie bovina	5	20%
103	Animais vivos da espécie suína	5	20%
104	Animais vivos das espécies ovina e caprina	5	20%
105	Galos, galinhas, patos, gansos, perus, peruas e galinhas-d'angola (pintadas), das espécies domésticas, vivos	2	50%
Capítulo 39	OBRAS DE PLÁSTICOS		
3923	Artigos de transporte ou de embalagem, de plásticos		
3923.10	Caixas, caixotes, engradados e artigos semelhantes	5	20%

3923.30	Garrafões, garrafas, frascos e artigos semelhantes	5	20%
3923.90	Outros vasilhames	5	20%
3926	Outras obras de plásticos e obras de outras matérias das posições 3901 a 3914		
3926.90	Correias de transmissão e correias transportadoras	2	50%
3926.90	Artigos de laboratório ou de farmácia	5	20%
Capítulo 40	OBRAS DE BORRACHA		
4010	Correias transportadoras ou de transmissão, de borracha vulcanizada	2	50%
Capítulo 42	OBRAS DE COURO		
4204	Correias transportadoras ou correias de transmissão	2	50%
Capítulo 44	OBRAS DE MADEIRA		
4415	Caixotes, caixas, engradados, barricas e embalagens semelhantes, de madeira; carretéis para cabos, de madeira; paletes simples, paletes-caixas e outros estrados para carga, de madeira; taipais de paletes, de madeira	5	20%
4416	Barris, cubas, balsas, dornas, selhas e outras obras de tanoeiro	5	20%
Capítulo 57	TAPETES E OUTROS REVESTIMENTOS PARA PAVIMENTOS, DE MATÉRIAS TÊXTEIS	5	20%
Capítulo 63	OUTROS ARTEFATOS TÊXTEIS CONFECCIONADOS		
6303	Cortinados, cortinas e estores; sanefas e artigos semelhantes para camas para uso em hotéis e hospitais	5	20%
6305	Sacos de quaisquer dimensões, para embalagem	5	20%
6306	Encerados e toldos; tendas; velas para embarcações, para pranchas à vela ou para carros à vela; artigos para acampamento	4	25%
Capítulo 69	PRODUTOS CERÂMICOS		
6909	Aparelhos e artefatos para usos químicos ou para outros usos técnicos, de cerâmica; alguidares, gamelas e outros recipientes semelhantes para usos rurais, de cerâmica; bilhas e outras vasilhas próprias para transporte ou embalagem, de cerâmica	5	20%
Capítulo 70	OBRAS DE VIDRO		
7010	Garrafões, garrafas, frascos, boiões, vasos, embalagens tubulares, ampolas e outros recipientes, de vidro, próprios para transporte ou embalagem; boiões de vidro para conserva	5	20%

Capítulo 73	OBRAS DE FERRO FUNDIDO, FERRO OU AÇO		
7308	Construções, de ferro fundido, ferro ou aço, exceto as construções pré-fabricadas da posição 9406		
7308.10	Pontes e elementos de pontes	25	4%
7308.20	Torres e pórticos	25	4%
7309	Reservatórios, tonéis, cubas e recipientes semelhantes para quaisquer matérias (exceto gases comprimidos ou liquefeitos), de ferro fundido, ferro ou aço, de capacidade superior a 300 litros, sem dispositivos mecânicos ou térmicos, mesmo com revestimento interior ou calorífugo	10	10%
7311	Recipientes para gases comprimidos ou liquefeitos, de ferro fundido, ferro ou aço	5	20%
7321	Aquecedores de ambientes (fogões de sala), caldeiras de fornalha, fogões de cozinha (incluídos os que possam ser utilizados acessoriamente no aquecimento central), churrasqueiras (grelhadores), braseiras, fogareiros a gás, aquecedores de pratos, e aparelhos não elétricos semelhantes, de uso doméstico, de ferro fundido, ferro ou aço	10	10%
7322	Radiadores para aquecimento central, não elétricos, de ferro fundido, ferro ou aço; geradores e distribuidores de ar quente (incluídos os distribuidores que possam também funcionar como distribuidores de ar frio ou condicionado), não elétricos, munidos de ventilador ou fole com motor, de ferro fundido, ferro ou aço	10	10%
Capítulo 76	OBRAS DE ALUMÍNIO		
7610	Construções de alumínio	25	4%
7611	Reservatórios, tonéis, cubas e recipientes semelhantes para quaisquer matérias (exceto gases comprimidos ou liquefeitos), de alumínio, de capacidade superior a 300 litros, sem dispositivos mecânicos ou térmicos, mesmo com revestimento interior ou calorífugo	10	10%
7613	Recipientes para gases comprimidos ou liquefeitos, de alumínio	5	20%
Capítulo 82	FERRAMENTAS		
8201	Pás, alviões, picaretas, enxadas, sachos, forcados e forquilhas, ancinhos e raspadeiras; machados, podões e ferramentas semelhantes com gume; tesouras de podar de todos os tipos; foices e foicinhas, facas para feno ou para palha, tesouras para sebes, cunhas e outras ferramentas manuais para agricultura, horticultura ou silvicultura	5	20%
8202	Serras manuais; folhas de serras de todos os tipos (incluídas as fresas-serras e as folhas não dentadas para serrar)	5	20%
8203	Limas, grosas, alicates (mesmo cortantes), tenazes, pinças, cisalhas para metais, corta-tubos, corta-pinos, saca-bocados e ferramentas semelhantes, manuais		
8203.20	Alicates (mesmo cortantes), tenazes, pinças e ferramentas semelhantes	5	20%
8203.30	Cisalhas para metais e ferramentas semelhantes	5	20%

8203.40	Corta-tubos, corta-pinos, saca-bocados e ferramentas semelhantes	5	20%
8204	Chaves de porcas, manuais (incluídas as chaves dinamométricas); chaves de caixa intercambiáveis, mesmo com cabos	5	20%
8205	Ferramentas manuais (incluídos os corta-vidros) não especificadas nem compreendidas em outras posições, lamparinas ou lâmpadas de soldar (maçaricos) e semelhantes; tornos de apertar, sargentos e semelhantes, exceto os acessórios ou partes de máquinas-ferramentas; bigornas; forjas-portáteis; mós com armação, manuais ou de pedal	5	20%
8206	Ferramentas de pelo menos duas das posições 8202 a 8205	5	20%
8210	Aparelhos mecânicos de acionamento manual, pesando até 10kg, utilizados para preparar, acondicionar ou servir alimentos ou bebidas	10	10%
8214	Máquinas de tosquiar	5	20%
Capítulo 83	OBRAS DIVERSAS DE METAIS COMUNS		
8303	Cofres-fortes, portas blindadas e compartimentos para casas-fortes, cofres e caixas de segurança e artefatos semelhantes, de metais comuns	10	10%
8304	Classificadores, fichários (ficheiros*), caixas de classificação, porta-cópias, porta-canetas, porta-carimbos e artefatos semelhantes, de escritório, de metais comuns, excluídos os móveis de escritório da posição 9403	10	10%
Capítulo 84	REATORES NUCLEARES, CALDEIRAS, MÁQUINAS, APARELHOS E INSTRUMENTOS MECÂNICOS		
8401	Reatores nucleares; elementos combustíveis (cartuchos) não irradiados, para reatores nucleares; máquinas e aparelhos para a separação de isótopos	10	10%
8402	Caldeiras de vapor (geradores de vapor), excluídas as caldeiras para aquecimento central concebidas para produção de água quente e vapor de baixa pressão; caldeiras denominadas "de água superaquecida"	10	10%
8403	Caldeiras para aquecimento central, exceto as da posição 8402	10	10%
8404	Aparelhos auxiliares para caldeiras das posições 8402 ou 8403 (por exemplo: economizadores, superaquecedores, aparelhos de limpeza de tubos ou de recuperação de gás); condensadores para máquinas a vapor	10	10%
8405	Geradores de gás de ar (gás pobre) ou de gás de água, com ou sem depuradores; geradores de acetileno e geradores semelhantes de gás, operados a água, com ou sem depuradores	10	10%
8406	Turbinas a vapor	10	10%
8407	Motores de pistão, alternativo ou rotativo, de ignição por centelha (faísca) (motores de explosão)	10	10%
8408	Motores de pistão, de ignição por compressão (motores diesel ou semidiesel)	10	10%
8410	Turbinas hidráulicas, rodas hidráulicas, e seus reguladores	10	10%

8411	Turborreatores, turbopropulsores e outras turbinas a gás	10	10%
8412	Outros motores e máquinas motrizes	10	10%
8413	Bombas para líquidos, mesmo com dispositivo medidor; elevadores de líquidos	10	10%
8414	Bombas de ar ou de vácuo, compressores de ar ou de outros gases e ventiladores; coifas aspirantes (exaustores*) para extração ou reciclagem, com ventilador incorporado, mesmo filtrantes	10	10%
8415	Máquinas e aparelhos de ar-condicionado contendo um ventilador motorizado e dispositivos próprios para modificar a temperatura e a umidade, incluídos as máquinas e aparelhos em que a umidade não seja regulável separadamente	10	10%
8416	Queimadores para alimentação de fornalhas de combustíveis líquidos, combustíveis sólidos pulverizados ou de gás; fornalhas automáticas, incluídas as antefornalhas, grelhas mecânicas, descarregadores mecânicos de cinzas e dispositivos semelhantes	10	10%
8417	Fornos industriais ou de laboratório, incluídos os incineradores, não elétricos (Ver nota (1)	10	10%
8418	Refrigeradores, congeladores ("freezers") e outros materiais, máquinas e aparelhos para a produção de frio, com equipamento elétrico ou outro; bombas de calor, excluídas as máquinas e aparelhos de ar-condicionado da posição 8415	10	10%
8419	Aparelhos e dispositivos, mesmo aquecidos eletricamente, para tratamento de matérias por meio de operações que impliquem mudança de temperatura, tais como aquecimento, cozimento, torrefação, destilação, retificação, esterilização, pasteurização, estufagem, secagem, evaporação, vaporização, condensação ou arrefecimento, exceto os de uso doméstico; aquecedores de água não elétricos, de aquecimento instantâneo ou de acumulação	10	10%
8420	Calandras e laminadores, exceto os destinados ao tratamento de metais ou vidro, e seus cilindros	10	10%
8421	Centrifugadores, incluídos os secadores centrífugos; aparelhos para filtrar ou depurar líquidos ou gases	10	10%
8422	Máquinas de lavar louça; máquinas e aparelhos para limpar ou secar garrafas ou outros recipientes; máquinas e aparelhos para encher, fechar, arrolhar ou rotular garrafas, caixas, latas, sacos ou outros recipientes; máquinas para capsular garrafas, vasos, tubos e recipientes semelhantes; outras máquinas e aparelhos para empacotar ou embalar mercadorias (incluídas as máquinas e aparelhos para embalar com película termo-retrátil); máquinas e aparelhos para gaseificar bebidas	10	10%
8423	Aparelhos e instrumentos de pesagem, incluídas as básculas e balanças para verificar peças usinadas (fabricadas*), excluídas as balanças sensíveis a pesos não superiores A 5cg; pesos para quaisquer balanças	10	10%
8424	Aparelhos mecânicos (mesmo manuais) para projetar, dispersar ou pulverizar líquidos ou pós; extintores, mesmo carregados; pistolas aerográficas e aparelhos semelhantes; máquinas e aparelhos de jato de areia, de jato de vapor e aparelhos de jato semelhantes	10	10%
8425	Talhas, cadernais e moitões; guinchos e cabrestantes; macacos	10	10%

8426	Cábreas; guindastes, incluídos os de cabo; pontes rolantes, pórticos de descarga ou de movimentação, pontes-guindastes, carros-pórticos e carros--guindastes	10	10%
8427	Empilhadeiras; outros veículos para movimentação de carga e semelhantes, equipados com dispositivos de elevação	10	10%
8428	Outras máquinas e aparelhos de elevação, de carga, de descarga ou de movimentação (por exemplo: elevadores ou ascensores, escadas rolantes, transportadores, teleféricos)	10	10%
8429	"*Bulldozers*", "*angledozers*", niveladores, raspo-transportadores ("scrapers"), pás mecânicas, escavadores, carregadoras e pás carregadoras, compactadores e rolos ou cilindros compressores, autopropulsores	4	25%
8430	Outras máquinas e aparelhos de terraplenagem, nivelamento, raspagem, escavação, compactação, extração ou perfuração da terra, de minerais ou minérios; bate-estacas e arranca-estacas; limpa-neves	10	10%
8432	Máquinas e aparelhos de uso agrícola, hortícola ou florestal, para preparação ou trabalho do solo ou para cultura; rolos para gramados (relvados), ou para campos de esporte	10	10%
8433	Máquinas e aparelhos para colheita ou debulha de produtos agrícolas, incluídas as enfardadoras de palha ou forragem; cortadores de grama (relva) e ceifeiras; máquinas para limpar ou selecionar ovos, frutas ou outros produtos agrícolas, exceto as da posição 8437	10	10%
8434	Máquinas de ordenhar e máquinas e aparelhos para a indústria de laticínios	10	10%
8435	Prensas, esmagadores e máquinas e aparelhos semelhantes, para fabricação de vinho, sidra, suco de frutas ou bebidas semelhantes	10	10%
8436	Outras máquinas e aparelhos para agricultura, horticultura, silvicultura, avicultura ou apicultura, incluídos os germinadores equipados com dispositivos mecânicos ou térmicos e as chocadeiras e criadeiras para avicultura	10	10%
8437	Máquinas para limpeza, seleção ou peneiração de grãos ou de produtos hortícolas secos; máquinas e aparelhos para a indústria de moagem ou tratamento de cereais ou de produtos hortícolas secos, exceto dos tipos utilizados em fazendas	10	10%
8438	Máquinas e aparelhos não especificados nem compreendidos em outras posições do presente capítulo, para preparação ou fabricação industriais de alimentos ou de bebidas, exceto as máquinas e aparelhos para extração ou preparação de óleos ou gorduras vegetais fixos ou de óleos ou gorduras animais	10	10%
8439	Máquinas e aparelhos para fabricação de pasta de matérias fibrosas celulósicas ou para fabricação ou acabamento de papel ou cartão	10	10%
8440	Máquinas e aparelhos para brochura ou encadernação, incluídas as máquinas de costurar cadernos	10	10%
8441	Outras máquinas e aparelhos para o trabalho da pasta de papel, do papel ou cartão, incluídas as cortadeiras de todos os tipos	10	10%

8442	Máquinas, aparelhos e material (exceto as máquinas-ferramentas das posições 8456 a 8465), para fundir ou compor caracteres tipográficos ou para preparação ou fabricação de clichês, blocos, cilindros ou outros elementos de impressão; caracteres tipográficos, clichês, blocos, cilindros ou outros elementos de impressão; pedras litográficas, blocos, placas e cilindros, preparados para impressão (por exemplo: aplainados, granulados ou polidos)	10	10%
8443	Máquinas e aparelhos de impressão, incluídas as máquinas de impressão de jato de tinta, exceto as da posição 8471; máquinas auxiliares para impressão	10	10%
8444	Máquinas para extrudar, estirar, texturizar ou cortar matérias têxteis sintéticas ou artificiais	10	10%
8445	Máquinas para preparação de matérias têxteis; máquinas para fiação, dobragem ou torção, de matérias têxteis e outras máquinas e aparelhos para fabricação de fios têxteis; máquinas de bobinar (incluídas as bobinadeiras de trama) ou de dobar matérias têxteis e máquinas para preparação de fios têxteis para sua utilização nas máquinas das posições 8446 ou 8447	10	10%
8446	Teares para tecidos	10	10%
8447	Teares para fabricar malhas, máquinas de costura por entrelaçamento ("*couture-tricotage*"), máquinas para fabricar guipuras, tules, rendas, bordados, passamanarias, galões ou redes; máquinas para inserir tufos	10	10%
8448	Máquinas e aparelhos auxiliares para as máquinas das posições 8444, 8445, 8446 ou 8447 (por exemplo: ratieras, mecanismos "jacquard", quebra-urdiduras e quebra-tramas, mecanismos troca-lançadeiras)	10	10%
8449	Máquinas e aparelhos para fabricação ou acabamento de feltro ou de falsos tecidos, em peça ou em formas determinadas, incluídas as máquinas e aparelhos para fabricação de chapéus de feltro; formas para chapéus e para artefatos de uso semelhante	10	10%
8450	Máquinas de lavar roupa, mesmo com dispositivos de secagem	10	10%
8451	Máquinas e aparelhos (exceto as máquinas da posição 8450) para lavar, limpar, espremer, secar, passar, prensar (incluídas as prensas fixadoras), branquear, tingir, para apresto e acabamento, para revestir ou impregnar fios, tecidos ou obras de matérias têxteis e máquinas para revestir tecidos-base ou outros suportes utilizados na fabricação de revestimentos para pavimentos, tais como linóleo; máquinas para enrolar, desenrolar, dobrar, cortar ou dentear tecidos	10	10%
8452	Máquinas de costura, exceto as de costurar cadernos da posição 8440; móveis, bases e tampas, próprios para máquinas de costura; agulhas para máquinas de costura	10	10%
8453	Máquinas e aparelhos para preparar, curtir ou trabalhar couros ou peles, ou para fabricar ou consertar calçados e outras obras de couro ou de pele, exceto máquinas de costura	10	10%
8454	Conversores, cadinhos ou colheres de fundição, lingoteiras e máquinas de vazar (moldar), para metalurgia, aciaria ou fundição	10	10%
8455	Laminadores de metais e seus cilindros	10	10%

8456	Máquinas-ferramentas que trabalhem por eliminação de qualquer matéria, operando por "laser" ou por outros feixes de luz ou de fótons, por ultra-som, eletro-erosão, processos eletroquímicos, feixes de elétrons, feixes iônicos ou por jato de plasma	10	10%
8457	Centros de usinagem (centros de maquinagem*), máquinas de sistema monostático ("*single station*") e máquinas de estações múltiplas, para trabalhar metais	10	10%
8458	Tornos (incluídos os centros de torneamento) para metais.	10	10%
8459	Máquinas-ferramentas (incluídas as unidades com cabeça deslizante) para furar, mandrilar, fresar ou roscar interior e exteriormente metais, por eliminação de matéria, exceto os tornos (incluídos os centros de torneamento) da posição 8458	10	10%
8460	Máquinas-ferramentas para rebarbar, afiar, amolar, retificar, brunir, polir ou realizar outras operações de acabamento em metais ou ceramais ("cermets") por meio de mós, de abrasivos ou de produtos polidores, exceto as máquinas de cortar ou acabar engrenagens da posição 8461	10	10%
8461	Máquinas-ferramentas para aplainar, plainas-limadoras, máquinas-ferramentas para escatelar, brochar, cortar ou acabar engrenagens, serrar, seccionar e outras máquinas-ferramentas que trabalhem por eliminação de metal ou de ceramais ("cermets"), não especificadas nem compreendidas em outras posições	10	10%
8462	Máquinas-ferramentas (incluídas as prensas) para forjar ou estampar, martelos, martelos-pilões e martinetes, para trabalhar metais; máquinas-ferramentas (incluídas as prensas) para enrolar, arquear, dobrar, endireitar, aplanar, cisalhar, puncionar ou chanfrar metais; prensas para trabalhar metais ou carbonetos metálicos, não especificadas acima	10	10%
8463	Outras máquinas-ferramentas para trabalhar metais ou ceramais ("cermets"), que trabalhem sem eliminação de matéria	10	10%
8464	Máquinas-ferramentas para trabalhar pedra, produtos cerâmicos, concreto (betão), fibrocimento ou matérias minerais semelhantes, ou para o trabalho a frio do vidro	10	10%
8465	Máquinas-ferramentas (incluídas as máquinas para pregar, grampear, colar ou reunir por qualquer outro modo) para trabalhar madeira, cortiça, osso, borracha endurecida, plásticos duros ou matérias duras semelhantes	10	10%
8467	Ferramentas pneumáticas, hidráulicas ou de motor, não elétrico, incorporado, de uso manual	10	10%
8468	Máquinas e aparelhos para soldar, mesmo de corte, exceto os da posição 8515; máquinas e aparelhos a gás, para têmpera superficial	10	10%
8469	Máquinas de escrever, exceto as impressoras da posição 8471; máquinas de tratamento de textos	10	10%
8470	Máquinas de calcular que permitam gravar, reproduzir e visualizar informações, com função de cálculo incorporada; máquinas de contabilidade, máquinas de franquear, de emitir bilhetes e máquinas semelhantes, com dispositivo de cálculo incorporado; caixas registradoras		
8470.21	Máquinas eletrônicas de calcular com dispositivo impressor incorporado	10	10%

8470.29	Outras máquinas eletrônicas de calcular, exceto de bolso	10	10%
8470.30	Outras máquinas de calcular	10	10%
8470.40	Máquinas de contabilidade	10	10%
8470.50	Caixas registradoras	10	10%
8470.90	Máquinas de franquear correspondência	10	10%
8471	Máquinas automáticas para processamento de dados e suas unidades; leitores magnéticos ou ópticos, máquinas para registrar dados em suporte sob forma codificada, e máquinas para processamento desses dados, não especificadas nem compreendidas em outras posições	5	20%
8472	Outras máquinas e aparelhos de escritório [por exemplo: duplicadores hectográficos ou a estêncil, máquinas para imprimir endereços, distribuidores automáticos de papel-moeda, máquinas para selecionar, contar ou empacotar moedas, apontadores (afiadores) mecânicos de lápis, perfuradores ou grampeadores]	10	10%
8474	Máquinas e aparelhos para selecionar, peneirar, separar, lavar, esmagar, moer, misturar ou amassar terras, pedras, minérios ou outras substâncias minerais sólidas (incluídos os pós e pastas); máquinas para aglomerar ou moldar combustíveis minerais sólidos, pastas cerâmicas, cimento, gesso ou outras matérias minerais em pó ou em pasta; máquinas para fazer moldes de areia para fundição	5	20%
8475	Máquinas para montagem de lâmpadas, tubos ou válvulas, elétricos ou eletrônicos, ou de lâmpadas de luz relâmpago ("flash"), que tenham invólucro de vidro; máquinas para fabricação ou trabalho a quente do vidro ou das suas obras	10	10%
8476	Máquinas automáticas de venda de produtos (por exemplo: selos, cigarros, alimentos ou bebidas), incluídas as máquinas de trocar dinheiro	10	10%
8477	Máquinas e aparelhos para trabalhar borracha ou plásticos ou para fabricação de produtos dessas matérias, não especificados nem compreendidos em outras posições deste capítulo	10	10%
8478	Máquinas e aparelhos para preparar ou transformar fumo (tabaco), não especificados nem compreendidos em outras posições deste capítulo	10	10%
8479	Máquinas e aparelhos mecânicos com função própria, não especificados nem compreendidos em outras posições deste capítulo		
8479.10	Máquinas e aparelhos para obras públicas, construção civil ou trabalhos semelhantes	4	25%
8479.20	Máquinas e aparelhos para extração ou preparação de óleos ou gorduras vegetais fixos ou de óleos ou gorduras animais	10	10%
8479.30	Prensas para fabricação de painéis de partículas, de fibras de madeira ou de outras matérias lenhosas, e outras máquinas e aparelhos para tratamento de madeira ou de cortiça	10	10%
8479.40	Máquinas para fabricação de cordas ou cabos	10	10%

8479.50	Robôs industriais, não especificados nem compreendidos em outras posições	10	10%
8479.60	Aparelhos de evaporação para arrefecimento do ar	10	10%
8479.8	Outras máquinas e aparelhos		
8479.81	Para tratamento de metais, incluídas as bobinadoras para enrolamentos elétricos	10	10%
8479.82	Para misturar, amassar, esmagar, moer, separar, peneirar, homogeneizar, emulsionar ou agitar	10	10%
8479.89	Outros	10	10%
8480	Caixas de fundição; placas de fundo para moldes; modelos para moldes; moldes para metais (exceto lingoteiras), carbonetos metálicos, vidro, matérias minerais, borracha ou plásticos	3	33,30 %
Capítulo 85	MÁQUINAS, APARELHOS E MATERIAIS ELÉTRICOS, APARELHOS DE GRAVAÇÃO OU DE REPRODUÇÃO DE SOM, APARELHOS DE GRAVAÇÃO OU DE REPRODUÇÃO DE IMAGENS E DE SOM EM TELEVISÃO		
8501	Motores e geradores, elétricos, exceto os grupos eletrogêneos	10	10%
8502	Grupos eletrogêneos e conversores rotativos, elétricos	10	10%
8504	Transformadores elétricos, conversores elétricos estáticos (retificadores, por exemplo), bobinas de reatância e de auto-indução	10	10%
8508	Ferramentas eletromecânicas de motor elétrico incorporado, de uso manual	5	20%
8510	Aparelhos ou máquinas de tosquiar de motor elétrico incorporado	5	20%
8514	Fornos elétricos industriais ou de laboratório, incluídos os que funcionam por indução ou por perdas dielétricas; outros aparelhos industriais ou de laboratório para tratamento térmico de matérias por indução ou por perdas dielétricas	10	10%
8515	Máquinas e aparelhos para soldar (mesmo de corte) elétricos (incluídos os a gás aquecido eletricamente), a "laser" ou outros feixes de luz ou de fótons, a ultra-som, a feixes de elétrons, a impulsos magnéticos ou a jato de plasma; máquinas e aparelhos elétricos para projeção a quente de metais ou de ceramais ("cermets")	10	10%
8516	Aparelhos elétricos para aquecimento de ambientes, do solo ou para usos semelhantes	10	10%
8517	Aparelhos elétricos para telefonia ou telegrafia, por fio, incluídos os aparelhos telefônicos por fio conjugado com um aparelho telefônico portátil sem fio e os aparelhos de telecomunicação por corrente portadora ou de telecomunicação digital; videofones	5	0%
8520	Gravadores de dados de voo	5	20%
8521	Aparelhos videofônicos de gravação ou de reprodução, mesmo incorporando um receptor de sinais videofônicos		
8521.10	Gravador-reprodutor de fita magnética, sem sintonizador	5	20%

8521.90	Gravador-reprodutor e editor de imagem e som, em discos, por meio magnético, óptico ou opto-magnético	5	20%
8524	Discos, fitas e outros suportes gravados, com exclusão dos produtos do capítulo 37		
8524.3	Discos para sistemas de leitura por raio "laser":	3	33,30 %
8524.40	Fitas magnéticas para reprodução de fenômenos diferentes do som e da imagem	3	33,30 %
8524.5	Outras fitas magnéticas	3	33,30 %
8524.60	Cartões magnéticos	3	33,30 %
8525	Aparelhos transmissores (emissores) para radiotelefonia, radiotelegrafia, radiodifusão ou televisão, mesmo incorporando um aparelho de recepção ou um aparelho de gravação ou de reprodução de som; câmeras de televisão; câmeras de vídeo de imagens fixas e outras câmeras ("camcorders")	5	20%
8526	Aparelhos de radiodetecção e de radiossondagem (radar), aparelhos de radionavegação e aparelhos de radiotelecomando	5	20%
8527	Aparelhos receptores para radiotelefonia, radiotelegrafia ou radiodifusão, exceto de uso doméstico	5	20%
8543	Máquinas e aparelhos elétricos com função própria, não especificados nem compreendidos em outras posições do presente capítulo	10	10%
Capítulo 86	VEÍCULOS E MATERIAL PARA VIAS FÉRREAS OU SEMELHANTES, APARELHOS MECÂNICOS (INCLUÍDOS OS ELETROMECÂNICOS) DE SINALIZAÇÃO PARA VIAS DE COMUNICAÇÃO		
8601	Locomotivas e locotratores, de fonte externa de eletricidade ou de acumuladores elétricos	10	10%
8602	Outras locomotivas e locotratores; tênderes	10	10%
8603	Litorinas (automotoras), mesmo para circulação urbana, exceto as da posição 8604	10	10%
8604	Veículos para inspeção e manutenção de vias férreas ou semelhantes, mesmo autopropulsores (por exemplo: vagões-oficinas, vagões-guindastes, vagões equipados com batedores de balastro, alinhadores de vias, viaturas para testes e dresinas)	10	10%
8605	Vagões de passageiros, furgões para bagagem, vagões-postais e outros vagões especiais, para vias férreas ou semelhantes (excluídas as viaturas da posição 8604)	10	10%
8606	Vagões para transporte de mercadorias sobre vias férreas	10	10%
8608	Aparelhos mecânicos (incluídos os eletromecânicos) de sinalização, de segurança, de controle ou de comando para vias férreas ou semelhantes, rodoviárias ou fluviais, para áreas ou parques de estacionamento, instalações portuárias ou para aeródromos	10	10%

8609	Contêineres (contentores), incluídos os de transporte de fluidos, especialmente concebidos e equipados para um ou vários meios de transporte	10	10%
Capítulo 87	VEÍCULOS AUTOMÓVEIS, TRATORES, CICLOS E OUTROS VEÍCULOS TERRESTRES.		
8701	Tratores (exceto os carros-tratores da posição 8709)	4	25%
8702	Veículos automóveis para transporte de 10 pessoas ou mais, incluindo o motorista	4	25%
8703	Automóveis de passageiros e outros veículos automóveis principalmente concebidos para transporte de pessoas (exceto os da posição 8702), incluídos os veículos de uso misto (“*station wagons*”) e os automóveis de corrida	5	20%
8704	Veículos automóveis para transporte de mercadorias	4	25%
8705	Veículos automóveis para usos especiais (por exemplo: autossocorros, caminhões-guindastes, veículos de combate a incêndios, caminhões-betoneiras, veículos para varrer, veículos para espalhar, veículos-oficinas, veículos radiológicos), exceto os concebidos principalmente para transporte de pessoas ou de mercadorias	4	25%
8709	Veículos automóveis sem dispositivo de elevação, dos tipos utilizados em fábricas, armazéns, portos ou aeroportos, para transporte de mercadorias a curtas distâncias; carros-tratores dos tipos utilizados nas estações ferroviárias	10	10%
8711	Motocicletas (incluídos os ciclomotores) e outros ciclos equipados com motor auxiliar, mesmo com carro lateral; carros laterais	4	25%
8716	Reboques e semirreboques, para quaisquer veículos; outros veículos não autopropulsores	5	20%
Capítulo 88	AERONAVES E APARELHOS ESPACIAIS		
8801	Balões e dirigíveis; planadores, asas voadoras e outros veículos aéreos, não concebidos para propulsão com motor	10	10%
8802	Outros veículos aéreos (por exemplo: helicópteros, aviões); veículos espaciais (incluídos os satélites) e seus veículos de lançamento, e veículos suborbitais	10	10%
8804	Paraquedas (incluídos os paraquedas dirigíveis e os parapentes) e os paraquedas giratórios	10	10%
8805	Aparelhos e dispositivos para lançamento de veículos aéreos; aparelhos e dispositivos para aterrissagem de veículos aéreos em porta-aviões e aparelhos e dispositivos semelhantes; aparelhos simuladores de voo em terra	10	10%
Capítulo 89	EMBARCAÇÕES E ESTRUTURAS FLUTUANTES		
8901	Transatlânticos, barcos de cruzeiro, “*ferry-boats*”, cargueiros, chatas e embarcações semelhantes, para o transporte de pessoas ou de mercadorias	20	5%
8902	Barcos de pesca; navios-fábricas e outras embarcações para o tratamento ou conservação de produtos da pesca	20	5%

8903	Iates e outros barcos e embarcações de recreio ou de esporte; barcos a remos e canoas		
8903.10	Barcos infláveis	5	20%
8903.9	Outros	10	10%
8904	Rebocadores e barcos concebidos para empurrar outras embarcações	20	5%
8905	Barcos-faróis, barcos-bombas, dragas, guindastes flutuantes e outras embarcações em que a navegação é acessória da função principal; docas ou diques flutuantes; plataformas de perfuração ou de exploração, flutuantes ou submersíveis	20	%
8906	Outras embarcações, incluídos os navios de guerra e os barcos salva-vidas, exceto os barcos a remo	20	5%
8907	Outras estruturas flutuantes (por exemplo: balsas, reservatórios, caixões, boias de amarração, boias de sinalização e semelhantes)		
8907.10	Balsas infláveis	5	20%
8907.90	Outras	20	5%
Capítulo 90	INSTRUMENTOS E APARELHOS DE ÓPTICA, FOTOGRAFIA OU CINEMATOGRAFIA, MEDIDA, CONTROLE OU DE PRECISÃO; INSTRUMENTOS E APARELHOS MÉDICO-CIRÚRGICOS		
9005	Binóculos, lunetas, incluídas as astronômicas, telescópios ópticos, e suas armações; outros instrumentos de astronomia e suas armações, exceto os aparelhos de radioastronomia	10	10%
9006	Aparelhos fotográficos; aparelhos e dispositivos, excluídas as lâmpadas e tubos, de luz-relâmpago ("flash"), para fotografia	10	10%
9007	Câmeras e projetores, cinematográficos, mesmo com aparelhos de gravação ou de reprodução de som incorporados	10	10%
9008	Aparelhos de projeção fixa; aparelhos fotográficos, de ampliação ou de redução	10	10%
9009	Aparelhos de fotocópia, por sistema óptico ou por contato, e aparelhos de termocópia	10	10%
9010	Aparelhos dos tipos usados nos laboratórios fotográficos ou cinematográficos (incluídos os aparelhos para projeção ou execução de traçados de circuitos sobre superfícies sensibilizadas de materiais semicondutores); negatoscópios; telas para projeção	10	10%
9011	Microscópios ópticos, incluídos os microscópios para fotomicrografia, cinefotomicrografia ou microprojeção	10	10%
9012	Microscópios (exceto ópticos) e difratógrafos	10	10%
9015	Instrumentos e aparelhos de geodésia, topografia, agrimensura, nivelamento, fotogrametria, hidrografia, oceanografia, hidrologia, meteorologia ou de geofísica, exceto bússolas; telêmetros	10	10%
9016	Balanças sensíveis a pesos iguais ou inferiores a 5cg, com ou sem pesos	10	10%

9017	Instrumentos de desenho, de traçado ou de cálculo (por exemplo: máquinas de desenhar, pantógrafos, transferidores, estojos de desenho, réguas de cálculo e discos de cálculo); instrumentos de medida de distâncias de uso manual (por exemplo: metros, micrômetros, paquímetros e calibres), não especificados nem compreendidos em outras posições do presente capítulo	10	10%
9018	Instrumentos e aparelhos para medicina, cirurgia, odontologia e veterinária, incluídos os aparelhos para cintilografia e outros aparelhos eletromédicos, bem como os aparelhos para testes visuais		
9018.1	Aparelhos de eletrodiagnóstico (incluídos os aparelhos de exploração funcional e os de verificação de parâmetros fisiológicos)	10	10%
9018.20	Aparelhos de raios ultravioleta ou infravermelhos	10	10%
9018.4	Outros instrumentos e aparelhos para odontologia		
9018.41	Aparelhos dentários de brocar, mesmo combinados numa base comum com outros equipamentos dentários	10	10%
9018.49	Outros instrumentos e aparelhos para odontologia	10	10%
9018.50	Outros instrumentos e aparelhos para oftalmologia	10	10%
9018.90	Outros instrumentos e aparelhos	10	10%
9019	Aparelhos de mecanoterapia; aparelhos de massagem; aparelhos de psicotécnica; aparelhos de ozonoterapia, de oxigenoterapia, de aerossolterapia, aparelhos respiratórios de reanimação e outros aparelhos de terapia respiratória	10	10%
9020	Outros aparelhos respiratórios e máscaras contra gases, exceto as máscaras de proteção desprovidas de mecanismo e de elemento filtrante amovível	10	10%
9022	Aparelhos de raios x e aparelhos que utilizem radiações alfa, beta ou gama, mesmo para usos médicos, cirúrgicos, odontológicos ou veterinários, incluídos os aparelhos de radiofotografia ou de radioterapia, os tubos de raios x e outros dispositivos geradores de raios x, os geradores de tensão, as mesas de comando, as telas de visualização, as mesas, poltronas e suportes semelhantes para exame ou tratamento	10	10%
9024	Máquinas e aparelhos para ensaios de dureza, tração, compressão, elasticidade ou de outras propriedades mecânicas de materiais (por exemplo: metais, madeira, têxteis, papel, plásticos)	10	10%
9025	Densímetros, areômetros, pesa-líquidos e instrumentos flutuantes semelhantes, termômetros, pirômetros, barômetros, higrômetros e psicrômetros, registradores ou não, mesmo combinados entre si	10	10%
9026	Instrumentos e aparelhos para medida ou controle da vazão (caudal), do nível, da pressão ou de outras características variáveis dos líquidos ou gases [por exemplo: medidores de vazão (caudal), indicadores de nível, manômetros, contadores de calor], exceto os instrumentos e aparelhos das posições 9014, 9015, 9028 ou 9032	10	10%
9027	Instrumentos e aparelhos para análises físicas ou químicas [por exemplo: polarímetros, refratômetros, espectrômetros, analisadores de gases ou de fumaça]; instrumentos e aparelhos para ensaios de viscosidade, porosidade, dilatação, tensão superficial ou semelhantes ou para medidas calorimétricas, acústicas ou fotométricas (incluídos os indicadores de tempo de exposição); micrótomos	10	10%

9028	Contadores de gases, líquidos ou de eletricidade, incluídos os aparelhos para sua aferição	10	10%
9029	Outros contadores (por exemplo: contadores de voltas, contadores de produção, taxímetros, totalizadores de caminho percorrido, podômetros); indicadores de velocidade e tacômetros, exceto os das posições 9014 ou 9015; estroboscópios	10	10%
9030	Osciloscópios, analisadores de espectro e outros instrumentos e aparelhos para medida ou controle de grandezas elétricas; instrumentos e aparelhos para medida ou detecção de radiações alfa, beta, gama, x, cósmicas ou outras radiações ionizantes	10	10%
9031	Instrumentos, aparelhos e máquinas de medida ou controle, não especificados nem compreendidos em outras posições do presente capítulo; projetores de perfis	10	10%
9032	Instrumentos e aparelhos para regulação ou controle, automáticos	10	10%
Capítulo 94	MÓVEIS; MOBILIÁRIO MÉDICO-CIRÚRGICO; CONSTRUÇÕES PRÉ-FABRICADAS		
9402	Mobiliário para medicina, cirurgia, odontologia ou veterinária (por exemplo: mesas de operação, mesas de exames, camas dotadas de mecanismos para usos clínicos, cadeiras de dentista); cadeiras para salões de cabeleireiro e cadeiras semelhantes, com dispositivos de orientação e de elevação	10	10%
9403	Outros móveis para escritório	10	10%
9406	Construções pré-fabricadas	25	4%
Capítulo 95	ARTIGOS PARA DIVERTIMENTO OU PARA ESPORTE		
9506	Artigos e equipamentos para cultura física e ginástica; piscinas	10	10%
9508	Carrosséis, balanços, instalações de tiro-ao-alvo e outras diversões de parques e feiras; circos, coleções de animais e teatros ambulantes	10	10%

Fonte: Receita Federal do Brasil

Nota: 1. Como proceder quando a taxa de depreciação efetivamente suportada pelos bens da pessoa jurídica divergir da normalmente admissível, tenha sido, ou não, fixada, para efeitos fiscais, pela SRF?

A legislação do imposto de renda leva em consideração na fixação do prazo de vida útil admissível para cada espécie de bem as condições normais ou médias de sua utilização, ficando todavia assegurado ao contribuinte o direito de computar a quota efetivamente adequada às condições de depreciação de seus bens, desde que faça a prova dessa adequação quando adotar taxa superior à usualmente admitida, **mediante laudo do Instituto Nacional de Tecnologia ou de outra entidade oficial de pesquisa científica ou tecnológica (RIR/99, art. 310, §§ 1º e 2º).**

2. Ver no capítulo 19.Apêndice 1-Depreciação sob o aspecto Fiscal e Societário.

8.12.2. Depreciação de Ativos adquiridos "Usados", adquiridos de Pessoa Física, Depreciação "Acelerada"

i) Depreciação de Ativos Adquiridos Usados

A taxa anual de depreciação de bens adquiridos usados será fixada tendo em vista o maior dos seguintes prazos (**Normativo: RIR/1999, artigo 311**)

a) metade do prazo de vida útil admissível para o bem adquirido novo;

b) restante da vida útil do bem, considerada esta em relação à primeira instalação ou utilização desse bem.

ii) Depreciação de Ativos Adquiridos de Pessoa Física

Ativos adquiridos de Pessoa Física, o adquirente (Pessoa Jurídica) emitirá "nota fiscal de entrada" com os seguintes códigos "Natureza de Operação":

a) 1.551 – Compra de ativo imobilizado (dentro do Estado)
b) 2.551 – Compra de ativo imobilizado (fora do Estado)
c) 3.551 – Compra de ativo imobilizado (exterior)

Por segurança, é prudente, além da Nota Fiscal de Entrada emitir recibo da operação. Quanto às depreciações serão similares aos **Ativos adquiridos Usados**

iii) Depreciação "Acelerada"

No que concerne aos bens móveis, poderão ser adotados, em função do número de horas diárias de operação, os seguintes coeficientes de depreciação acelerada sobre as taxas normalmente utilizáveis (**Normativo: RIR/1999, artigo 312**):

a) 1,0 – para um turno de oito horas de operação;
b) 1,5 – para dois turnos de oito horas de operação;
c) 2,0 – para três turnos de oito horas de operação;

Nessas condições, um bem cuja taxa normal de depreciação é de dez por cento ao ano poderá ser depreciado em quinze por cento ao ano se operar dezesseis horas por dia, ou vinte por cento ao ano, se em regime de operação de 24 horas por dia.

Dica →: Uma empresa que tem "depreciação acelerada", pois trabalha em mais de um turno no uso de suas máquinas, equipamentos, ferramentas, veículos etc., fará prova dessa "aceleração" através das Folhas de Pagamento dos Salários, cartões de ponto etc.

8.12.3. Valor depreciável e período de depreciação

O valor depreciável de um ativo deve ser apropriado de forma sistemática ao longo da sua vida útil estimada.

(51). O valor residual e a vida útil de um ativo são revisados pelo menos ao final de cada exercício e, se as expectativas diferirem das estimativas anteriores, a mudança deve ser contabilizada como mudança de estimativa contábil, segundo o Pronunciamento Técnico CPC 23 - Políticas Contábeis, Mudança de Estimativa e Retificação de Erro.

A depreciação é reconhecida mesmo que o valor justo do ativo exceda o seu valor contábil, desde que o valor residual do ativo não exceda o seu valor contábil. A reparação e a manutenção de um ativo não evitam a necessidade de depreciá-lo.

O valor depreciável de um ativo é determinado após a dedução de seu valor residual. Na prática, o valor residual de um ativo frequentemente não é significativo e por isso imaterial para o cálculo do valor depreciável.

O valor residual de um ativo pode aumentar. A despesa de depreciação será zero enquanto o valor residual subsequente for igual ou superior ao seu valor contábil.

(55). A depreciação do ativo se inicia quando este está disponível para uso, ou seja, quando está no local e em condição de funcionamento na forma pretendida pela administração. A depreciação de um ativo deve cessar na data em que o ativo é classificado como mantido para venda (ou incluído em um grupo de ativos classificado como mantido para venda de acordo com o Pronunciamento Técnico CPC 31 - Ativo-Não Circulante Mantido para Venda e Operação Descontinuada) ou, ainda, na data em que o ativo é baixado, o que ocorrer primeiro. Portanto, a depreciação não cessa quando o ativo se torna ocioso ou é retirado do uso normal, a não ser que o ativo esteja totalmente depreciado. No entanto, de acordo com os métodos de depreciação pelo uso, a despesa de depreciação pode ser zero enquanto não houver produção.

(56). Os benefícios econômicos futuros incorporados no ativo são consumidos pela entidade principalmente por meio do seu uso. Porém, outros fatores, tais como obsolescência técnica ou comercial e desgaste normal enquanto o ativo permanece ocioso, muitas vezes dão origem à diminuição dos benefícios econômicos que poderiam ter sido obtidos do ativo. **Consequentemente, todos os seguintes fatores são considerados na determinação da vida útil de um ativo:**

a) uso esperado do ativo que é avaliado com base na capacidade ou produção física esperadas do ativo;

b) desgaste físico normal esperado, que depende de fatores operacionais tais como o número de turnos durante os quais o ativo será usado, o programa de reparos e manutenção e o cuidado e a manutenção do ativo enquanto estiver ocioso;

c) obsolescência técnica ou comercial proveniente de mudanças ou melhorias na produção, ou de mudança na demanda do mercado para o produto ou serviço derivado do ativo;

d) limites legais ou semelhantes no uso do ativo, tais como as datas de término dos contratos de arrendamento mercantil relativos ao ativo.

(57). A vida útil de um ativo é definida em termos da utilidade esperada do ativo para a entidade. A política de gestão de ativos da entidade pode considerar a alienação de ativos após um período determinado ou após o consumo de uma proporção específica de benefícios econômicos futuros incorporados no ativo. Por isso, a vida útil de um ativo pode ser menor do que a sua vida econômica. A estimativa da vida útil do ativo é uma questão de julgamento baseado na experiência da entidade com ativos semelhantes.

(58). Terrenos e edifícios são ativos separáveis e são contabilizados separadamente, mesmo quando sejam adquiridos conjuntamente. Com algumas exceções, como as pedreiras e os locais usados como aterro, os terrenos têm vida útil ilimitada e, portanto, não são depreciados. Os edifícios têm vida útil limitada e, por isso, são ativos depreciáveis. O aumento de valor de um terreno no qual um edifício esteja construído não afeta o valor contábil do edifício.

(59). Se o custo do terreno incluir custos de desmontagem, remoção e restauração do local, essa porção do valor contábil do terreno é depreciada durante o período de benefícios obtidos ao incorrer nesses custos. Em alguns casos, o próprio terreno pode ter vida útil limitada, sendo depreciado de modo a refletir os benefícios a serem dele retirados.

Nota: Conforme o CPC 27.55 acima, a depreciação não se inicia quando a empresa adquire o Ativo, e sim quando "*este está disponível para uso*"... Isso quer dizer que se, por exemplo, a máquina foi comprada e "Ativada", mas ainda está encaixotada, o processo de depreciação NÃO PODE SER INICIADO. Somente quando a máquina "*estiver no local e em condição de funcionamento na forma pretendida pela administração*" é que se iniciará.

Exemplo de contabilização da compra de uma área com galpão para a instalação da fábrica:

A Industrial K S/A. comprou um imóvel para instalação de sua fábrica. O terreno tem 9.000m² e o galpão tem uma área de 1.000m². Na escritura do imóvel consta o valor de R$ 100.000,00 pelo imóvel como um todo. Como contabilizar?

Conforme item (58), há que se separar contabilmente a aquisição. Os valores do Imóvel (construção) e do terreno devem estar lastreados por 3 (três) laudos técnicos. Desses, opta-se pelo de menor valor. Considere-se, neste exemplo, que o Terreno foi laudado por R$ 40.000,00 e a construção por R$ 60.000,00. A contabilização será:

1 - Compra Imóvel p/Fábrica xx de José de Tal, conf. Escritura – 00/00/20X5		
D 1.3.2.001.01 Terrenos	40.000,00	
D 1.3.2.001.02 Imóveis/Edifícios	60.000,00	
C 1.1.1.001.01 Caixa		100.000,00

Nota: 1. Embora a escritura do imóvel seja uma só, os lançamentos devem ser desmembrados.

2.A depreciação será sobre o valor de R$ 60.000,00. Caso fosse contabilizado conjuntamente, a depreciação seria sobre R$ 100.000,00, e aí, erroneamente, se estaria depreciando o terreno.

8.12.4. Métodos de depreciação – Linha Reta, Saldos Decrescentes, Unidades Produzidas

O método de depreciação utilizado reflete o padrão de consumo pela entidade dos benefícios econômicos futuros.

(61). O método de depreciação aplicado a um ativo deve ser revisado pelo menos ao final de cada exercício e, se houver alteração significativa no padrão de consumo previsto, o método de depreciação deve ser alterado para refletir essa mudança. Tal mudança deve ser registrada como mudança na estimativa contábil, de acordo com o Pronunciamento Técnico CPC 23 – Políticas Contábeis, Mudança de Estimativa e Retificação de Erro.

Vários métodos de depreciação podem ser utilizados para apropriar de forma sistemática o valor depreciável de um ativo ao longo da sua vida útil. Tais métodos incluem o **método da linha reta, o método dos saldos decrescentes e o método de unidades produzidas.** A depreciação pelo método linear resulta em despesa constante durante a vida útil do ativo, caso o seu valor residual não se altere. O método dos saldos decrescentes resulta em despesa decrescente durante a vida útil. O método de unidades produzidas resulta em despesa baseada no uso ou produção esperados. A entidade seleciona o método que melhor reflita o padrão do consumo dos benefícios econômicos futuros esperados incorporados no ativo. Esse método é aplicado consistentemente entre períodos, a não ser que exista alteração nesse padrão.

8.12.4.1. Método de depreciação Linha Reta (ou Método Linear)

A empresa Comercial F Ltda. adquiriu uma nova máquina para embalagem de seus produtos. O valor da máquina é R$ 50.000,00, operação a prazo, a ser paga em 30 dias. A empresa pretende, ao final da **Vida Útil** de 10 anos vender essa máquina por R$ 14.000,00, que é o **Valor Residual** que ficará na contabilidade. Demonstrativos:

Lançamento Contábil na Aquisição da máquina

1-Aquisição Máquina XXX, NF 0002 do Fornecedor Z – 00/00/X5		
D 1.3.2.001.05 Máquinas e Equipamentos	50.000,00	
C 2.1.1.001.07 Duplicatas a Pagar		50.000,00

1) Máquina (Nova) adquirida de Pessoa Jurídica

a. Custo do Bem	50.000,00
b. Valor Residual	(14.000,00)
c. Valor Depreciável	36.000,00
d. Estimativa de Vida Útil	10 anos
e. Valor Depreciável	**36.000,00**
f. Valor Anual da Depreciação	3.600,00
g. Valor Mensal da Depreciação	**300,00**

Conforme demonstrado, o valor mensal da Depreciação a ser apropriado (Linha Reta) será de R$ 300,00 durante os 10 anos (120 meses), o que, ao final, totalizará R$ 36.000,00 que é o **Valor Depreciável**.

Lançamento contábil da depreciação no mês seguinte e nos próximos meses:

1 - Depreciação Máquina XXX, Cota 1/120 – 00/00/X5		
D 3.2.2.001.30 Despesas de Depreciação	300,00	
C 1.3.2.003.01 (-) Depreciação Acumulada		300,00

Nota: **1**.A conta **Depreciação Acumulada** é uma conta “Redutora do Ativo”.

2.O valor depreciado conforme determina o CPC (Contabilidade Societária), e o valor a ser depreciado conforme determina o fisco federal, há que ser "ajustado". Ver sobre o tema no capítulo 19.Apêndice 1- Depreciação sob o aspecto Fiscal e Societário.

8.12.4.2. Método de depreciação Saldos Decrescentes

A empresa Industrial M Ltda. adquiriu uma máquina usada da Fábrica X Ltda. A Fábrica X já tinha depreciado 1 (um) ano dessa máquina. O valor pago pela máquina foi R$ 30.000,00, à vista em dinheiro. A Fábrica X comprovou, através de uma declaração assinada pelo Contador, que depreciou somente um ano. Logo, a Industrial M tem duas opções para continuar a depreciar a máquina: ou a metade do tempo normal da **Vida Útil** que são 10 anos (nesse caso teria direito a depreciar 5 anos), ou o que resta do tempo a depreciar, que no caso seriam 9 anos. Das duas opções o contribuinte escolhe a melhor. A opção por depreciar por mais 9 anos foi a escolhida. Por fim, a Industrial M pretende vender essa máquina ao final de sua **Vida Útil** por R$ 3.000,00, que foi considerado então como **Valor Residual**. Assim, temos a seguinte situação:

2) Máquina (Usada) adquirida de Pessoa Jurídica

a. Custo do Bem	30.000,00
b. Valor Residual	(3.000,00)
c. Valor Depreciável	27.000,00
d. Estimativa de Vida Útil	9 anos
e. Valor Depreciável (Bem Usado)	**27.000,00**

Três passos para calcular a Depreciação pelo Método dos Saldos Decrescentes:

1º Passo: Saber o **Valor Depreciável** e o tempo a ser depreciado. No caso, o valor é R$ 27.000,00 por 9 anos;

2º Passo: Fazer a soma algébrica do tempo a depreciar, ou seja:

Soma dos algarismos dos números da vida útil: 1+2+3+4+5+6+7+8+9 = 45

3º Passo: Conforme **Quadro 1** abaixo, estabelecer os anos, a "fração" dos anos em relação à soma dos algarismos, efetuar o quociente dessa fração, e esse quociente aplicar sobre o total a ser depreciado. Para o ano 1, por exemplo, o percentual é 20%, que aplicado sobre R$ 27.000,00 resulta em R$ 5.400,00

Quadro 1

Anos	Fração	% a Depreciar	R$
1	9/45	20,00	5.400
2	8/45	17,78	4.800
3	7/45	15,56	4.200
4	6/45	13,33	3.600
5	5/45	11,11	3.000
6	4/45	8,89	2.400
7	3/45	6,67	1.800
8	2/45	4,44	1.200
9	1/45	2,22	600
	Total Depreciado:	**100%**	**27.000**

8.12.4.3. Método de depreciação Unidades Produzidas

A empresa Material para Construções K Ltda. comprou uma máquina reformada de uma Pessoa Física em dezembro de 20X2. O valor do negócio foi de R$ 50.000,00 pago à vista em dinheiro. A empresa pretende usar essa máquina totalmente e não estipulou **Valor Residual**. Nos seus planos, depois de um estudo confiável, ela estimou produzir 32.500 unidades de "tampas de vaso sanitário" nos próximos 5 anos. Nesse caso temos a seguinte situação a considerar:

3.Dados da compra de Ativo – Pessoa Física	
a. Custo do Bem	50.000,00
b. Valor Residual	(25.000,00)
c. Valor Depreciável	25.000,00
d. Estimativa de Vida Útil	5 anos
e. Quantidades Estimadas***	**32.500**
f. Valor Depreciável	**25.000,00**

***Quantidades totais que a empresa planeja produzir.

Nota: O tempo normal de depreciação da máquina é 10 anos. Como a compra é de Pessoa Física, o critério é utilizar metade desse tempo normal.

Dois passos para calcular a Depreciação pelo Método das Unidades Produzidas:

1º Passo: Ter a projeção das quantidades a serem produzidas ano, para os próximos 5 anos. Conforme **Quadro 1** abaixo, a empresa projeta produzir:

Quadro 1

Anos	Produção
20X3	7.500
20X4	7.000
20X5	6.500
20X6	6.000
20X7	5.500
Totais:	**32.500**

2º Passo: Sabendo-se a produção anual encontra-se o % de participação sobre o total. No caso, o primeiro ano (20X3) a Produção de 7.500 unidades, de um total de 32.500, é 23,08%. Aplicando esse percentual sobre o **Valor Depreciável** tem-se um valor de R$ 5.769,00 para o ano 20X3. E assim sucessivamente para cálculos dos demais anos. Ao final do 5º ano, o total depreciado será os R$ 25.000,00, conforme **Quadro 2**:

Quadro 2

Anos	Produção	% Participação	R$
20X3	7.500	23,08	5.769
20X4	7.000	21,54	5.385
20X5	6.500	20,00	5.000
20X6	6.000	18,46	4.615
20X7	5.500	16,92	4.231
Totais:	**32.500**	**100%**	**25.000**

Dica →: Em qualquer método, a depreciação cessa quando o Ativo está ocioso (parado, quebrado, com defeito). Nesta circunstância, em vez de custo a depreciação incorrida será considerada despesa. Sobre início e cessação da depreciação, ver item (55) do capítulo **Ativo Imobilizado CPC 27.**

8.12.4.4. Mudança de Vida Útil e dos Métodos de depreciação

Conforme itens (51) e (61) do CPC 27 – Ativo Imobilizado, as empresas devem, pelo menos ao final de cada exercício, revisar o **Valor Residual** e a **Vida útil** dos seus Ativos Imobilizados, para verificarem se as expectativas diferem das iniciais, afim de eventuais mudanças de estimativa sejam contabilizadas segundo aqueles itens (51) e (61).

A **Vida Útil** de um Ativo Imobilizado tanto pode ser reduzida quanto aumentada, a depender, por exemplo, de onde o ativo está instalado (local apropriado, bem protegido etc.), e de como é utilizado (manutenção periódica, utilização dentro das normas e com peças originais, funcionários zelosos, atualização de tecnologia constante, etc.). Quando a **Vida Útil** é revista, e tem-se uma nova estimativa, as depreciações devem ser contabilizadas ao longo da **Vida Útil** remanescente.

Segundo o CPC 23 - Políticas Contábeis, Mudança de Estimativa e Retificação e Erro, a empresa deverá Divulgar a mudança de estimativa que proceder. O CPC 23, com relação à **Divulgação**, nos itens (39) e (40) orienta:

Divulgação

(39) A entidade deve divulgar a natureza e o montante de mudança na estimativa contábil que tenha efeito no período corrente ou se espera que tenha efeito em períodos subsequentes, salvo quando a divulgação do efeito de períodos subsequentes for impraticável.

(40) Se o montante do efeito de períodos subsequentes não for divulgado porque a estimativa do mesmo é impraticável, a entidade deve divulgar tal fato.

Exemplo de um Ativo Imobilizado com mudança de Vida Útil inicialmente estimada:

A empresa Estamparia SS Ltda. comprou uma máquina por R$ 20.000,00, com uma **Vida Útil** estimada para dez anos e **Valor Residual** "zero". Conforme **Quadro 1** abaixo, ao final do ano 5 o ativo está assim contabilizado:

Quadro 1 – Situação Contábil – Máquina X

Anos	% Depreciado	Depreciações R$
1	10	2.000
2	10	2.000
3	10	2.000
4	10	2.000
5	10	2.000
Total:	**50**	**10.000**
Valor de Custo R$		**20.000**
Valor Depreciável R$		**10.000**

No decorrer do 6º ano a SS revisou a **Vida Útil** da máquina e, em função do seu ótimo estado de conservação, alterou para mais seis anos remanescentes. Conforme **Quadro 2**, os valores de depreciação da máquina, para os anos 1 a 11 são:

Quadro 2 – Nova Situação Contábil Máquina X

Anos	% Depreciado	Depreciações R$
1	(R$ 20.000 x 10%)	2.000
2	(R$ 20.000 x 10%)	2.000
3	(R$ 20.000 x 10%)	2.000
4	(R$ 20.000 x 10%)	2.000
5	(R$ 20.000 x 10%)	2.000
6	(R$ 10.000 x 16,66%)	1.667
7	(R$ 10.000 x 16,66%)	1.667
8	(R$ 10.000 x 16,66%)	1.667
9	(R$ 10.000 x 16,66%)	1.667
10	(R$ 10.000 x 16,66%)	1.666
11	(R$ 10.000 x 16,66%)	1.666
Total:	**100,0%**	**20.000**
Valor de Custo R$		**20.000**
Valor Residual R$		**0**

Exemplo de um Ativo Imobilizado com mudança no método de depreciação:

A empresa Industrial JG Ltda. comprou uma máquina por R$ 12.000,00, com uma **Vida Útil** estimada para dez anos e **Valor Residual** "zero". O método de depreciação adotado para a máquina foi de Unidades Produzidas. No final do ano 3 a máquina já estava depreciada em R$ 3.000,00. Restava ainda a depreciar R$ 9.000,00. A JG estima que em face da pouca utilização da máquina, sua **Vida Útil** remanescente será de nove anos, e determina, a partir de então, depreciar utilizando o método de Linha Reta, pois reflete melhor a real utilização da máquina. Conforme **Quadro 1** abaixo, sua situação contábil fica assim:

Quadro 1 – Nova Situação Contábil Máquina X

Anos	% a Depreciar	Depreciações R$
4	(R$ 9.000 x 11,11%)	1.000
5	(R$ 9.000 x 11,11%)	1.000
6	(R$ 9.000 x 11,11%)	1.000
7	(R$ 9.000 x 11,11%)	1.000
8	(R$ 9.000 x 11,11%)	1.000
9	(R$ 9.000 x 11,11%)	1.000
10	(R$ 9.000 x 11,11%)	1.000
11	(R$ 9.000 x 11,11%)	1.000
12	(R$ 9.000 x 11,11%)	1.000
Total:		**9.000**
Valor de Custo R$		**12.000**
Depreciação Anterior R$		**3.000**
Valor Contábil R$		**0**

8.13. Baixa de Ativo Imobilizado

O valor contábil de um item do ativo imobilizado deve ser baixado:

a) por ocasião de sua alienação; ou

b) quando não há expectativa de benefícios econômicos futuros com a sua utilização ou alienação.

c) Ganhos ou perdas decorrentes da baixa de um item do ativo imobilizado devem ser reconhecidos no resultado quando o item é baixado (a menos que o Pronunciamento Técnico CPC 06 – Operações de Arrendamento Mercantil exija de outra forma em operação de venda e *leaseback*[27]. Os ganhos não devem ser classificados como receita de venda.

Entretanto, a entidade que, durante as suas atividades operacionais, normalmente vende itens do ativo imobilizado que eram mantidos para aluguel a terceiros deve transferir tais ativos para o estoque pelo seu valor contábil quando os ativos deixam de ser alugados e passam a ser mantidos para venda. Passam a ser considerados, daí para frente, como estoques e se sujeitam aos requisitos do Pronunciamento Técnico CPC 16 – Estoques. As

27 O *leaseback* é uma operação em que a empresa vende um bem de sua propriedade para o Banco, que por sua vez o arrenda ao próprio cliente, permitindo assim liberação de recursos para outros investimentos. (Fonte: Banco Itaú)

receitas advindas da venda de tais ativos devem ser reconhecidas como receita de acordo com o Pronunciamento Técnico CPC 30 – Receitas. O Pronunciamento Técnico CPC 31 – Ativo Não Circulante Mantido para Venda e Operação Descontinuada não se aplica quando os ativos que são mantidos para venda durante as atividades operacionais são transferidos para os estoques.

Existem **várias formas de alienação** de um item do ativo imobilizado (**p. ex., venda, arrendamento mercantil financeiro ou doação**). Para determinar a data da alienação do item, a entidade deve aplicar os critérios do Pronunciamento Técnico CPC 30 – Receitas para reconhecer a receita advinda da venda de bens. O Pronunciamento Técnico CPC 06 – Operações de Arrendamento Mercantil aplica-se à alienação em operação de venda e *leaseback*.

Se, de acordo com o princípio do reconhecimento previsto no item (7) do CPC 27 - Ativo Imobilizado, a entidade reconhecer no valor contábil de um item do ativo imobilizado o custo de substituição de parte do item, deve baixar o valor contábil da parte substituída, independentemente de a parte substituída estar sendo depreciada separadamente ou não. Se a apuração desse valor contábil não for praticável para a entidade, esta pode utilizar o custo de substituição como indicador do custo da parcela substituída na época em que foi adquirida ou construída.

Os ganhos ou perdas decorrentes da baixa de um item do ativo imobilizado devem ser determinados pela diferença entre o valor líquido da alienação, se houver, e o valor contábil do item.

A importância a receber pela alienação de um item do ativo imobilizado deve ser reconhecida inicialmente pelo seu **Valor Justo**. Se esse pagamento for a prazo, a consideração recebida deve ser reconhecida inicialmente pelo valor equivalente à vista (ver os Pronunciamentos Técnicos CPC 12 – Ajuste a Valor Presente e CPC 08 – Custos de Transação e Prêmios na Emissão de Títulos e Valores Mobiliários). A diferença entre o valor nominal da remuneração e seu valor presente deve ser reconhecida como receita de juros, de acordo com o Pronunciamento Técnico CPC 30 – Receitas, refletindo o efetivo rendimento do valor a receber.

Nota: Reiterando o CPC 27.69 "*existem várias formas de alienação de um item do ativo imobilizado (p. ex., venda, arrendamento mercantil financeiro ou doação).*"

Exemplo de uma baixa de Ativo por Alienação (Venda):

A empresa Atacadão dos Móveis Ltda. vendeu um caminhão de sua frota por R$ 60.000,00, à vista em dinheiro. O caminhão estava contabilizado da seguinte forma:

Valor contabilizado do Veículo:

Custo do Bem	150.000,00
(-) Depreciação Acumulada	(80.000,00)
(=) Valor Contábil	**70.000,00**

Dica → Para contabilização de baixa de Imobilizado é interessante usar uma conta "de passagem", isto é, uma conta intermediária até que se apure a Depreciação Acumulada e *Impairment* Acumulado que houver. Essa conta intermediária pode ser, a critério do contabilista, Venda de Ativos a Classificar. No plano de contas deste livro tem o código 4.0.0.000.03.

Contabilização da venda e Apuração do Ganho ou Perda na Venda do Ativo:

Lançamentos contábeis:

1 - Venda do veículo XXX-0000, NF 0009 – Cliente Y – 00/00/X5		
D 1.1.1.001.01 Caixa	60.000,00	
C 4.0.0.000.03 Venda de Ativos a Classificar		60.000,00

Na sequência, o lançamento contábil final será:

2 - Apuração do Ganho/Perda venda do veículo XXX-0000, NF 000 – Cliente Y – 00/00/X5		
D 4.0.0.000.03 Venda de Ativos a Classificar	60.000,00	
D 1.3.2.003.01 (-) Depreciação Acumulada	80.000,00	
D 3.2.4.000.01 Perdas na Venda de Ativos	10.000,00	
C 1.3.2.001.07 Veículos		150.000,00

Como se pode ver no lançamento contábil 2, houve uma Perda na venda do Ativo de R$ 10.000,00.

Exemplo de baixa de um Ativo Imobilizado deteriorado

A empresa Metalox Ltda. tem um computador que está deteriorado e vai fazer a baixa contábil. Conforme **Quadro 1** abaixo, o bem está assim contabilizado:

Quadro 1 – Situação contábil computador xxx

1. Dados do Ativo	
a. Custo do Bem	1.500,00
b. Valor Depreciado	(800,00)
c. Valor Contábil	**700,00**

Na sequência, o lançamento contábil final será:

2 - Apuração da Perda na baixa do Computador XXX, NF de Baixa nº 0009 – 00/00/X5		
D 1.3.2.003.01 (-) Depreciação Acumulada	800,00	
D 3.2.4.000.02 Perdas com Baixa de Ativos	700,00	
C 1.3.2.001.08 Equipamentos de Informática		1.500,00

Como se pode ver no lançamento contábil 2, houve uma Perda na baixa do Ativo de R$ 700,00.

Nota: A respeito de Baixa de Ativos, ver capítulo 19. Apêndice 1- Depreciação sob o aspecto Fiscal e Societário.

8.14. Exercícios de contabilização de Ativos e Depreciações

8.14.1. Exercício 1: A empresa Fábrica Z Ltda. adquiriu, no dia 01/01/20X0, uma máquina por R$ 1.000,00 com financiamento bancário para trinta dias. A empresa estimou uma **Vida Útil** para a máquina de 10 anos, e um **Valor Residual** de R$ 200,00

Pede-se:

a) Contabilizar a compra da máquina;

b) Apresentar os cálculos das depreciações da máquina durante todo o período da **Vida Útil.**

8.14.2. Exercício 2: A empresa Comercial ABC Ltda. adquiriu, no dia 01/01/20X0, um equipamento para uso no seu depósito por R$ 20.000,00, a prazo com pagamento em 30 dias, com uma **Vida Útil** estimada de dez anos e **Valor Residual** de R$ 5.000,00. No final do ano 4 revisou a **Vida Útil** do equipamento, e em razão do pouco uso e da excelente conservação, alterou a **Vida Útil** para treze anos.

Pede-se:

a) Contabilizar a compra do equipamento;

b) Apresentar os cálculos das depreciações do equipamento durante todo o período da **Vida Útil**, inicial e revisada (1 a 13 anos).

8.14.3.Exercício 3: A empresa Nutrex S.A vendeu um lote de computadores e impressoras usadas, de seu Ativo, à vista, recebimento em dinheiro, por R$ 5.000,00. Na contabilidade esses ativos estavam registrados a **Valor Justo** da seguinte forma:

1 - Valor dos Ativos

Custo de Aquisição dos Ativos	**40.000**
(-) Depreciação Acumulada	(20.000)
(-) Perda por Redução ao Valor Recuperável	(6.000)
(=) Valor Contábil	**14.000**

Pede-se:

a) Lançamento contábil da Venda;

b) Baixa dos Ativos, apuração e contabilização do ganho ou perda.

9. Ativo Intangível[28]

O que é um Ativo Intangível?

Ativo intangível é um ativo não monetário identificável sem substância física. Ou ainda, é é um ativo composto por bens incorpóreos representados por bens e direitos para utilização de uma empresa na geração de benefícios presentes e futuros. Suas normas estão no âmbito do CPC 04 (R1).

Exemplos de Ativos Intangíveis:

-*softwares*, patentes, direitos autorais, direitos sobre filmes cinematográficos, listas de clientes, direitos sobre hipotecas, licenças de pesca, quotas de importação, franquias, relacionamentos com clientes ou fornecedores, fidelidade de clientes, participação no mercado e direitos de comercialização.

9.1. Definições

(8). Os termos abaixo são utilizados no presente Pronunciamento com os seguintes significados:

Amortização é a alocação sistemática do valor amortizável de ativo intangível ao longo da sua vida útil.

Ativo é um recurso:

a) controlado pela entidade como resultado de eventos passados; e

b) do qual se espera que resultem benefícios econômicos futuros para a entidade.

Valor contábil é o valor pelo qual um ativo é reconhecido no balanço patrimonial após a dedução da amortização acumulada e da perda por desvalorização.

Custo é o montante de caixa ou equivalente de caixa pago ou o valor justo de qualquer outra contraprestação dada para adquirir um ativo na data da sua aquisição ou construção, ou ainda, se for o caso, o valor atribuído ao ativo quando inicialmente reconhecido de acordo com as disposições específicas de outro Pronunciamento como, por exemplo, o Pronunciamento Técnico CPC 10 – Pagamento Baseado em Ações.

28 Capítulo fundamentado no CPC 04 (R1) – Ativo Intangível

Valor amortizável é o custo de um ativo ou outro valor que substitua o custo, menos o seu valor residual.

Desenvolvimento é a aplicação dos resultados da pesquisa ou de outros conhecimentos em um plano ou projeto visando à produção de materiais, dispositivos, produtos, processos, sistemas ou serviços novos ou substancialmente aprimorados, antes do início da sua produção comercial ou do seu uso.

Valor específico para a entidade (***Valor em Uso***) é o valor presente dos fluxos de caixa que uma entidade espera (i) obter com o uso contínuo de um ativo e com a alienação ao final da sua vida útil ou (ii) incorrer para a liquidação de um passivo.

Valor justo é o preço que seria recebido pela venda de um ativo ou que seria pago pela transferência de um passivo em uma transação não forçada entre participantes do mercado na data de mensuração (ver CPC 46 – Mensuração do Valor Justo).

Perda por desvalorização é o valor pelo qual o valor contábil de um ativo ou de uma unidade geradora de caixa excede seu valor recuperável (Pronunciamento Técnico CPC 01 – Redução ao Valor Recuperável de Ativos).

Ativo monetário é aquele representado por dinheiro ou por direitos a serem recebidos em uma quantia fixa ou determinável de dinheiro.

Pesquisa é a investigação original e planejada realizada com a expectativa de adquirir novo conhecimento e entendimento científico ou técnico.

Valor residual de um ativo intangível é o valor estimado que uma entidade obteria com a venda do ativo, após deduzir as despesas estimadas de venda, caso o ativo já tivesse a idade e a condição esperadas para o fim de sua vida útil.

Exemplos de contabilização de Ativos Intangíveis:

1. Contabilização de um Ativo Intangível adquirido (Custo)

Custo de Aquisição do Intangível*	**10.000,00**
(+) Impostos de Importação do Intangível	1.200,00
(+) Honorários Profissionais**	500,00
(+) Custo com Testes para funcionamento do Intangível***	300,00
(=) Custo Total do Ativo	**12.000,00**

*Custo de Aquisição já deduzidos os Descontos comerciais e abatimentos;
**Honorários Profissionais diretamente relacionados para que o Ativo fique em condições operacionais;
***Custo com Testes para se verificar se o Ativo está funcionando adequadamente.

Exemplo de Valor Contábil

2. Valor Contábil

Custo de Aquisição de um Software	**5.000,00**
(-) Amortizações Acumuladas	(1.000,00)
(=) Valor Contábil R$	**4.000,00**

Exemplo de Valor Amortizável:

3. Valor Amortizável do Intangível

Custo de Aquisição do Intangível	**10.000,00**
(-) Amortizações Acumuladas	(1.000,00)
(-) Perda por Redução ao Valor Recuperável	(2.000,00)
(=) Valor Contábil	**7.000,00**
(-) Valor Residual do Ativo	(5.000,00)
(=) Valor Amortizável	**(2.000,00)**

(9). As entidades frequentemente despendem recursos ou contraem obrigações com a aquisição, o **desenvolvimento, a manutenção ou o aprimoramento de recursos intangíveis como conhecimento científico ou técnico, projeto e implantação de novos processos ou sistemas, licenças, propriedade intelectual, conhecimento mercadológico, nome, reputação, imagem e marcas registradas (incluindo nomes comerciais e títulos de publicações).**

(10). Nem todos os itens descritos no item anterior se enquadram na definição de ativo intangível, ou seja, são identificáveis, controlados e geradores de benefícios econômicos futuros. Caso um item abrangido pelo presente Pronunciamento não atenda à definição de ativo intangível, o gasto incorrido na sua aquisição ou geração interna deve ser reconhecido como despesa quando incorrido. No entanto, se o item for adquirido em uma combinação de negócios, passa a fazer parte do ágio derivado da expectativa de rentabilidade futura (*goodwill*) reconhecido na data da aquisição (ver item 68).

Nota: A respeito de "combinação de negócios", "mais valia" e *goodwill*, ver capítulo ***Goodwill*** neste livro.

9.2. Identificação

(11). A definição de ativo intangível requer que ele seja identificável, para diferenciá-lo do ágio derivado da expectativa de rentabilidade futura (*goodwill*). O ágio derivado da expectativa de rentabilidade futura (*goo-*

dwill) reconhecido em uma combinação de negócios é um ativo que representa benefícios econômicos futuros gerados por outros ativos adquiridos em uma combinação de negócios, que não são identificados individualmente e reconhecidos separadamente. Tais benefícios econômicos futuros podem advir da sinergia entre os ativos identificáveis adquiridos ou de ativos que, individualmente, não se qualificam para reconhecimento em separado nas demonstrações contábeis.

(12). Um ativo satisfaz o critério de identificação, em termos de definição de um ativo intangível, quando:

a) **for separável, ou seja, puder ser separado da entidade e vendido, transferido, licenciado, alugado ou trocado, individualmente ou junto com um contrato, ativo ou passivo relacionado, independente da intenção de uso pela entidade; ou**

b) **resultar de direitos contratuais ou outros direitos legais, independentemente de tais direitos serem transferíveis ou separáveis da entidade ou de outros direitos e obrigações.**

9.3. Controle

(13). A entidade controla um ativo quando detém o poder de obter benefícios econômicos futuros gerados pelo recurso subjacente e de restringir o acesso de terceiros a esses benefícios. Normalmente, a capacidade da entidade de controlar os benefícios econômicos futuros de ativo intangível advém de direitos legais que possam ser exercidos num tribunal. A ausência de direitos legais dificulta a comprovação do controle. No entanto, a imposição legal de um direito não é uma condição imprescindível para o controle, visto que a entidade pode controlar benefícios econômicos futuros de outra forma.

(14). O conhecimento de mercado e o técnico podem gerar benefícios econômicos futuros. A entidade controla esses benefícios se, por exemplo, o conhecimento for protegido por direitos legais, tais como direitos autorais, uma limitação de um acordo comercial (se permitida) ou o dever legal dos empregados de manterem a confidencialidade.

(15). A entidade pode dispor de equipe de pessoal especializado e ser capaz de identificar habilidades adicionais que gerarão benefícios econômicos futuros a partir do treinamento. A entidade pode também esperar que esse pessoal continue a disponibilizar as suas habilidades. Entretanto, o controle da entidade sobre os eventuais benefícios econômicos futuros gerados pelo pessoal especializado e pelo treinamento é insuficiente para que esses itens se enquadrem na definição de ativo intangível. Por razão semelhante, raramente um talento gerencial ou técnico específico atende à definição de ativo intangível, a não ser que esteja protegido por direitos legais sobre a sua utilização e obtenção dos benefícios econômicos futuros, além de se enquadrar nos outros aspectos da definição.

(16). A entidade pode ter uma carteira de clientes ou participação de mercado e esperar que, em virtude dos seus esforços para criar relacionamentos e fidelizar clientes, estes continuarão a negociar com a entidade. No entanto, a ausência de direitos legais de proteção ou de outro tipo de controle sobre as relações com os clientes ou a sua fidelidade faz com que a entidade normalmente não tenha controle suficiente sobre os benefícios econômicos previstos, gerados do relacionamento com os clientes e de sua fidelidade, para considerar que tais itens (por exemplo, carteira de clientes, participação de mercado, relacionamento e fidelidade dos clientes) se enquadrem na definição de ativo intangível. Entretanto, na ausência de direitos legais de proteção do relacionamento com clientes, a capacidade de realizar operações com esses clientes ou similares por meio de relações não contratuais (que não sejam as advindas de uma combinação de negócios) fornece evidências de que a entidade é, mesmo assim, capaz de controlar os eventuais benefícios econômicos futuros gerados pelas relações com clientes. Uma vez que tais operações também fornecem evidências que esse relacionamento com clientes é separável, ele pode ser definido como ativo intangível.

9.3.1. Benefício econômico futuro

(17). **Os benefícios econômicos futuros gerados por ativo intangível podem incluir a receita da venda de produtos ou serviços, redução de custos ou outros benefícios resultantes do uso do ativo pela entidade. Por exemplo, o uso da propriedade intelectual em um processo de produção pode reduzir os custos de produção futuros em vez de aumentar as receitas futuras.**

9.4. Reconhecimento e mensuração

(18). O reconhecimento de um item como ativo intangível exige que a entidade demonstre que ele atende:

a) a definição de ativo intangível (ver itens (8) a (17)); e

b) os critérios de reconhecimento (ver itens (21) a (23)).

Este requerimento é aplicável a custos incorridos inicialmente para adquirir ou gerar internamente um ativo intangível e aos custos incorridos posteriormente para acrescentar algo, substituir parte ou recolocá-lo em condições de uso.

(19). Os itens (25) a (32) tratam da aplicação dos critérios de reconhecimento de ativos intangíveis adquiridos separadamente, enquanto os itens (33) a (43) tratam da sua aplicação a ativos intangíveis adquiridos em uma combinação de negócios. O item (44) do CPC 04 (R1) - Ativo Intangível) trata da avaliação inicial dos ativos intangíveis adquiridos por meio de subvenção ou assistência governamentais; os itens (45) a (47), das permutas de ativos intangíveis; os itens (48) a (50), do ágio derivado da expectativa de rentabilidade futura (*goodwill*) gerado internamente. Os itens (51) a (67) tratam do reconhecimento e mensuração iniciais dos ativos intangíveis gerados internamente.

(20). A natureza dos ativos intangíveis implica, em muitos casos, não haver o que ser adicionado ao ativo nem se poder substituir parte dele. Por conseguinte, a maioria dos gastos subsequentes provavelmente é efetuada para manter a expectativa de benefícios econômicos futuros incorporados ao ativo intangível existente, e não atendem à definição de ativo intangível, tampouco aos critérios de reconhecimento do presente Pronunciamento. Além disso, dificilmente gastos subsequentes são atribuídos diretamente a determinado ativo intangível em vez da entidade como um todo. **Portanto, somente em raras ocasiões os gastos subsequentes (incorridos após o reconhecimento inicial de ativo intangível adquirido ou a conclusão de item gerado internamente) devem ser reconhecidos no valor contábil de um ativo. Em conformidade com o item (63), gastos subsequentes com marcas, títulos de publicações, logomarcas, listas de clientes e itens de natureza similar (quer sejam eles adquiridos externamente ou gerados internamente) sempre devem ser reconhecidos no resultado, quando incorridos, uma vez que não se consegue separá-los de outros gastos incorridos no desenvolvimento do negócio como um todo.**

9.5. Como reconhecer um Ativo Intangível

(21). **Um ativo intangível deve ser reconhecido apenas se:**

a) **for provável** que os benefícios econômicos futuros esperados atribuíveis ao ativo serão gerados em favor da entidade; e

b) **o custo do ativo possa ser mensurado com confiabilidade.**

(22). **A entidade deve avaliar a probabilidade de geração de benefícios econômicos futuros** utilizando premissas razoáveis e comprováveis que representem a melhor estimativa da administração em relação ao conjunto de condições econômicas que existirão durante a vida útil do ativo.

(23). A entidade deve utilizar seu julgamento para avaliar o grau de certeza relacionado ao fluxo de benefícios econômicos futuros atribuíveis ao uso do ativo, com base nas evidências disponíveis no momento do reconhecimento inicial, dando maior peso às evidências externas.

(24). **Um ativo intangível deve ser reconhecido inicialmente ao custo.**

9.5.1. Aquisição separada

(25). Normalmente, o preço que a entidade paga para adquirir separadamente um ativo intangível reflete sua expectativa sobre a probabilidade de os benefícios econômicos futuros esperados, incorporados no ativo, serem gerados a seu favor. Em outras palavras, a entidade espera que haverá benefícios econômicos a seu favor, mesmo que haja incerteza em relação à época e ao valor desses benefícios econômicos. Portanto, a condição de probabilidade a que se refere o item (21(a)) é sempre considerada atendida para ativos intangíveis adquiridos separadamente.

(26). Além disso, o custo de ativo intangível adquirido em separado pode normalmente ser mensurado com confiabilidade, sobretudo quando o valor é pago em dinheiro ou com outros ativos monetários.

(27). O custo de ativo intangível adquirido separadamente inclui:

a) seu preço de compra, acrescido de impostos de importação e impostos não recuperáveis sobre a compra, depois de deduzidos os descontos comerciais e abatimentos; e

b) qualquer custo diretamente atribuível à preparação do ativo para a finalidade proposta.

(28). *Exemplos de custos diretamente atribuíveis são:*

a) **custos de benefícios aos empregados** (conforme definido no Pronunciamento Técnico CPC 33 – Benefícios a Empregados) incorridos diretamente para que o ativo fique em condições operacionais (de uso ou funcionamento);

b) **honorários profissionais diretamente relacionados para que o ativo fique em condições operacionais; e**

c) **custos com testes para verificar se o ativo está funcionando adequadamente.**

Exemplo de contabilização de custo de aquisição de intangível separadamente:

A empresa Editora D Ltda. adquiriu os Direitos Autorais internacionais de uma obra para edição no período de 10 anos. Os gastos foram da seguinte forma:

Custo de Aquisição do Intangível	**20.000,00**
(-) Descontos comerciais	(2.000,00)
(=) Valor Pago à vista em dinheiro	18.000,00
(+) Impostos de Importação	1.000,00
(+) Honorários Profissionais relacionados ao ativo (tradução)	1.000,00
(=) Valor Contábil/Amortizável	**20.000,00**

Lançamentos contábeis da aquisição:

1 - Aquisição Direitos Autorais XYZ conf. contrato – 31/01/X5		
D 1.3.3.001.04 Direitos Autorais	18.000,00	
Impostos de Importação Direitos Autorais XYZ conf. Contrato		
D 1.3.3.001.04 Direitos Autorais	1.000,00	
Honorários profissionais ref. tradução Direitos Autorias XYZ		
D 1.3.3.001.04 Direitos Autorais	1.000,00	
C 1.1.1.001.01 Caixa		20.000,00

Nota: As amortizações serão feitas sobre o Valor Amortizável de R$ 20.000,00 pelo período de 10 anos (120 meses).

(29). *Exemplos de gastos que* ***não fazem parte*** *do custo de ativo intangível:*

a) custos incorridos na introdução de novo produto ou serviço (incluindo propaganda e atividades promocionais);

b) custos da transferência das atividades para novo local ou para nova categoria de clientes (incluindo custos de treinamento); e

c) custos administrativos e outros custos indiretos.

(30). O reconhecimento dos custos no valor contábil de ativo intangível cessa quando esse ativo está nas condições operacionais pretendidas pela administração. **Portanto, os custos incorridos no uso ou na transferência ou reinstalação de ativo intangível não devem ser incluídos no seu valor contábil, como, por exemplo, os seguintes custos:**

a) custos incorridos durante o período em que um ativo capaz de operar nas condições operacionais pretendidas pela administração não é utilizado; e

b) prejuízos operacionais iniciais, tais como os incorridos enquanto a demanda pelos produtos do ativo é estabelecida.

(31). Algumas operações realizadas em conexão com o desenvolvimento de ativo intangível não são necessárias para deixá-lo em condições operacionais pretendidas pela administração. Essas atividades eventuais podem ocorrer antes ou durante as atividades de desenvolvimento. Como essas atividades não são necessárias para que um ativo fique em condições de funcionar da maneira pretendida pela administração, as receitas e as despesas relacionadas devem ser reconhecidas imediatamente no resultado e incluídas nas suas respectivas classificações de receita e despesa.

(32). **Se o prazo de pagamento de ativo intangível excede os prazos normais de crédito, seu custo deve ser o equivalente ao preço à vista. A diferença entre esse valor e o total dos pagamentos deve ser reconhecida como despesa com juros, durante o período, a menos que seja passível de capitalização, como custo financeiro diretamente identificável de ativo, durante o período em que esteja sendo preparado para o uso pretendido pela administração (quando se tratar de ativo que leva necessariamente um período substancial de tempo para ficar pronto para o seu uso). Nesse último caso, o custo financeiro deve ser capitalizado no valor do ativo de acordo com o Pronunciamento Técnico CPC 20 - Custos de Empréstimos.**

Nota: 1.A respeito de Juros como "custo financeiro diretamente identificável de ativo...", conforme CPC 20, esses Juros não são despesas, mas incorporados ao ativo.

2.Ainda a respeito de Juros embutidos na aquisição de Ativos, com pa ramento em longo prazo, ver exemplo no Capítulo de **Ativo Imobilizado** demonstrativo de cálculo e contabilização de **Valor Presente.**

9.6. Ativo intangível gerado internamente

(51). Por vezes é difícil avaliar se um ativo intangível gerado internamente se qualifica para o reconhecimento, devido às dificuldades para:

a) identificar se, e quando, existe um ativo identificável que gerará benefícios econômicos futuros esperados; e

b) determinar com confiabilidade o custo do ativo. Em alguns casos não é possível separar o custo incorrido com a geração interna de ativo intangível do custo da manutenção ou melhoria do ágio derivado da expectativa de rentabilidade futura (*goodwill*) gerado internamente ou com as operações regulares (do dia a dia) da entidade.

Portanto, além de atender às exigências gerais de reconhecimento e mensuração inicial de ativo intangível, a entidade deve aplicar os requerimentos e orientações contidos nos itens (52) a 67, a seguir, a todos os ativos intangíveis gerados.

(52). Para avaliar se um ativo intangível gerado internamente atende aos critérios de reconhecimento, a entidade deve classificar a geração do ativo:

a) na fase de pesquisa; e/ou

b) na fase de desenvolvimento.

Embora os termos "pesquisa" e "desenvolvimento" estejam definidos, as expressões "fase de pesquisa" e "fase de desenvolvimento" têm um significado mais amplo para efeitos deste Pronunciamento.

(53). Caso a entidade não consiga diferenciar a fase de pesquisa da fase de desenvolvimento de projeto interno de criação de ativo intangível, o gasto com o projeto deve ser tratado como incorrido apenas na fase de pesquisa.

9.7. Fase de pesquisa

(54). **Nenhum ativo intangível resultante de pesquisa (ou da fase de pesquisa de projeto interno) deve ser reconhecido. Os gastos com pesquisa (ou da fase de pesquisa de projeto interno) devem ser reconhecidos como despesa quando incorridos.**

(55). Durante a fase de pesquisa de projeto interno, a entidade não está apta a demonstrar a existência de ativo intangível que gerará prováveis benefícios econômicos futuros. Portanto, tais gastos devem ser reconhecidos como despesa quando incorridos.

(56). São exemplos de atividades de pesquisa:

a) atividades destinadas à obtenção de novo conhecimento;

b) busca, avaliação e seleção final das aplicações dos resultados de pesquisa ou outros conhecimentos;

c) busca de alternativas para materiais, dispositivos, produtos, processos, sistemas ou serviços; e

d) formulação, projeto, avaliação e seleção final de alternativas possíveis para materiais, dispositivos, produtos, processos, sistemas ou serviços novos ou aperfeiçoados.

9.8. Fase de desenvolvimento

(57). Um ativo intangível resultante de desenvolvimento (ou da fase de desenvolvimento de projeto interno) deve ser reconhecido somente se a entidade puder demonstrar todos os aspectos a seguir enumerados:

a) viabilidade técnica para concluir o ativo intangível de forma que ele seja disponibilizado para uso ou venda;

b) intenção de concluir o ativo intangível e de usá-lo ou vendê-lo;

c) capacidade para usar ou vender o ativo intangível;

d) forma como o ativo intangível deve gerar benefícios econômicos futuros. Entre outros aspectos, a entidade deve demonstrar a existência de mercado para os produtos do ativo intangível ou para o próprio ativo intangível ou, caso este se destine ao uso interno, a sua utilidade;

e) disponibilidade de recursos técnicos, financeiros e outros recursos adequados para concluir seu desenvolvimento e usar ou vender o ativo intangível; e

f) capacidade de mensurar com confiabilidade os gastos atribuíveis ao ativo intangível durante seu desenvolvimento.

(58). Na fase de desenvolvimento de projeto interno, a entidade pode, em alguns casos, identificar um ativo intangível e demonstrar que este gerará prováveis benefícios econômicos futuros, uma vez que a fase de desenvolvimento de um projeto é mais avançada do que a fase de pesquisa.

(59). São exemplos de atividades de desenvolvimento:

a) projeto, construção e teste de protótipos e modelos pré-produção ou pré-utilização;

b) projeto de ferramentas, gabaritos, moldes e matrizes que envolvam nova tecnologia;

c) projeto, construção e operação de fábrica-piloto, desde que já não esteja em escala economicamente viável para produção comercial; e

d) projeto, construção e teste da alternativa escolhida de materiais, dispositivos, produtos, processos, sistemas e serviços novos ou aperfeiçoados.

(60). Para demonstrar como um ativo intangível gerará prováveis benefícios econômicos futuros, a entidade deve avaliar os benefícios econômicos a serem obtidos por meio desse ativo com base nos princípios do Pronunciamento Técnico CPC 01 – Redução ao Valor Recuperável de Ativos. Se o ativo gerar benefícios econômicos somente em conjunto com outros ativos, deve ser considerado o conceito de unidades geradoras de caixa previsto no Pronunciamento Técnico CPC 01 (R1).

(61). A disponibilidade de recursos para concluir, usar e obter os benefícios gerados por um ativo intangível pode ser evidenciada, por exemplo, por um plano de negócios que demonstre os recursos técnicos, financeiros e outros recursos necessários, e a capacidade da entidade de garantir esses recursos. Em alguns casos, a entidade demonstra a disponibilidade de recursos externos ao conseguir, junto a um financiador, indicação de que ele está disposto a financiar o plano.

(62). Os sistemas de custeio de uma entidade podem muitas vezes mensurar com confiabilidade o custo da geração interna de ativo intangível e outros gastos incorridos para obter direitos autorais, licenças ou para desenvolver *software* de computadores.

(63). **Marcas, títulos de publicações, listas de clientes e outros itens similares, gerados internamente, não devem ser reconhecidos como ativos intangíveis.**

(64). **Os gastos incorridos com marcas, títulos de publicações, listas de clientes e outros itens similares não podem ser separados dos custos relacionados ao desenvolvimento do negócio como um todo. Dessa forma, esses itens não devem ser reconhecidos como ativos intangíveis.**

Exemplo de contabilização de um ativo intangível gerado internamente – fase de desenvolvimento:

A empresa Factor S.A está desenvolvendo um novo Software para uso interno. Os gastos no desenvolvimento, numa primeira etapa, num determinado período, foram de R$ 5.000,00, pagos em dinheiro. A contabilização desses gastos será:

1 - Gastos com desenvolvimento do *Software* XXX – 00/00/X5		
D 1.3.3.001.05 Intangíveis em Desenvolvimento	5.000,00	
C 1.1.1.001.01 Caixa		5.000,00

Supondo-se que quando o Software estiver finalmente pronto para uso, atendendo a **Fase de Desenvolvimento** (ver item (57)), os gastos estejam acumulados em R$ 20.000,00, a Factor deverá transferir esse saldo para "*Softwares*", conforme exemplo abaixo:

2 - Desenvolvimento do Software XXX – Concluído conforme "Viabilidades Técnicas"... 00/00/X5		
D 1.3.3.001.03 Softwares	20.000,00	
C 1.3.3.001.05 Intangíveis em Desenvolvimento		20.000,00

Nota: **1.**Para efeito de Amortização do software a Factor deverá determinar qual o tempo de **Vida Util** bem como qual o **Valor Residual**;

2.Foram fixados em 5 anos, pela IN SRF nº 04/85 o prazo mínimo admissível para amortização de custos e despesas de aquisição e desenvolvimento de logiciais (*software*) utilizados em processamento de dados, taxa de 20% ao ano;

3.Os gastos (custos) que poderão ser incluídos na geração do Intangível estão no ítem **Custo de Ativo Intangível gerado internamente**.

9.9. Custo de ativo intangível gerado internamente

(65). O custo de ativo intangível gerado internamente que se qualifica para o reconhecimento contábil nos termos deste Pronunciamento como estabelecido no item (24) se restringe à soma dos gastos incorridos a partir da data em que o ativo intangível atende aos critérios de reconhecimento contidos nos itens (21), (22) e (57). O item (71) não permite a reintegração de gastos anteriormente reconhecidos como despesa.

(66). O custo de ativo intangível gerado internamente inclui todos os gastos diretamente atribuíveis, necessários à criação, produção e preparação do ativo para ser capaz de funcionar da forma pretendida pela administração. Exemplos de custos diretamente atribuíveis:

a) gastos com materiais e serviços consumidos ou utilizados na geração do ativo intangível;

b) custos de benefícios a empregados (conforme definido no Pronunciamento Técnico CPC 33 - Benefícios a Empregados) relacionados à geração do ativo intangível;

c) taxas de registro de direito legal; e

d) amortização de patentes e licenças utilizadas na geração do ativo intangível.

O Pronunciamento Técnico CPC 20 – Custos de Empréstimos especifica critérios para o reconhecimento dos juros como um elemento do custo de um ativo intangível gerado internamente.

(67). Os seguintes itens não são componentes do custo de ativo intangível gerado internamente:

a) gastos com vendas, administrativos e outros gastos indiretos, exceto se tais gastos puderem ser atribuídos diretamente à preparação do ativo para uso;

b) ineficiências identificadas e prejuízos operacionais iniciais incorridos antes do ativo atingir o desempenho planejado; e

c) gastos com o treinamento de pessoal para operar o ativo.

Exemplo do item 65

Uma entidade está desenvolvendo novo processo de produção. No exercício de 20X5, os gastos incorridos foram de $ 1.000, dos quais $ 900 foram incorridos antes de 1º de dezembro de 20X5 e $ 100 entre essa data e 31 de dezembro de 20X5. A entidade está apta a demonstrar que em 1º de dezembro de 20X5 o processo de produção atendia aos critérios para reconhecimento como ativo intangível. O valor recuperável do *know-how* incorporado no processo (inclusive futuras saídas de caixa para concluí-lo e deixá-lo pronto para uso) está estimado em $ 500.

Ao final de 20X5, o processo de produção está reconhecido como ativo intangível ao custo de $ 100 (gasto incorrido desde a data em que os critérios de reconhecimento foram atendidos, ou seja, 1º de dezembro de 20X5). Os gastos de $ 900 incorridos antes de 1º de dezembro de 20X5 devem ser reconhecidos como despesa porque os critérios de reconhecimento só foram atendidos nessa data, não podendo ser incluídos no custo do processo de produção reconhecido na data do balanço.

No exercício de 20X6, os gastos incorridos são de $ 2.000. Ao final de 20X6, o valor recuperável do *know-how* incorporado no processo (inclusive futuras saídas de caixa para concluí-lo e deixá-lo pronto para uso) está estimado em $1.900.

Ao final de 20X6, o custo do processo de produção é de $ 2.100 (gastos de $ 100 reconhecidos no final de 20X5 mais $ 2.000 reconhecidos em 20X6). A entidade deve reconhecer uma perda de valor de $ 200 para ajustar o valor contábil do processo antes dessa perda de valor ($ 2.100) ao seu valor recuperável ($ 1.900). Essa perda por redução no valor recuperável será revertida em um período posterior se os requerimentos de reversão de perda de valor, previstos no Pronunciamento Técnico CPC 01 - Redução ao Valor Recuperável de Ativos, forem atendidos.

9.10. Reconhecimento de despesa

(68). **Os gastos com um item intangível devem ser reconhecidos como despesa quando incorridos, exceto:**

a) se fizerem parte do custo de ativo intangível que atenda aos critérios de reconhecimento (ver itens (18) a (67)); ou

b) se o item é adquirido em uma combinação de negócios e não possa ser reconhecido como ativo intangível. Nesse caso, esse gasto (incluído no custo da combinação de negócios) deve fazer parte do valor atribuível ao ágio derivado da expectativa de rentabilidade futura (*goodwill*) na data de aquisição (ver Pronunciamento Técnico CPC 15).

(69). Em alguns casos são incorridos gastos para gerar benefícios econômicos futuros à entidade, sem a aquisição ou criação de ativo intangível ou outros ativos passíveis de serem reconhecidos. No caso do fornecimento de produtos, a entidade deve reconhecer esse gasto como despesa quando tiver o direito de acessar aqueles produtos. No caso do fornecimento de serviços, a entidade deve reconhecer o gasto como despesa quando receber os serviços. Por exemplo, gastos com pesquisa devem ser reconhecidos como despesa quando incorridos (ver item (54)), exceto quando forem adquiridos como parte de uma combinação de negócios. Exemplos de outros gastos a serem reconhecidos como despesa quando incorridos:

a) gastos com atividades pré-operacionais destinadas a constituir a empresa (ou seja, custo do início das operações), exceto se estiverem incluídas no custo de um item do ativo imobilizado, conforme Pronunciamento Técnico CPC 27 – Ativo Imobilizado. O custo do início das operações pode incluir custos de estabelecimento, tais como custos jurídicos e de secretaria, incorridos para constituir a pessoa jurídica, gastos para abrir novas instalações ou negócio (ou seja, custos pré-abertura) ou gastos com o início de novas unidades operacionais ou o lançamento de novos produtos ou processos;

b) gastos com treinamento;

c) gastos com publicidade e atividades promocionais (incluindo envio de catálogos); e

d) gastos com remanejamento ou reorganização, total ou parcial, da entidade.

(69A). A entidade tem o direito de acessar os produtos quando estes passam a ser de sua propriedade. Da mesma forma, ela tem o direito de acessar produtos que tenham sido desenvolvidos por um fornecedor, de acordo com os termos de contrato de fornecimento e cuja entrega possa ser exigida pela entidade em troca do pagamento efetuado. Serviços são recebidos quando são prestados por um fornecedor de acordo com contrato de prestação de serviços e não quando a entidade usa os mesmos para prestar outros serviços, como, por exemplo, para enviar material de publicidade aos clientes.

(70). O item (68) não impede que a entidade reconheça o pagamento antecipado como ativo, quando bens tenham sido pagos antes de a entidade obter o direito de acessar aqueles bens. De forma similar, o item (68) não impede que a entidade reconheça o pagamento antecipado como ativo, quando serviços tiverem sido pagos antes de a entidade receber esses serviços.

Despesa anterior não reconhecida como ativo

(71). Gastos com um item intangível reconhecidos inicialmente como despesa não devem ser reconhecidos como parte do custo de ativo intangível em data subsequente.

9.11. Vida útil

(88). **A entidade deve avaliar se a vida útil de ativo intangível é definida ou indefinida** e, no primeiro caso, a duração ou o volume de produção ou unidades semelhantes que formam essa vida útil. **A entidade deve atribuir vida útil indefinida a um ativo intangível quando, com base na**

análise de todos os fatores relevantes, não existe um limite previsível para o período durante o qual o ativo deverá gerar fluxos de caixa líquidos positivos para a entidade.

(89). A contabilização de ativo intangível baseia-se na sua vida útil. Um ativo intangível com vida útil definida deve ser amortizado (ver itens (97) a (106)), enquanto a de um ativo intangível com vida útil indefinida não deve ser amortizado (ver itens (107) a (110)). Os exemplos incluídos neste Pronunciamento ilustram a determinação da vida útil de diferentes ativos intangíveis e a sua posterior contabilização com base na determinação da vida útil.

(90). Muitos fatores devem ser considerados na determinação da vida útil de ativo intangível, inclusive:

a) a utilização prevista de um ativo pela entidade e se o ativo pode ser gerenciado eficientemente por outra equipe de administração;

b) os ciclos de vida típicos dos produtos do ativo e as informações públicas sobre estimativas de vida útil de ativos semelhantes, utilizados de maneira semelhante;

c) obsolescência técnica, tecnológica, comercial ou de outro tipo;

d) a estabilidade do setor em que o ativo opera e as mudanças na demanda de mercado para produtos ou serviços gerados pelo ativo;

e) medidas esperadas da concorrência ou de potenciais concorrentes;

f) o nível dos gastos de manutenção requerido para obter os benefícios econômicos futuros do ativo e a capacidade e a intenção da entidade para atingir tal nível;

g) o período de controle sobre o ativo e os limites legais ou similares para a sua utilização, tais como datas de vencimento dos arrendamentos/locações relacionados; e

h) se a vida útil do ativo depende da vida útil de outros ativos da entidade.

(91). **O termo "indefinida" não significa "infinita".** A vida útil de ativo intangível deve levar em consideração apenas a manutenção futura exigida para mantê-lo no nível de desempenho avaliado no momento da estimativa da sua vida útil e capacidade e intenção da entidade para atingir tal nível. A conclusão de que a vida útil de ativo intangível é indefinida não deve estar fundamentada em uma previsão de gastos futuros superiores ao necessário para mantê-lo nesse nível de desempenho.

(92). Considerando o histórico de rápidas alterações na tecnologia, os *softwares* e muitos outros ativos intangíveis estão suscetíveis à obsolescência tecnológica. **Portanto, é provável que sua vida útil seja curta.**

(93). A vida útil de ativo intangível pode ser muito longa ou até indefinida. A incerteza justifica a prudência na estimativa da sua vida útil, mas isso não justifica escolher um prazo tão curto que seja irreal.

(94). **A vida útil de ativo intangível resultante de direitos contratuais ou outros direitos legais não deve exceder a vigência desses direitos, podendo ser menor dependendo do período durante o qual a entidade espera utilizar o ativo.** Caso os direitos contratuais ou outros direitos legais sejam outorgados por um prazo limitado renovável, a vida útil do ativo intangível só deve incluir o prazo de renovação, se existirem evidências que suportem a renovação pela entidade sem custo significativo. A vida útil de um direito readquirido reconhecido como ativo intangível em uma combinação de negócios é o período contratual remanescente do contrato em que o direito foi concedido e não incluirá períodos de renovação.

(95). Podem existir tanto fatores econômicos como legais influenciando a vida útil de ativo intangível. Os fatores econômicos determinam o período durante o qual a entidade receberá benefícios econômicos futuros, enquanto os fatores legais podem restringir o período durante o qual a entidade controla o acesso a esses benefícios. A vida útil a ser considerada deve ser o menor dos períodos determinados por esses fatores.

(96). A existência dos fatores a seguir, entre outros, indica que a entidade está apta a renovar os direitos contratuais ou outros direitos legais sem custo significativo:

a) existem evidências, possivelmente com base na experiência, de que os direitos contratuais ou outros direitos legais serão renovados. Se a renovação depender de autorização de terceiros, devem ser incluídas evidências de que essa autorização será concedida;

b) existem evidências de que quaisquer condições necessárias para obter a renovação serão cumpridas; e

c) o custo de renovação para a entidade não é significativo se comparado aos benefícios econômicos futuros que se espera fluam para a entidade a partir dessa renovação.

Caso esse custo seja significativo, quando comparado aos benefícios econômicos futuros esperados, o custo de "renovação" deve representar, em essência, o custo de aquisição de um novo ativo intangível na data da renovação.

Exemplo de uma Vida Útil indefinida:

Em geral as "Marcas" são Intangíveis que não têm uma Vida Útil definida, ou seja, a empresa explorará esse Intang***ível por longo tempo. Por conseguinte, não sendo definida o tempo de Vida Útil, uma Marca não é amortizada.***

9.12. Ativo intangível com vida útil definida – Amortização

Período e método de amortização

(97). **O valor amortizável de ativo intangível com vida útil definida deve ser apropriado de forma sistemática ao longo da sua vida útil estimada. A amortização deve ser iniciada a partir do momento em que o ativo estiver disponível para uso, ou seja, quando se encontrar no local e nas condições necessários para que possa funcionar da maneira pretendida pela administração. A amortização deve cessar na data em que o ativo é classificado como mantido para venda ou incluído em um grupo de ativos classificado como mantido para venda, de acordo com o Pronunciamento Técnico CPC 31 – Ativo Não Circulante Mantido para Venda e Operação Descontinuada, ou, ainda, na data em que ele é baixado, o que ocorrer primeiro.** O método de amortização utilizado reflete o padrão de consumo pela entidade dos benefícios econômicos futuros. Se não for possível determinar esse padrão com confiabilidade, deve ser utilizado o método linear. A despesa de amortização para cada período deve ser reconhecida no resultado, a não ser que outra norma ou pronunciamento contábil permita ou exija a sua inclusão no valor contábil de outro ativo.

(98). **Podem ser utilizados vários métodos de amortização para apropriar de forma sistemática o valor amortizável de um ativo ao longo da sua vida útil. Tais métodos incluem o método linear, também conhecido como método de linha reta, o método dos saldos decrescentes e o método de unidades produzidas.** A seleção do método deve obedecer ao padrão de consumo dos benefícios econômicos futuros esperados, incorporados ao ativo, e aplicado consistentemente entre períodos, a não ser que exista alteração nesse padrão.

(99). **A amortização deve normalmente ser reconhecida no resultado.** No entanto, por vezes os benefícios econômicos futuros incorporados no ativo são absorvidos para a produção de outros ativos. **Nesses casos, a amortização faz parte do custo de outro ativo, devendo ser incluída no seu valor contábil. Por exemplo, a amortização de ativos intangíveis utilizados em processo de produção faz parte do valor contábil dos estoques (ver Pronunciamento Técnico CPC 16 – Estoques).**

Exemplo de amortização que não é despesa, mas custo que se integra a outro Ativo:

A empresa Tecnologia Júpiter está construindo um *drone* que será usando no sistema se segurança externo de seu parque fabril. Para construir o *drone*, ela utiliza um software próprio de altíssima tecnologia.

Seus gastos (custos) financeiros com o desenvolvimento do *drone* totalizaram R$ 50.000,00 e a amortização do software no período foi de R$ 5.000,00. Assim, a amortização do software integrará o custo do ativo "*drone*":

Construção do *Drone* Modelo XY – Período: 02/01/X1 A 30/12/X1

a. Gastos com desenvolvimento do Ativo	50.000,00
b. Amortizações do Software xxxx	5.000,00
c. Valor Contábil do *Drone*/Valor Amortizável	**55.000,00**

Lançamentos contábeis:

1- Construção *Drone* Modelo XY – Gastos em desenvolvimento 30/12/X1		
D 1.3.2.001.13 Construção de Ativos Próprios em Andamento	50.000,00	
C 1.1.1.001.01 Caixa		50.000,00

2 - Construção *Drone* Modelo XY – Amortizações de Softwares 30/12/X1		
D 1.3.2.001.13 Construção de Ativos Próprios em Andamento	5.000,00	
C 1.3.3.002.01 (-) Amortização Acumulada		5.000,00

O *Drone* Modelo XY está pronto e vai entrar em uso. Data: 31/12/X1

3 - Ativação do *Drone* Modelo XY conforme Homologação xxxx – 31/12/X1		
D 1.3.2.001.11 Aeronaves	55.000,00	
C 1.3.2.001.13 Construção de Ativos Próprios em Andamento		55.000,00

9.12.1. Método de amortização Linha Reta (ou Método Linear)

1) Ativo Intangível Software

a. Custo do Bem	60.000,00
b. Valor Residual	0
c. Valor Amortizável	60.000,00
d. Estimativa de Vida Útil	5 anos
e. Valor Amortizável	**60.000,00**
f. Valor Anual da Amortização	12.000,00
g. Valor Mensal da Amortização	**1.000,00**

O cálculo da Amortização anual será a divisão do **Valor Amortizável** pelo número de anos da **Vida Útil**. O registro contábil mensal da cota de Amortização (Linha Reta) será o valor anual dividido por doze meses.

Lançamento Contábil da Amortização, no mês seguinte, e nos próximos meses:

1 - Amortização *Software*, Cota 1/60 – 00/00/X5		
D 3.2.2.001.30 Despesas de Amortização	1.000,00	
C 1.3.2.002.01 (-) Amortização Acumulada		1.000,00

Nota: **1.**No caso de uma indústria, a Amortização na área produtiva pode compor os seus em Custos.

2. Foram fixados em 5 anos, pela IN SRF nº 04/85 o prazo mínimo admissível para amortização de custos e despesas de aquisição e desenvolvimento de logiciais (*software*) utilizados em processamento de dados, taxa de 20% ao ano;

9.12.2. Método de depreciação dos Saldos Decrescentes

A empresa Fábrica W Ltda. adquiriu uma Patente de um produto Y. O valor pago foi R$ 25.000,00, à vista em dinheiro. Essa Patente será explorada pela Fábrica W numa **Vida Útil** de 5 anos, com um **Valor Residual** "0".

1) Patente produto "Y"

a. Custo do Bem	25.000,00
b. Valor Residual	0
c. Valor Amortizável	25.000,00
d. Estimativa de Vida Útil	5 anos
e. Valor Amortizável	**25.000,00**

Três passos para calcular a Amortização pelo Método dos Saldos Decrescentes:

1º Passo: Saber o **Valor Amortizável** e o tempo a ser amortizado. No caso, o valor é R$ 25.000,00 por 5 anos;

2º Passo: Fazer uma soma algébrica do tempo a amortizar, nos moldes abaixo:

Soma dos algarismos dos números da vida útil: 1 + 2 + 3 + 4 + 5 = 15

3º Passo: Conforme **Quadro 1** abaixo, estabelecer os anos, a "fração" dos anos em relação à soma dos algarismos, efetuar o quociente dessa fração, e esse quociente aplicar sobre o total a ser amortizado. Para o ano 1, por exemplo, o percentual é 33,33%, que aplicado sobre R$ 25.000,00 resulta em R$ 8.333,00.

Quadro 1

Anos	Fração:	% a Amortizar	R$
1	5/15	33,33	8.333
2	4/15	26,67	6.667
3	3/15	20,00	5.000
4	2/15	13,33	3.333
5	1/15	6,67	1.667
Total:		**100%**	**25.000**

9.12.3. Método das "Unidades Produzidas"

A empresa Fábrica de Brinquedos MM Ltda. comprou uma Patente por R$ 40.000,00, em 02/01/20X3, pagamento à vista, em dinheiro. A MM estimou que esse direito produziria 10.000 unidades de um brinquedo por uma **Vida Útil** de cinco anos. Demonstrativo dos dados para amortização:

3. Compra de *Software*	
a. Custo do Bem	40.000,00
b. Valor Residual	0
c. Valor Amortizável	40.000,00
d. Quantidades Estimadas* **	**10.000,00**
e. Vida Útil 5 anos	

***Quantidades totais que a empresa planeja produzir por 5 anos.

Três passos para calcular a Amortização pelo Método das Unidades Produzidas:

1º Passo: Ter a projeção das quantidades a serem produzidas ano a ano, para os próximos 5 anos. Conforme **Quadro 1** abaixo, a empresa projeta produzir:

Quadro 1

Anos	Produção
20X3	3.000
20X4	2.500
20X5	2.000
20X6	1.500
20X7	1.000
Totais:	**10.000**

2º Passo: Sabendo a produção mensal, encontra-se o % de participação sobre o total. No caso, o primeiro ano (20x3) planeja produzir 3.000 unidades de um total de 10.000, ou seja, 30%. Aplicando-se esse percentual sobre o **Valor Amortizável**, tem-se um valor de R$ 12.000,00 para o ano 20X3. E assim sucessivamente para cálculo dos demais anos. Ao final do 5º. ano o total Amortizado será os R$ 40.000,00, conforme **Quadro 2**:

Quadro 2

Anos	Produção	% Participação	R$
20X3	3.000	30	12.000
20X4	2.500	25	10.000
20X5	2.000	20	8.000
20X6	1.500	15	6.000
20X7	1.000	10	4.000
Totais:	**10.000**	**100%**	**40.000**

9.13. Valor residual

(100). Deve-se presumir que o valor residual de ativo intangível com vida útil definida é zero, a não ser que:

a) haja compromisso de terceiros para comprar o ativo ao final da sua vida útil; ou

(b) exista mercado ativo (como definido no CPC 46) para ele e:

i) o valor residual possa ser determinado em relação a esse mercado; e

ii) seja provável que esse mercado continuará a existir ao final da vida útil do ativo.

(101). O valor amortizável de ativo com vida útil definida deve ser determinado após a dedução de seu valor residual. O valor residual diferente de zero implica que a entidade espera a alienação do ativo intangível antes do final de sua vida econômica.

(102). A estimativa do valor residual baseia-se no valor recuperável pela alienação, utilizando os preços em vigor na data da estimativa para a venda de ativo similar que tenha atingido o final de sua vida útil e que tenha sido operado em condições semelhantes àquelas em que o ativo será utilizado. O valor residual deve ser revisado pelo menos ao final de cada exercício. Uma alteração no valor residual deve ser contabilizada como mudança na estimativa contábil, de acordo com o Pronunciamento Técnico CPC 23 - Políticas Contábeis, Mudança de Estimativa e Retificação de Erro.

(103). O valor residual de ativo intangível pode ser aumentado. A despesa de amortização de ativo intangível será zero enquanto o valor residual subsequente for igual ou superior ao seu valor contábil.

9.14. Revisão do período e do método de amortização

(104). O período e o método de amortização de ativo intangível com vida útil definida devem ser revisados pelo menos ao final de cada exercício. Caso a vida útil prevista do ativo seja diferente de estimativas anteriores, o prazo de amortização deve ser devidamente alterado. Se houver alteração no padrão de consumo previsto, o método de amortização deve ser alterado para refletir essa mudança. Tais mudanças devem ser registradas como mudanças nas estimativas contábeis, de acordo com o Pronunciamento Técnico CPC 23 - Políticas Contábeis, Mudança de Estimativa e Retificação de Erro.

(105). Ao longo da vida de ativo intangível, pode ficar evidente que a estimativa de sua vida útil é inadequada. Por exemplo, o reconhecimento de prejuízo por perda de valor pode indicar que o prazo de amortização deve ser alterado.

(106). Com o decorrer do tempo, o padrão dos benefícios econômicos futuros gerados pelo ativo intangível que se espera ingressem na entidade pode mudar. Por exemplo, pode ficar evidente que o método dos saldos decrescentes é mais adequado que o método linear. Outro exemplo é o caso da utilização de direitos de licença que depende de medidas pendentes em relação a outros componentes do plano de negócios. Nesse caso, os benefícios econômicos gerados pelo ativo talvez só sejam auferidos em períodos posteriores.

9.15. Ativo intangível com vida útil indefinida

(107). **Ativo intangível com vida útil indefinida não deve ser amortizado.**

(108). De acordo com o Pronunciamento Técnico CPC 01 (R1) - Redução ao Valor Recuperável de Ativos, a entidade deve testar a perda de valor dos ativos intangíveis com vida útil indefinida, comparando o seu valor recuperável com o seu valor contábil:

a) anualmente; e

b) sempre que existam indícios de que o ativo intangível pode ter perdido valor.

9.16. Revisão da vida útil

(109). A vida útil de ativo intangível que não é amortizado deve ser revisada periodicamente para determinar se eventos e circunstâncias continuam a consubstanciar a avaliação de vida útil indefinida. Caso contrário, a mudança na avaliação de vida útil de indefinida para definida deve ser contabilizada como mudança de estimativa contábil, conforme Pronunciamento Técnico CPC 23.

(110). De acordo com o Pronunciamento Técnico CPC 01 (R1) - Redução ao Valor Recuperável de Ativos, a revisão da vida útil de ativo intangível de indefinida para definida é um indicador de que o ativo pode já não ter valor. Assim, a entidade deve testar a perda de valor do ativo em relação ao seu valor recuperável, de acordo com o referido Pronunciamento, reconhecendo a eventual desvalorização como perda.

9.17. Recuperação do valor contábil - perda por redução ao valor recuperável de ativos

(111). Para determinar se um ativo intangível já não tem valor, a entidade deve aplicar o Pronunciamento Técnico CPC 01 (R1) - Redução ao Valor Recuperável de Ativos. Esse Pronunciamento determina quando e como a entidade deve revisar o valor contábil de seus ativos, como determinar o seu valor recuperável e quando reconhecer ou reverter perda por desvalorização.

Nota: O CPC 01 (R1) é tratado em Capítulo deste livro.

9.18. Baixa de Ativo Intangível

(112). **O ativo intangível deve ser baixado:**

a) por ocasião de sua alienação; ou

b) quando não são esperados benefícios econômicos futuros com a sua utilização ou alienação.

(113). Os ganhos ou perdas decorrentes da baixa de ativo intangível devem ser determinados pela diferença entre o valor líquido da alienação, se houver, e o valor contábil do ativo. Esses ganhos ou perdas devem ser reconhecidos no resultado quando o ativo é baixado (a menos que o Pronunciamento Técnico CPC 06 – Operações de Arrendamento Mercantil venha a requerer outro tratamento em uma venda e *leaseback*), mas os ganhos não devem ser classificados como receitas de venda.

(114). **Existem várias formas de alienação de ativo intangível (por exemplo, venda, arrendamento financeiro ou doação)**. Para determinar a data da alienação de ativo, a entidade deve aplicar o critério, previsto no Pronunciamento Técnico CPC 30 – Receitas, de reconhecimento da receita de venda de produtos. O Pronunciamento Técnico CPC 06 – Operações de Arrendamento Mercantil deve ser aplicado à baixa por meio de uma venda e *leaseback.*

(115). Se, de acordo com o princípio de reconhecimento de ativo intangível previsto no item (21), a entidade reconhecer no valor contábil de ativo o custo de substituição de parte de ativo intangível, deve baixar o valor contábil da parcela substituída. Se a apuração desse valor contábil não for praticável para a entidade, esta pode utilizar o custo de substituição como indicador do custo da parcela substituída na época em que foi adquirida ou gerada internamente.

(115A). No caso de reaquisição de direitos por meio de uma combinação de negócios, se esses direitos forem subsequentemente revendidos a um terceiro, o correspondente valor contábil, se existir, deve ser utilizado para determinar o ganho ou a perda na revenda.

(116). A importância a receber pela alienação de ativo intangível deve ser reconhecida inicialmente pelo seu valor justo. Se esse pagamento for a prazo, o valor recebido deve ser reconhecido inicialmente pelo valor presente. A diferença entre o valor nominal da remuneração e seu valor presente deve ser reconhecida como receita de juros pela fluência do prazo, de acordo com o Pronunciamento Técnico CPC 30 – Receitas, refletindo o rendimento do valor a receber.

(117). A amortização de ativo intangível com vida útil definida não termina quando ele deixa de ser utilizado, a não ser que esteja completamente amortizado ou classificado como mantido para venda, de acordo com o Pronunciamento Técnico CPC 31 – Ativo Não Circulante Mantido para Venda e Operação Descontinuada.

Exemplo de uma baixa de Ativo por Alienação (Venda):

A empresa Editora K Ltda. vendeu o Direito Autoral de um *best-seller* por R$ 60.000,00, com recebimento à vista em dinheiro. O Direito Autoral estava contabilizado da seguinte forma:

Valor contabilizado do Direito Autoral:

Custo do Bem	150.000
(-) Amortização Acumulada	(80.000)
(=) Valor Contábil	**70.000**

Dica → Para contabilização de venda de Ativo é recomendável usar uma conta "de passagem", isto é, uma conta intermediária até que se apure as Amortizações e *Impairment* que houver. Essa conta intermediária pode ser, a critério do contabilista, "Venda de Ativos a Classificar". No plano de contas deste livro tem o código 4.0.0.000.03.

Contabilização da venda e Apuração do Ganho ou Perda na Venda do Intangível:

Lançamentos contábeis:

1 - Venda de Direito Autoral XXX à Cia. dos Livros. 00/00/X5		
D 1.1.1.001.01 Caixa	60.000,00	
C 4.0.0.000.03 Venda de Ativos a Classificar		60.000,00

Na sequência, o lançamento contábil final será:

2 - Apuração do Ganho/Perda Direito Autoral XXX à Empresa dos Livros. 00/00/X5		
D 4.0.0.000.03 Venda de Ativos a Classificar	60.000,00	
D 1.3.3.002.01 (-) Amortização Acumulada	80.000,00	
D 3.2.4.000.01 Perdas na Venda de Ativos	10.000,00	
C 1.3.3.001.04 Direitos Autorais		150.000,00

Como se pode ver no lançamento contábil 2, houve uma Perda na venda do Ativo de R$ 10.000,00.

Nota: A respeito de Baixa de Ativos, ver capítulo 19. Apêndice 1-Depreciação sob o aspecto Fiscal e Societário.

9.19. Gasto com pesquisa e desenvolvimento

(126). A entidade deve divulgar o total de gastos com pesquisa e desenvolvimento reconhecidos como despesas no período.

(127). Os gastos com pesquisa e desenvolvimento devem incluir todos os gastos diretamente atribuíveis às atividades de pesquisa ou de desenvolvimento (ver itens (66) e (67) para obter orientação sobre o tipo de gasto a incluir para efeito da exigência de divulgação prevista no item (126).

Exemplos ilustrativos

Estes exemplos acompanham, mas não fazem parte do Pronunciamento Técnico CPC 04 (R1) - Ativo Intangível.

9.19.1. Avaliação da vida útil de ativo intangível

A seguinte orientação proporciona exemplos sobre a determinação da vida útil de ativo intangível de acordo com o Pronunciamento Técnico CPC 04 (R1).

Cada um dos exemplos seguintes descreve um ativo intangível adquirido, os fatos e as circunstâncias que envolvem a determinação da sua vida útil e o reconhecimento subsequente baseado nessa determinação.

Exemplo 1 - lista de clientes adquirida

Uma entidade de *marketing* adquire uma lista de clientes e espera ser capaz de obter benefícios da informação contida na lista por pelo menos durante um ano, mas não mais do que três anos.

A lista de clientes deveria ser amortizada durante a melhor estimativa da administração em relação à sua vida útil econômica, por exemplo: 18 meses. Embora a entidade possa ter intenção de adicionar nomes de clientes e/ou outra informação à lista no futuro, os benefícios esperados da lista de clientes adquirida relacionam-se apenas com os clientes nessa lista na data em que foi adquirida. A lista de clientes também seria analisada quanto à necessidade de reconhecimento de perda por desvalorização de acordo com o Pronunciamento Técnico CPC 01 - Redução ao Valor Recuperável de Ativos, ao avaliar se há qualquer indicação de que a lista de clientes possa estar sujeita a uma perda.

Exemplo 2 - patente adquirida que expira após 15 anos

Espera-se que um produto protegido pela tecnologia patenteada seja fonte de geração de fluxos de caixa líquidos em benefício da entidade durante, pelo menos, 15 anos. A entidade tem o compromisso de um terceiro para comprar essa patente em cinco anos por 60% do valor justo da patente na data em que foi adquirida, e a entidade pretende vender a patente em cinco anos.

A patente seria amortizada durante os cinco anos de vida útil para a entidade, com um valor residual igual ao valor presente de 60% do valor justo da patente na data em que foi adquirida. A patente também seria analisada quanto à necessidade de reconhecimento de perda por desvalorização de acordo com o Pronunciamento Técnico CPC 01 - Redução ao Valor Recuperável de Ativos.

Exemplo 3 – copyright adquirido que tem vida legal remanescente de 50 anos

A análise dos hábitos dos consumidores e das tendências do mercado proporciona evidência de que o material com *copyright* irá gerar fluxos de caixa líquidos em benefício da entidade durante apenas mais 30 anos.

O *copyright* deve ser amortizado durante a sua vida útil estimada de 30 anos. O *copyright* também seria analisado quanto à necessidade de reconhecimento de perda por desvalorização de acordo com o Pronunciamento Técnico CPC 01 (R1) – Redução ao Valor Recuperável de Ativos.

Exemplo 4 – licença de transmissão (broadcasting) adquirida que expira após cinco anos

A licença de transmissão (*broadcasting*) é renovável a cada 10 anos se a entidade proporcionar pelo menos um nível médio de serviço aos seus clientes e cumprir os requisitos legislativos relevantes. A licença pode ser renovada indefinidamente a baixo custo e foi renovada duas vezes antes da aquisição mais recente. A entidade adquirente pretende renovar a licença indefinidamente e as evidências existentes suportam a sua capacidade para fazê-lo. Historicamente, não tem havido qualquer contestação quanto à renovação da licença. Não se espera que a tecnologia usada na transmissão seja substituída por outra tecnologia em futuro previsível. Portanto, espera-se que a licença contribua para os fluxos de caixa líquidos em benefício da entidade indefinidamente.

A licença de transmissão seria tratada como tendo vida útil indefinida porque se espera que contribua para os fluxos de caixa líquidos em benefício da entidade indefinidamente. Portanto, a licença não seria amortizada enquanto a sua vida útil não fosse determinada como definida. A licença deve ser testada quanto à necessidade de reconhecimento de perda por desvalorização de acordo com o Pronunciamento Técnico CPC 01 (R1) – Redução ao Valor Recuperável de Ativos.

Exemplo 5 – licença de transmissão do exemplo 4

A autoridade licenciadora subsequentemente decide que vai deixar de renovar as licenças de transmissão e, em vez disso, vai leiloar essas licenças. No momento em que a autoridade licenciadora toma essa decisão, a licença de transmissão da entidade tem três anos até expirar. A entidade espera que a licença continue a contribuir para os fluxos de caixa líquidos em favor da entidade até expirar.

Dado que a licença de transmissão já não pode ser renovada, a sua vida útil deixou de ser indefinida. Assim, a licença adquirida seria amortizada durante os três anos de vida útil que faltam e imediatamente testada quanto à necessidade de reconhecimento de perda por desvalorização de acordo com o Pronunciamento Técnico CPC 01 (R1) - Redução ao Valor Recuperável de Ativos.

Exemplo 6 - autorização de rota de linhas aéreas adquiridas entre duas cidades que expira após três anos

A autorização de rota pode ser renovada a cada cinco anos, e a entidade adquirente pretende cumprir as regras e regulamentos aplicáveis que envolvem a renovação. As renovações de autorizações de rota são rotineiramente concedidas a um custo mínimo e historicamente têm sido renovadas quando a linha aérea cumpre as regras e regulamentos aplicáveis. A entidade adquirente espera utilizar a rota entre as duas cidades indefinidamente a partir dos seus aeroportos centrais e espera que a infraestrutura de suporte relacionada (utilização de portões de aeroporto, *slots* e locações de instalações de terminais) continue a funcionar nesses aeroportos enquanto tiver a autorização de rota. Análises da procura e dos fluxos de caixa suportam esses pressupostos.

Dado que os fatos e as circunstâncias suportam a capacidade da entidade adquirente para continuar a fornecer serviços aéreos indefinidamente entre as duas cidades, o ativo intangível relacionado com a autorização de rota é tratado como tendo vida útil indefinida. Portanto, a autorização de rota não seria amortizada enquanto a sua vida útil não fosse determinada como definida. Seria testada quanto à necessidade de reconhecimento de perda por desvalorização de acordo com o Pronunciamento Técnico CPC 01 (R1) - Redução ao Valor Recuperável de Ativos.

Exemplo 7 - marca comercial adquirida usada para identificar e distinguir um produto de consumo que tem sido líder de mercado nos últimos oito anos

A marca comercial tem vida legal restante de cinco anos, mas é renovável a cada 10 anos a baixo custo. A entidade adquirente pretende renovar a marca comercial continuamente e a evidência suporta a sua capacidade para fazê-lo. Uma análise de (1) estudos sobre o ciclo de vida do produto, (2) tendências de mercado, competitivas e ambientais, e (3) oportunidades de extensão da marca proporcionam evidência de que o produto com marca comercial irá gerar fluxos de caixa líquidos para a entidade adquirente durante um período indefinido.

A marca comercial seria tratada como tendo vida útil indefinida porque se espera que contribua para fluxos de caixa líquidos para a entidade indefinidamente. Portanto, a marca comercial não seria amortizada enquanto a sua vida útil não fosse determinada como definida. Seria testada quanto à necessidade de reconhecimento de perda por desvalorização de acordo com o Pronunciamento Técnico CPC 01 (R1) – Redução ao Valor Recuperável de Ativos.

Exemplo 8 – marca comercial adquirida há 10 anos que distingue um produto de consumo líder

A marca comercial era considerada como tendo vida útil indefinida quando foi adquirida porque se esperava que o produto com a marca comercial gerasse fluxos de caixa líquidos para a entidade indefinidamente. Contudo, uma marca concorrente inesperada entrou recentemente no mercado e vai reduzir as futuras vendas do produto. A administração estima que os fluxos de caixa líquidos gerados pelo produto serão 20% inferiores no futuro previsível. Contudo, a administração espera que o produto continue a gerar fluxos de caixa líquidos para a entidade indefinidamente mesmo que por valores reduzidos.

Como resultado do decréscimo projetado nos futuros fluxos de caixa líquidos, a entidade determina que o valor recuperável estimado da marca comercial é inferior ao valor contábil, sendo reconhecida a perda por desvalorização. Dado que ainda é considerada como tendo vida útil indefinida, a marca comercial não seria amortizada, mas continuaria sujeita ao teste quanto à necessidade de reconhecimento de perda por desvalorização, de acordo com o Pronunciamento Técnico CPC 01 (R1) – Redução ao Valor Recuperável de Ativos.

Exemplo 9 – marca comercial para uma linha de produtos que foi adquirida há vários anos em combinação de negócios

No momento da combinação de negócios, a adquirida produzia a linha de produtos há 35 anos com muitos novos modelos desenvolvidos segundo a marca comercial. Na data de aquisição, a adquirente esperava continuar a produção da linha, e uma análise de vários fatores econômicos indicou que não havia limite para o período durante o qual a marca comercial iria contribuir para os fluxos de caixa líquidos da adquirente. Consequentemente, a marca comercial não foi amortizada pela adquirente. Contudo, a administração decidiu recentemente que a produção da linha de produtos será descontinuada em um prazo previsto de quatro anos.

Dado que a vida útil da marca comercial adquirida já não é mais considerada como indefinida, o valor contábil da marca comercial deve ser testado quanto à necessidade de reconhecimento de perda por desvalorização, de acordo com o Pronunciamento Técnico CPC 01 (R1) – Redução ao Valor Recuperável de Ativos, e amortizado durante os quatro anos de vida útil remanescentes.

Nota: 1. Exemplos 1 a 9 são partes integrantes do CPC 04 (R1).

9.20. Outras Taxas Anuais de Amortização

- Foram fixados em 5 anos, pela IN SRF nº 04/85 o prazo mínimo admissível para amortização de custos e despesas de aquisição e desenvolvimento de logiciais (*software*) utilizados em processamento de dados, taxa de 20% ao ano;
- *"O prazo de amortização dos valores de que tratam as alíneas "a" a "e" do inciso II do* ***art. 325*** *não poderá ser inferior a cinco anos (****Lei 4.506, de 1964****, art. 58, § 3º)".*

Art. 325. Poderão ser amortizados:

II – os custos, encargos ou despesas, registrados no ativo diferido, que contribuirão para a formação do resultado de mais de um período de apuração, tais como:

a) as despesas de organização pré-operacionais ou pré - industriais (**Lei 4.506, de 1964**, art. 58, § 3º, alínea "a");

b) as despesas com pesquisas científicas ou tecnológicas, inclusive com experimentação para criação ou aperfeiçoamento de produtos, processos, fórmulas e técnicas de produção, administração ou venda, de que trata o **caput** do **art. 349**, se o contribuinte optar pela sua capitalização (**Lei 4.506, de 1964**, art. 58, § 3º, alínea "b");

c) as despesas com prospecção e cubagem de jazidas ou depósitos, realizadas por concessionárias de pesquisa ou lavra de minérios, sob a orientação técnica de engenheiro de minas, de que trata o § 1º do **art. 349**, se o contribuinte optar pela sua capitalização (**Lei 4.506, de 1964**, art. 58, § 3º, alínea "b");

d) os custos e as despesas de desenvolvimento de jazidas e minas ou de expansão de atividades industriais, classificados como ativo diferido até o término da construção ou da preparação para exploração (**Lei 4.506, de 1964**, art. 58, § 3º, alínea "c");

e) parte dos custos, encargos e despesas operacionais registrados como ativo diferido durante o período em que a empresa, na fase inicial da operação, utilizou apenas parcialmente o seu equipamento ou as suas instalações (**Lei 4.506, de 1964**, art. 58, § 3º, alínea "d");

9.21. Questão

1.Uma entidade pode incorrer em gastos internos com o desenvolvimento e funcionamento do seu próprio sítio para internet (*website*) para acesso interno ou externo. Um *website* concebido para acesso externo pode ser utilizado para várias finalidades, tais como para promover e anunciar produtos e serviços de uma entidade, proporcionar serviços eletrônicos e vender produtos e serviços. Um *website* concebido para acesso interno pode ser utilizado para armazenar políticas da entidade e dados dos clientes, bem como para pesquisar informações relevantes.

2.As fases de desenvolvimento de um *website* podem ser descritas como segue:

a) Planejamento – inclui a realização de estudos de viabilidade, definindo objetivos e especificações, avaliando alternativas e escolhendo preferências.

b) Desenvolvimento de aplicativos e da infraestrutura – inclui a obtenção de um nome de domínio, a compra e desenvolvimento de *hardware* e *software* operativo, a instalação de aplicativos desenvolvidos e testes.

c) Desenvolvimento da concepção gráfica – inclui o desenho do aspecto gráfico das páginas *web*.

d) Desenvolvimento de conteúdos – inclui a criação, compra, preparação e transferência de informação, seja de natureza textual ou gráfica, no *website*, antes da conclusão do desenvolvimento do *website*. Essa informação pode ser armazenada em bases de dados individuais integradas no (ou acessadas a partir do) *website* ou diretamente codificada nas páginas *web*.

3.Uma vez concluído o desenvolvimento de um *website*, começa a fase de funcionamento. Durante essa fase, a entidade mantém e aperfeiçoa os aplicativos, infraestrutura, concepção gráfica e conteúdo do *website*.

4.Ao contabilizar os gastos internos com o desenvolvimento e funcionamento do *website* da entidade para acesso interno ou externo, as questões a serem levadas em consideração são as seguintes:

a) se o *website* se constitui em um ativo intangível gerado internamente e que está sujeito aos requerimentos do Pronunciamento Técnico CPC 04 (R1); e

b) o tratamento contábil apropriado para tais gastos.

5.Esta Interpretação não se aplica aos gastos com a aquisição, desenvolvimento e operação de *hardware* (por exemplo, servidores de sítio na internet, servidores de teste, servidores de produção e conexões à internet) de um sítio na internet. Gastos dessa natureza devem ser contabilizados, de acordo com o Pronunciamento Técnico CPC 27 – Ativo Imobilizado. Além disso, quando uma entidade incorre em gastos com um fornecedor de serviços da internet, o qual realiza a hospedagem do sítio da entidade, o gasto deve ser reconhecido como uma despesa, de acordo com o Pronunciamento Técnico CPC 26 – Apresentação das Demonstrações Contábeis, item 88, e com a Estrutura Conceitual para a Elaboração e Apresentação das Demonstrações Contábeis do CPC, quando os serviços são recebidos.

6.O Pronunciamento Técnico CPC 04 (R1) - Ativo Intangível não se aplica a ativos intangíveis mantidos por uma entidade para venda no curso normal dos negócios (ver Pronunciamentos Técnicos CPC 16 - Estoques e CPC 17 - Contratos de Construção), nem a arrendamentos dentro do alcance do Pronunciamento Técnico CPC 06. Consequentemente, esta Interpretação não deve ser aplicada aos gastos com o desenvolvimento ou a operação de um sítio na internet (ou *software* de sítio na internet) para venda a outra entidade. Quando um sítio na internet é arrendado por meio de arrendamento (*leasing*) operacional, o arrendador deve aplicar esta Interpretação. Quando um sítio na internet é arrendado nos termos de arrendamento (*leasing*) financeiro, o arrendatário deve aplicar esta Interpretação após o reconhecimento inicial do ativo arrendado.

9.21.1. Consenso

7. O *website* de uma entidade que decorra da fase de desenvolvimento e se destine ao acesso interno ou externo constitui um ativo intangível gerado internamente e que está sujeito aos requerimentos do Pronunciamento Técnico CPC 04 (R1).

8. Um *website* resultante de desenvolvimento deve ser reconhecido como ativo intangível se, e apenas se, além de atender os requerimentos gerais descritos no item (21) do Pronunciamento Técnico CPC 04 (R1) para reconhecimento e mensuração inicial, a entidade satisfizer os requerimentos especificados no item (57) do Pronunciamento Técnico CPC 04 (R1). Em particular, a entidade pode ter capacidade para satisfazer o requisito de demonstrar de que forma o seu *website* irá gerar prováveis benefícios econômicos futuros de acordo com o item 57(d) quando, por exemplo, o *website* tem capacidade para gerar receitas, incluindo receitas diretas decorrentes da disponibilização de um serviço de encomendas. A entidade não pode demonstrar de que forma um *website*, desenvolvido exclusiva e basicamente para promoção e publicidade dos seus produtos e serviços, irá gerar prováveis benefícios econômicos futuros e, assim, todos os gastos com o desenvolvimento de tal *website* devem ser reconhecidos como despesa no momento em que forem incorridos.

9.Qualquer gasto interno com o desenvolvimento e funcionamento do *website* de uma entidade deve ser contabilizado em conformidade com o Pronunciamento Técnico CPC 04 (R1). A natureza de cada atividade que tenha gerado gasto (por exemplo, formação de empregados e manutenção do *website*) e a fase de desenvolvimento ou pós-desenvolvimento do *website* devem ser avaliadas para determinar o tratamento contábil apropriado.

Por exemplo:

a) a fase do planejamento é semelhante em natureza à fase da pesquisa descrita nos itens (54) a (56) do Pronunciamento Técnico CPC 04 (R1). O gasto incorrido nessa fase deve ser reconhecido como despesa no momento em que for incorrido;

b) a fase do desenvolvimento de aplicações e da infraestrutura, a fase do desenho gráfico e a fase do desenvolvimento de conteúdos, na medida em que o conteúdo seja desenvolvido para efeitos que não sejam a publicidade e a promoção dos produtos e serviços de uma entidade, são semelhantes em natureza à fase de desenvolvimento descrita nos itens (57) a (64) do Pronunciamento Técnico CPC 04 (R1). O gasto incorrido nessas fases deve ser incluído no custo de um *website* reconhecido como ativo intangível, em conformidade com o item (8) desta Interpretação, quando o gasto puder ser diretamente atribuído e for necessário para a criação, produção ou preparação do *website* para que este seja capaz de funcionar da forma prevista pela administração. Por exemplo, o dispêndio com a aquisição ou criação de conteúdos (que não anunciem nem promovam os produtos e serviços de uma entidade) especificamente destinados a um *website*, ou o dispêndio incorrido para permitir a utilização dos conteúdos (por exemplo, uma taxa para adquirir uma licença de reprodução) no *website*, devem ser incluídos no custo de desenvolvimento quando essa condição for satisfeita. Porém, em conformidade com o item (71) do Pronunciamento Técnico CPC 04 (R1), o gasto com um item do intangível que inicialmente tenha sido reconhecido como despesa nas demonstrações contábeis anteriores não deve ser reconhecido como parte do custo de ativo intangível em data posterior (por exemplo, se os custos de direitos autorais (*copyright*) estiverem totalmente amortizados e o conteúdo for posteriormente disponibilizado num *website*);

c) o gasto incorrido na fase de desenvolvimento de conteúdos, na medida em que o conteúdo seja desenvolvido para anunciar e promover os produtos e serviços de uma entidade (por exemplo, fotografias digitais dos produtos), deve ser reconhecido como despesa quando incorrido em conformidade com o item (69 (c)) do Pronunciamento Técnico CPC 04 (R1). Por exemplo, ao contabilizar o gasto com serviços profissionais prestados para tirar fotografias digitais dos produtos de uma entidade e aperfeiçoar a respectiva apresentação, o gasto deve ser reconhecido como despesa na medida em que os serviços profissionais vão sendo prestados durante o processo e não quando as fotografias digitais forem apresentadas no *website;*

d) a fase de funcionamento começa quando o desenvolvimento de um *website* estiver concluído. O gasto incorrido nessa fase deve ser reconhecido como despesa quando incorrido, a menos que cumpra os critérios de reconhecimento enunciados no item (18) do Pronunciamento Técnico CPC 04 (R1).

10.Um *website* que seja reconhecido como ativo intangível nos termos do item (8) desta Interpretação deve ser mensurado após o reconhecimento inicial aplicando-se os requerimentos estipulados nos itens (72) a (87) do Pronunciamento Técnico CPC 04 (R1). A melhor estimativa da vida útil de um *website* deve ser curta.

Nota: O item **Questão** é fornecido pelo próprio CPC 04 (R1).

9.21.2. Exemplos de Aplicação - *Website*

Fase/Natureza do gasto	Tratamento contábil
Planejamento	
• realização de estudos de viabilidade. • definição de especificações de *hardware* e de *software.* • avaliação de produtos e fornecedores alternativos. • seleção de preferências.	Reconhecer como despesa quando incorrido de acordo com o item (54) do Pronunciamento Técnico CPC 04 (R1).
Desenvolvimento de aplicações e da infraestrutura	
• compra ou desenvolvimento de *hardware.*	Aplicar os requerimentos do Pronunciamento Técnico CPC 27 – Ativo Imobilizado.
• obtenção de um nome de domínio. • desenvolvimento de *software* operativo (por exemplo, sistema operativo e *software* de servidor). • desenvolvimento de código para a aplicação. • instalação das aplicações desenvolvidas no servidor. • *stress* teste.	Reconhecer como despesa quando incorrido, a menos que o dispêndio possa ser diretamente atribuído à preparação do *website* para funcionar da forma pretendida pela administração, e que o *website* satisfaça os critérios de reconhecimento dos itens (21) e (57) do Pronunciamento Técnico CPC 04 (R1) *.

Fase/Natureza do gasto	Tratamento contábil
Desenvolvimento do desenho gráfico	
• desenho da aparência (por exemplo, *layout* e cor) das páginas *web.*	Reconhecer como despesa quando incorrido, a menos que o gasto possa ser diretamente atribuído à preparação do *website* para funcionar da forma pretendida pela administração, e que o *website* satisfaça os critérios de reconhecimento dos itens (21) e (57) do Pronunciamento Técnico CPC 04 (R1) *.
Desenvolvimento do conteúdo	
• criação, aquisição, preparação (por exemplo, criação de ligações e identificação de códigos) e transferência de informação, seja de natureza textual ou gráfica, no *website*, antes da conclusão do desenvolvimento do *website.* Exemplos de conteúdo incluem informação sobre a entidade, produtos ou serviços disponibilizados para venda, e tópicos para acesso dos assinantes.	Reconhecer como despesa quando incorrido de acordo com o item (69 (c)) do Pronunciamento Técnico CPC 04 (R1) até o ponto em que o conteúdo seja desenvolvido para divulgar e promover os próprios produtos e serviços da entidade (por exemplo, fotografias digitais dos produtos). De outro modo, reconhecer como despesa quando incorrido, a menos que o dispêndio possa ser diretamente atribuído à preparação do *website* para funcionar da forma pretendida pela administração, e que o *website* satisfaça os critérios de reconhecimento dos itens (21) e (57) do Pronunciamento Técnico CPC 04 (R1) *.
Funcionamento	
• atualização de gráficos e revisão do conteúdo. • adição de novas funções, características e conteúdo. • registro do *website* em sistemas de pesquisa. • cópia de segurança dos dados. • revisão da segurança do acesso. • análise da utilização do *website.*	Avaliar se satisfaz a definição de ativo intangível e os critérios de reconhecimento definidos no item (18) do Pronunciamento Técnico CPC 04 (R1), caso em que o gasto deve ser reconhecido como valor do ativo do *website.*

Fase/Natureza do gasto	Tratamento contábil
Outros	
• Custos administrativos, com vendas, e outros gerais, a menos que possam ser diretamente atribuídos à preparação do *website* para funcionar da forma pretendida pela administração. • ineficiências claramente identificadas e perdas operacionais iniciais incorridas antes de o *website* atingir o desempenho planejado (por exemplo, testes de início de operação). • treinamento de empregados para operar o *website*.	Reconhecer como despesa quando incorrido, de acordo com os itens (65) a (70) do Pronunciamento Técnico CPC 04 (R1).

* Todo o custo com o desenvolvimento de um *website* exclusivo ou principalmente para promover e anunciar os próprios produtos e serviços da entidade deve ser reconhecido como despesa quando incorrido, de acordo com o item (68) do Pronunciamento Técnico CPC 04 (R1).

Nota: Neste Capítulo, para efeito de facilitação de estudo, foi abordado os Parágrafos principais do CPC 04 (R1) – Ativo Intangível. Para um estudo mais aprofundado sobre a matéria ver o CPC completo, disponível em http://www.cpc.org.br/CPC/Documentos-Emitidos/Pronunciamentos/Pronunciamento?Id=35

9.22. Exercícios – Intangíveis

9.22.1. Exercício 1: A empresa Luxor Ltda. está desenvolvendo internamente uma Patente de seu novo produto "tintas antipixação". Os seus gastos no desenvolvimento da Patente, pagos em dinheiro, foram:

1a) No primeiro período os gastos foram de R$ 10.000,00;

1b) Quando a Patente já estava pronta, e "*já havia demonstrado que cumpriu todas as exigências do CPC 04 (R1). 57*", a soma dos gastos era de R$ 72.000,00.

1c) A Vida Útil da Patente foi estabelecida pela Luxor em 6 anos;

1d) O Valor Residual após o 6º ano é *zero*.

Nessas condições, pede-se:

1e) Fazer os lançamentos contábeis dos itens 1a) e 1b)

1f) Demonstrar o valor das amortização da Patente do **Valor Depreciável** para os 6 anos, método "Linha Reta".

1g) Demonstrar o valor das Amortizações pelo método dos "Saldos Decrescentes".

9.22.2. Exercício 2: Assinale com "X" os Ativos que sofrem processo de Amortização:

( ) Caixa
( ) Veículos
( ) *Copyright*
( ) Duplicatas a Receber
( ) Matéria-Prima
( ) Adiantamentos a Fornecedores
( ) Reflorestamento
( ) Aplicações Financeiras
( ) Patentes
( ) Móveis e Utensílios
( ) Marcas
( ) *Softwares*
( ) Instalações
( ) Franquias

10. *Goodwill*[29]

Tratamento do *Goodwill* em operações societárias que resultam incorporação de empresas (combinação de negócios).

Segundo o **CPC 15 (IFRS 3) – Combinações de negócios,** todas as combinações de negócio devem ser contabilizadas pelo método da compra, ou seja, sempre existe o comprador, não existindo a figura da "fusão pura". Assim, quando uma empresa adquire outra surge a demonstração separada da investida. Na demonstração separada da investida os ativos e passivos identificáveis são reconhecidos pelo seu valor justo, a diferença entre o valor justo dos ativos/passivos e o valor contábil dos ativos/passivos é denominada mais valia, a diferença entre o valor justo dos ativos/passivos e o custo do investimento é o *goodwill*, que está representando ativos/passivos não identificáveis, como sinergia. Vamos apresentar um exemplo simples:

Exemplo - "Mais Valia" e Goodwill

Balanço Patrimonial contábil e o Balanço Patrimonial ao valor justo de uma adquirida.

A Cia A (adquirida) apresentou o seguinte Balanço Patrimonial contábil, quando na negociação com a adquirente (incorporadora) Cia Z:

Cia. Investida (R$)	**Quadro 1**	
	Valor Contábil	**Valor Justo**
Ativo	**300**	**350**
Caixa	100	100
Estoque	50	50
Imobilizado	150	200
Passivo + Pat. Líquido	**300**	**350**
Empréstimos	100	80
Provisões	50	100
Capital Social	150	150
Ajuste "Mais Valia"		20

29 Fonte: IFRS Brasil

A diferença entre o Balanço Contábil e o Balanço a Valor Justo é de R$ 20. Esta diferença refere-se ao ajuste ocorrido nas contas Imobilizado, Empréstimos e Provisões, ou seja:

Quadro 2

	Valor Contábil	Valor Justo	Ajuste
Imobilizado	150	200	50
Empréstimos	100	80	20
Provisões	50	100	(50)
	Ajuste Mais Valia*		**20**

***Dica →* 1.** "Mais Valia" é a diferença apurada entre o Balanço Patrimonial Contábil e o balanço apurado a Valor Justo. Caso, no exemplo, a diferença fosse negativa, teríamos uma situação de "Menos Valia" ou deságio. Lembramos que sempre é prudente, para comprovar o Valor Justo, munir-se de laudos emitidos por Perito ou por Auditor Independente, conforme CTA 20 de 11/04/2014 do CFC, que diz *"emissão de laudo de avaliação dos ativos líquidos a valor contábil ou dos ativos líquidos contábeis ajustados a preços de mercado. Geralmente, esses laudos são destinados a apoiar processos de incorporação, cisão ou fusão de entidades, de reestruturações societárias, de retirada ou ingresso de sócios, de encerramento de atividades, de operações específicas previstas em lei ou norma de órgãos reguladores".*

2. A Mais Valia oriunda do ajuste do Valor Justo não é contabilizada.

Agora, suponhamos uma situação ainda bem simples, onde uma investidora adquire 100% do capital desta investida por $170 (valor justo do ativo líquido da adquirida; Capital + Ajuste mais valia). Posteriormente a aquisição, a investida é incorporada, Vale ressaltar, que não existe regulamentação pelas IFRSs para operações societárias de empresas sob controle comum. O seguinte balanço passaria a ser o individual pós incorporação:

Quadro 3	**Pré incorporação**		**Pós Incorporação**
	Investidor	**Investida**	**Investidor**
Ativo	**870**	**350**	**1.050**
Caixa	200	100	300
Estoque	200	50	250
Investimento	170		**0**
Imobilizado	300	200	500

Passivo + Pat. Líquido	870	350	1.050
Empréstimos	270	80	350
Provisões	0	100	100
Capital Social	600	150	600
Ajuste Mais Valia		20	0

Como podemos ver, a ausência de *goodwill* fez com que a incorporação seja de simples contabilização, onde o investimento é substituído pelos ativos/passivos ao valor justo. Contudo, agora, vamos alterar o custo da aquisição: o investidor agora paga $200, surgindo um *goodwill de* $ 30 ($200 – $170). Neste caso, o *goodwill* deve ser mantido, contudo, testado por meio do teste de *impairment*. Agora, como continuar o contabilizando é algo de extrema complexidade (a baixa integral não nos parece correto na maioria das situações). Vamos exemplificar esta situação:

Quadro 4	Pré incorporação		Pós Incorporação
	Investidor	Investida	Investidor
Ativo	**900**	**350**	**1.080**
Caixa	200	100	300
Estoque	200	50	250
Investimento	200	0	0
Goodwill			*30*
Imobilizado	300	200	500
Passivo + Pat. Líquido	**900**	**350**	**1.080**
Empréstimos	300	80	380
Provisões	0	100	100
Capital Social	600	150	600
Ajuste Mais Valia		20	0

Caso a incorporação seja feita na investida, ou seja, a investida incorpora à investidora, não altera a contabilização do *goodwill*. Agora, vale relembrar que incorporação reversa não é igual a aquisição reversa. De acordo com o CPC 15, em muitas das aquisições reversas, a entidade adquirida é considera a adquirente, como quando empresas muito maiores que a investidora são adquiridas por uma empresa significativamente menor. Na prática, muitas operações societárias são realizadas por meio da constituição de uma empresa veículos (SPE). Assim, a adquirente cria um SPE (Sociedade de Propósito Específico), transferindo os recursos para aquisição da adquirente. Vamos supor o mesmo exemplo anterior (com *goodwill).*

Quadro 5	**Pré incorporação**		**Investida Incorporada**	**SPE Incorporada**
	SPE	**Investida**		
Ativo	**200**	**350**	**380**	**350**
Caixa	0	100	100	100
Estoque	0	50	50	50
Investimento	200		0	0
Goodwill			*30*	0
Imobilizado	0	200	200	200
Passivo + Pat. Líquido	**200**	**350**	**380**	**350**
Empréstimos	0	80	80	80
Provisões	0	100	100	100
Capital Social	200	150	200	170
Ajuste Mais Valia		20		

No caso em que a SPE seja incorporada pela controlada (incorporação reversa), o *goodwill,* normalmente, deve ser baixado, apenas eventuais benefícios resultantes do *goodwill* como vantagens tributárias devem permanecer reconhecidos. Nas situações inversas, ou seja, quando a SPE incorpora a controlada, a SPE perde a característica de "veículo". Desta maneira o *goodwill* deveria continuar reconhecido. A lógica dos tratamentos está suportada pela chamada *pushdown accounting*, não aceita formalmente pelas IFRSs, mas permitida em algumas jurisdições.

10.1. Exercícios de incorporação, "Mais Valia" e *Goodwill*

A empresa Cia Z adquiriu a Cia A no dia 30/06/20X3 por R$ 350,00 pagos em dinheiro. Os Balanços da Cia A estão no **Quadro 1** abaixo, e o Balanço Patrimonial da Cia. Z no **Quadro 3**.

Pede-se:

a) Lançamento contábil da compra da Cia A pela Cia Z;

b) Lançamentos contábeis da incorporação, pela Cia Z, do Balanço Patrimonial a Valor Justo da Cia A;

c) Novo Balanço Patrimonial da Cia Z após a incorporação.

Cia. A (R$) **Quadro 1**

	Valor Contábil	Valor Justo
Ativo	**500**	**550**
Caixa	100	100
Estoque	150	150
Imobilizado	250	300
Passivo + Pat. Líquido	**500**	**550**
Empréstimos	150	140
Provisões	100	120
Capital Social	250	250
Ajuste "Mais Valia"		40

A diferença referente ao Ajuste "Mais Valia" é referente valores constantes no **Quadro 2**:

Quadro 2

	Valor Contábil	Valor Justo	Ajuste
Imobilizado	250	300	50
Empréstimos	150	140	10
Provisões	100	120	-20
	Ajuste "Mais Valia"		**40**

Cia Z **Quadro 3**

	R$
Ativo	**1.000**
Caixa	400
Estoque	200
Investimento	0
Imobilizado	400
Passivo + Pat. Líquido	**1.000**
Empréstimos	200
Provisões	100
Capital Social	700

11. Exaustão

Definições de Exaustão segundo a Receita Federal do Brasil[30]

a) Em que consiste a exaustão, em termos contábeis?

Exaurir significa esgotar completamente. Em termos contábeis, a exaustão se relaciona com a perda de valor dos bens ou direitos do ativo, ao longo do tempo, decorrentes de sua exploração (extração ou aproveitamento).

b) Como serão apresentados no balanço os direitos sujeitos à exaustão?

No balanço, os direitos serão classificados no ativo imobilizado e deverão ser avaliados pelo custo de aquisição, deduzido do saldo da respectiva conta de exaustão acumulada (Lei nº 6.404, de 1976, art. 183, V).

c) Quando cabe o registro nas contas de exaustão?

A diminuição de valor dos elementos do ativo imobilizado será registrada periodicamente nas contas de exaustão, quando corresponder à perda do valor decorrente da sua exploração, de direitos cujo objeto sejam recursos minerais ou florestais, ou bens aplicados nessa exploração (Lei nº 6.404, de 1976, art. 183, § 2º, "c").

Nota: Sobre os procedimentos a serem observados no cálculo da quota anual de exaustão, consultar os arts. 330 e 334 do RIR/1999.

d) Quais os elementos do ativo sujeitos à quota de exaustão?

Registra-se a quota de exaustão somente sobre o custo dos direitos à exploração (aproveitamento) mineral ou florestal registrados no ativo.

Nota: O valor dos direitos contratuais de exploração de florestas por prazo determinado, na forma do art. 328 do RIR/1999, são objetos de amortização, e não de exaustão.

Exemplo de Ativos sujeitos à Exaustão: Recursos naturais – Minas, Florestas, Reservas Petrolíferas etc.

Exemplo contabilização de Exaustão:

30 http://www.receita.fazenda.gov.br/PessoaJuridica/DIPJ/2005/PergResp2005/pr389a392.htm

A empresa Areia & Cia. Ltda. adquiriu em 02/01/20X4 uma jazida de areia numa determinada região. O valor da aquisição da jazida foi de R$ 60.000,00, pagos à vista em dinheiro. A possança conhecida da jazida é de 60.000 m³ de areia, e o prazo de exploração é de 10 (dez) anos. A produção anual é de 6.000 m³ por ano, ou 500 m³ / média por mês.

Demonstrativo da situação contábil:

1 - Aquisição Concessão Jazida Areia conf. Contrato – 02/01/X4		
D 1.3.2.001.20 Recursos Minerais - Jazida de Areia	60.000,00	
C 1.1.1.001.01 Caixa		60.000,00

Dica → Segundo o CPC 04 (R1): *"Depreciação, amortização e exaustão é a alocação sistemática do valor depreciável, amortizável e exaurível de ativos durante sua vida útil."*

Cálculo da quota mensal/anual de exaustão, a ser apropriada como custo do período, conforme Quadro 1:

Quadro 1 – Valor das Exaustões a serem Apropriadas

1. Valor Contábil	**60.000,00**
2. Possança Total:	60.000 m³
3. Produção mensal: 500 m³ = 500 x 100 / 60.000 =	0,8333 %
4. Produção anual = 0,8333% x 12 =	10%
5. Custo Mensal = R$ 60.000,00 x 0,8333% =	500,00
6. Custo Anual = R$ 500,00 x 12 =	6.000,00

Mantidas as atuais condições e o atual ritmo de exploração da jazida, a contabilização anual será de R$ 6.000,00, e ao final do décimo ano o Valor Contábil estará "zerado".

Lançamento Contábil:

1 - Exaustão 12/120 da Jazida XXX, referente exercício 20X4 – 31/12/X4		
D 3.2.2.001.30 Despesas de Exaustão	6.000,00	
C 1.3.2.003.03 (-) Exaustão Acumulada		6.000,00

Nota: 1. O valor de R$ 6.000,00 será apropriado como Custo para a "Areia & Cia".

2. **Dedutibilidade de Recursos Minerais Inesgotáveis**. De acordo com o Artigo 330, § 3º do RI/99: "*O disposto neste artigo não contempla a exploração de jazidas minerais inesgotáveis ou de exaurimento indeterminável, como as de água mineral.*"

11.1. Depleção

O que é Depleção?

Matéria publicada no portal do Senado brasileiro[31] define o que é e o tamanho do volume de perda de óleo por Depleção em campos petrolíferos da Petrobras:

"*... De olho nisso, a companhia está, corretamente, investindo pesadamente no Proef, para corrigir a queda de produção na região que não está relacionada à* ***depleção natural****, que* é queda da produção por esvaziamento do reservatório que tem depósitos de petróleo que são finitos. *O índice de* ***depleção natural*** *da Petrobras é de 11% ano, mas na bacia de Campos em alguns campos gigantes como Marlim e Albacora a produção está caindo fortemente. Em Roncador, a produção caiu de 260 mil barris/dia em agosto para 174 mil barris/dia em setembro.*"

Para ter uma visão da magnitude da Depreciação/Amortização/Depleção na Petrobras, no seu balanço divulgado em 31/12/2014 traz um total consolidado de R$ 30,161 bi.

Petrobras S.A.

Demonstrativo do Imobilizado – Ano 2014 (Em Milhões de R$)

Saldo em 31 de dezembro de 2013	**533.880**
Adições	77.701
Constituição/revisão de estimativa de desmantelamento de áreas	5.096
Juros capitalizados	8.431
Baixas	(9.922)
Baixa de gastos adicionais capitalizados indevidamente	(5.792)
Transferências (***)	34.752
Depreciação, amortização e depleção	**(30.161)**
Impairment – constituição	(44.589)
Impairment – reversão	52
Ajuste acumulado de conversão	11.542
Saldo em 31 de dezembro de 2014*	**580.990**

*Saldo da conta Imobilizado em 31/12/2014

31 http://www2.senado.leg.br/bdsf/bitstream/handle/id/475335/complemento_1.htm?sequence=2

Contabilmente, a Depleção tem um tratamento similar à Exaustão, embora o termo **Depleção** refira-se mais especificamente à área de petróleo e gases.

11.2. Exercícios de Exaustão

11.2.1. Exercício 1: A empresa Indústria de Papel JJ S.A comprou uma área de 0,6 alqueires reflorestada com eucaliptos tipo "saligna", em condições de corte, em 02/01/20X3 por R$ 240.000,00 pagos à vista em dinheiro. A área tem 6.000 pés de eucalipto. A JJ extrai da área 1.200 pés de eucalipto por ano.

Pede-se:

a) Lançamento contábil da Compra;

b) Projeção e contabilização dos valores relativos à Exaustão mensal e anual futura do volume total de eucalipto.

11.2.2. Exercício 2: Assinale com "X" os Ativos que sofrem o processo de Exaustão:

Softwares	( )	Direitos Autorais	( )
Ferramentas	( )	Clientes	( )
Jazida de Pedras	( )	Patentes	( )
Mina de Água Mineral	( )	Poço de Petróleo	( )
Imóveis	( )	Terrenos	( )
Jazida de Ferro	( )	Floresta Natural	( )

12. Redução ao Valor Recuperável de Ativos[32] - Impairment

O que é Redução ao Valor Recuperável de Ativos – *Impairment*?

(1). É o estabelecimento de procedimentos que a entidade deve aplicar para assegurar que seus ativos estejam registrados contabilmente por valor que não exceda seus valores de recuperação. **Um ativo está registrado contabilmente por valor que excede seu valor de recuperação se o seu valor contábil exceder o montante a ser recuperado pelo uso ou pela venda do ativo.** Se esse for o caso, o ativo é caracterizado como sujeito ao reconhecimento de perdas, e o Pronunciamento Técnico requer que a entidade reconheça um **ajuste para perdas por desvalorização**. O Pronunciamento Técnico também especifica quando **a entidade deve reverter um ajuste para perdas por desvalorização** e estabelece as divulgações requeridas.

(3). Este Pronunciamento Técnico **não se aplica a estoques, ativos advindos de contratos de construção, ativos fiscais diferidos, ativos advindos de planos de benefícios a empregados ou ativos classificados como mantidos para venda (ou incluídos em grupo de ativos que seja classificado como disponível para venda)** em decorrência de os Pronunciamentos Técnicos do CPC vigentes aplicáveis a esses ativos conterem disposições orientadoras para reconhecimento e mensuração desses ativos.

12.1. Definições

(6). Os seguintes termos são utilizados neste Pronunciamento Técnico com os significados específicos que se seguem:

Valor contábil é o montante pelo qual o ativo está reconhecido no balanço depois da dedução de toda respectiva depreciação, amortização ou exaustão acumulada e ajuste para perdas.

Unidade geradora de caixa (UGC) é o menor grupo identificável de ativos que gera entradas de caixa, entradas essas que são em grande parte

32 Capítulo fundamentado no CPC 01 (R1) – Redução ao Valor Recuperável de Ativos; Impairment=Imparidade, Deterioração.

independentes das entradas de caixa de outros ativos ou outros grupos de ativos.

Despesas de venda ou de baixa são despesas incrementais diretamente atribuíveis à venda ou à baixa de um ativo ou de uma unidade geradora de caixa, excluindo as despesas financeiras e de impostos sobre o resultado gerado.

Valor justo *(líquido de despesas de venda)* é o preço que seria recebido pela venda de um ativo ou que seria pago pela transferência de um passivo em uma transação não forçada entre participantes do mercado na data de mensuração, menos as despesas estimadas de venda.

Valor recuperável de um ativo ou de unidade geradora de caixa é o maior montante entre o seu valor justo líquido de despesa de venda e o seu valor em uso.

Valor em uso é o valor presente de fluxos de caixa futuros esperados que devem advir de um ativo ou de unidade geradora de caixa.

12.2. Identificação de ativo que pode estar desvalorizado

(8). **O ativo está desvalorizado quando seu valor contábil excede seu valor recuperável. Os itens (12) a (14) descrevem algumas indicações de que essa perda possa ter ocorrido. Se qualquer dessas situações estiver presente, a entidade deve fazer uma estimativa formal do valor recuperável. Exceto conforme descrito no item (10), este Pronunciamento Técnico não requer que a entidade faça uma estimativa formal do valor recuperável se não houver indicação de possível desvalorização.**

(9). A entidade deve avaliar ao fim de cada período de reporte, se há alguma indicação de que um ativo possa ter sofrido desvalorização. Se houver alguma indicação, a entidade deve estimar o valor recuperável do ativo.

(10). Independentemente de existir, ou não, qualquer indicação de redução ao valor recuperável, a entidade deve:

a) **testar, no mínimo anualmente, a redução ao valor recuperável de um ativo intangível com vida útil indefinida ou de um ativo intangível ainda não disponível para uso, comparando o seu valor contábil com seu valor recuperável.** Esse teste de redução ao valor recuperável pode ser executado a qualquer momento no período de um ano, **desde que seja executado, todo ano, no mesmo período.** Ativos intangíveis diferentes podem ter o valor recuperável testado em períodos diferentes. Entretanto, se tais ativos intangíveis foram inicialmente reconhecidos durante o ano corrente, devem ter a redução ao valor recuperável testada antes do fim do ano corrente; e

b) testar, anualmente, o ágio pago por expectativa de rentabilidade futura (*goodwill*) em combinação de negócios (itens (80) a (99) do CPC 01 (R1)).

(11). A capacidade de um ativo intangível gerar benefícios econômicos futuros suficientes para recuperar seu valor contábil é usualmente sujeita a maior incerteza na fase em que o ativo ainda não está disponível para uso do que na fase em que ele já se encontra disponível para uso. Isso posto, este Pronunciamento Técnico requer que a entidade proceda ao teste por desvalorização, no mínimo anualmente, de ativo intangível que ainda não esteja disponível para uso.

(12). Ao avaliar se há alguma indicação de que um ativo possa ter sofrido desvalorização, a entidade deve considerar, no mínimo, as seguintes indicações:

12.2.1. Fontes externas de informação

a) há indicações observáveis de que o valor do ativo diminuiu significativamente durante o período, mais do que seria de se esperar como resultado da passagem do tempo ou do uso normal;

b) mudanças significativas com efeito adverso sobre a entidade ocorreram durante o período, ou ocorrerão em futuro próximo, no ambiente tecnológico, de mercado, econômico ou legal, no qual a entidade opera ou no mercado para o qual o ativo é utilizado;

c) as taxas de juros de mercado ou outras taxas de mercado de retorno sobre investimentos aumentaram durante o período, e esses aumentos provavelmente afetarão a taxa de desconto utilizada no cálculo do valor em uso de um ativo e diminuirão materialmente o valor recuperável do ativo;

d) o valor contábil do patrimônio líquido da entidade é maior do que o valor de suas ações no mercado;

12.2.2. Fontes internas de informação

e) evidência disponível de obsolescência ou de dano físico de um ativo;

f) mudanças significativas, com efeito adverso sobre a entidade, ocorreram durante o período, ou devem ocorrer em futuro próximo, na extensão pela qual, ou na maneira na qual, um ativo é ou será utilizado. Essas mudanças incluem o ativo que se torna inativo ou ocioso, planos para descontinuidade ou reestruturação da operação à qual um ativo pertence, planos para baixa de ativo antes da data anteriormente esperada e reavaliação da vida útil de ativo como finita ao invés de indefinida;

g) evidência disponível, proveniente de relatório interno, que indique que o desempenho econômico de um ativo é ou será pior que o esperado;

Dividendo de controlada, empreendimento controlado em conjunto ou coligada.

h) um investimento em controlada, empreendimento controlado em conjunto ou coligada, a investidora reconhece dividendo advindo desse investimento e existe evidência disponível de que:

i) o valor contábil do investimento nas demonstrações contábeis separadas excede os valores contábeis dos ativos líquidos da investida reconhecidos nas demonstrações consolidadas, incluindo eventual ágio por expectativa de rentabilidade futura (*goodwill*); ou

ii) o dividendo excede o total de lucro abrangente da controlada, empreendimento controlado em conjunto ou coligada no período em que o dividendo é declarado.

(13). A relação constante do item (12) não é exaustiva. A entidade pode identificar outras indicações ou fontes de informação de que um ativo pode ter se desvalorizado, exigindo que a entidade determine o seu valor recuperável ou, no caso do ágio pago por expectativa de rentabilidade futura (*goodwill*), proceda ao teste de recuperação (itens (80) a (99) do CPC 01 (R1)).

(14). Evidência proveniente de relatório interno que indique que um ativo pode ter se desvalorizado inclui a existência de:

a) fluxos de caixa para adquirir o ativo ou necessidades de caixa subsequentes para operar ou mantê-lo, que sejam significativamente mais elevadas do que originalmente orçadas;

b) luxos de caixa líquidos realizados ou lucros ou prejuízos operacionais gerados pelo ativo, que são significativamente piores do que aqueles orçados;

c) queda significativa nos fluxos de caixa líquidos orçados ou no lucro operacional, ou aumento significativo no prejuízo orçado, gerados pelo ativo; ou

d) prejuízos operacionais ou saídas de caixa líquidas advindos do ativo, quando os números do período atual são agregados com números orçados para o futuro.

(15). Conforme indicado no item (10), este Pronunciamento Técnico requer que um ativo intangível, com vida útil indefinida, ou ainda não disponível para uso, e o ágio por expectativa de rentabilidade futura (*goodwill*) sejam testados com relação à redução ao valor recuperável, pelo menos uma vez ao ano. Independentemente do momento em que as exigências do item (10) sejam aplicadas, o conceito de materialidade se aplica na identificação e verificação da necessidade de se estimar o valor recuperável de um ativo. Por exemplo, se cálculos prévios indicam que o valor recuperável de um ativo é significativamente maior do que seu valor contábil, a entidade não necessita estimar novamente o valor recuperável do ativo, desde que não tenham ocorrido eventos que eliminariam essa diferença. Do mesmo modo, a análise prévia pode indicar que o valor recuperável de um ativo não é sensível a uma ou mais das indicações relacionadas no item (12).

(16). Para ilustrar o item (15), se as taxas de juros de mercado ou outras taxas de mercado de retorno sobre investimentos aumentarem no período, a entidade não precisa fazer uma estimativa formal do valor recuperável de um ativo nos seguintes casos:

a) se for improvável que a taxa de desconto utilizada no cálculo do valor em uso do ativo tenha sido afetada pelo aumento nessas taxas de mercado. Por exemplo, os aumentos nas taxas de juros de curto prazo podem não ter efeito material sobre a taxa de desconto utilizada para um ativo que tenha vida útil remanescente longa;

b) se for provável que a taxa de desconto utilizada no cálculo do valor em uso do ativo tenha sido afetada pelo aumento nessas taxas de mercado, porém a análise prévia de sensibilidade do valor recuperável indique que:

i) é improvável que haja diminuição significativa no valor recuperável, porque os fluxos de caixa futuros provavelmente também aumentarão (exemplo: em alguns casos, a entidade pode ser capaz de demonstrar que ajusta suas receitas para compensar qualquer aumento nas taxas de mercado); ou

ii) é improvável que a diminuição no valor recuperável resulte em perda material por desvalorização.

(17). Se houver indicação de que um ativo possa ter sofrido desvalorização, isso pode indicar que a vida útil remanescente, o método de depreciação, amortização e exaustão ou o valor residual para o ativo necessitem ser revisados e ajustados em consonância com os Pronunciamentos Técnicos aplicáveis ao ativo, mesmo que nenhuma perda por desvalorização seja reconhecida para o ativo.

12.3. Mensuração do valor recuperável

(18). Este Pronunciamento define **valor recuperável como o maior valor entre o valor justo líquido de despesas de venda de um ativo ou de**

unidade geradora de caixa e o seu valor em uso. Os itens (19) a (57) estabelecem as exigências para mensuração do valor recuperável. Essas exigências usam o termo "um ativo", muito embora se apliquem igualmente a um ativo individual ou a uma unidade geradora de caixa.

(19). Nem sempre é necessário determinar o valor justo líquido de despesas de venda de um ativo e seu valor em uso. Se qualquer um desses montantes exceder o valor contábil do ativo, este não tem desvalorização e, portanto, não é necessário estimar o outro valor.

(20). É possível mensurar o valor justo líquido de despesas de alienação, mesmo que não haja preço cotado em mercado ativo para ativo idêntico. Entretanto, algumas vezes não é possível mensurar o valor justo líquido de despesas de alienação porque não há base para se fazer estimativa confiável do preço pelo qual uma transação ordenada para a venda do ativo ocorreria entre participantes do mercado na data de mensuração sob condições atuais de mercado. Nesse caso, o valor em uso pode ser utilizado como seu valor recuperável.

(21). Se não há razão para acreditar que o valor em uso de um ativo exceda materialmente seu valor justo líquido de despesas de venda, o valor justo líquido de despesas de venda do ativo pode ser considerado como seu valor recuperável. Esse será frequentemente o caso para um ativo que é mantido para alienação. Isso ocorre porque o valor em uso de ativo mantido para alienação corresponderá principalmente às receitas líquidas da baixa, uma vez que os futuros fluxos de caixa do uso contínuo do ativo, até sua baixa, provavelmente serão irrisórios.

(22). O valor recuperável é determinado para um ativo individual, a menos que o ativo não gere entradas de caixa provenientes de seu uso contínuo, que são, em grande parte, independentes daquelas provenientes de outros ativos ou de grupos de ativos. Se esse for o caso, o valor recuperável é determinado para a unidade geradora de caixa à qual o ativo pertence (ver itens (65) a (103) do CPC 01 (R1)), a menos que:

a) o valor justo líquido de despesas de venda do ativo seja maior do que seu valor contábil; ou

b) o valor em uso do ativo possa ser estimado como sendo próximo do valor justo líquido de despesas de alienação e este possa ser mensurado.

(23). Em alguns casos, estimativas, médias e cálculos sintéticos podem oferecer uma aproximação razoável dos cálculos detalhados demonstrados neste Pronunciamento para determinar o valor justo líquido de despesas de venda ou o valor em uso.

12.4. Mensuração do valor recuperável de ativo intangível com vida útil indefinida

(24). O item (10) requer que um ativo intangível com vida útil indefinida seja no mínimo testado anualmente com relação à redução ao valor recuperável, comparando o seu valor contábil com seu valor recuperável, independentemente de haver, ou não, alguma indicação de que possa existir redução ao valor recuperável. Entretanto, o mais recente cálculo detalhado do valor recuperável de tal ativo, efetuado em período anterior, pode ser utilizado no teste do valor recuperável para esse ativo no período corrente, desde que todos os seguintes critérios sejam atendidos:

a) se o ativo intangível não gerar entradas de caixa decorrentes do uso contínuo, que são, em grande parte, independentes daquelas decorrentes de outros ativos ou de grupo de ativos, sendo o ativo, portanto, testado para fins de valor recuperável como parte de unidade geradora de caixa à qual pertence, e os ativos e passivos que compõem essa unidade não tiverem sofrido alteração significativa desde o cálculo mais recente do valor recuperável;

b) o cálculo mais recente do valor recuperável tiver resultado em valor que excede o valor contábil do ativo com uma margem substancial; e

c) baseado em análise de eventos que ocorreram e em circunstâncias que mudaram desde o cálculo mais recente do valor recuperável, for remota a probabilidade de que a determinação do valor recuperável corrente seja menor do que o valor contábil do ativo.

12.5. Valor justo líquido de despesa de venda

(28). As despesas com a baixa, exceto as que já foram reconhecidas como passivo, devem ser deduzidas ao se mensurar o valor justo líquido de despesas de alienação. **Exemplos desses tipos de despesas são as despesas legais, tributos, despesas com a remoção do ativo e gastos diretos incrementais para deixar o ativo em condição de venda.** Entretanto, as despesas com demissão de empregados e as associadas à redução ou reorganização de um negócio em seguida à baixa de um ativo não são despesas incrementais para baixa do ativo.

(29). Em alguns momentos, a baixa de um ativo poderia exigir que o comprador assumisse um passivo e somente um único valor justo líquido de despesas de venda, contemplando o ativo e o passivo imputado ao comprador, estaria disponível. O item (78) explica como tratar essas situações.

12.6. Valor em uso

(30). Os seguintes elementos devem ser refletidos no cálculo do valor em uso do ativo:

a) estimativa dos fluxos de caixa futuros que a entidade espera obter com esse ativo;

b) expectativas acerca de possíveis variações no montante ou no período de ocorrência desses fluxos de caixa futuros;

c) valor do dinheiro no tempo, representado pela atual taxa de juros livre de risco;

d) preço pela assunção da incerteza inerente ao ativo (prêmio); e

e) outros fatores, tais como falta de liquidez, que participantes do mercado iriam considerar ao precificar os fluxos de caixa futuros esperados da entidade, advindos do ativo.

(31). A estimativa do valor em uso de um ativo envolve os seguintes passos:

a) estimar futuras entradas e saídas de caixa derivadas do uso contínuo do ativo e de sua baixa final; e

b) aplicar a taxa de desconto apropriada a esses fluxos de caixa futuros.

(32). Os elementos identificados nos itens 30(b), (d) e (e) podem estar refletidos como ajustes dos fluxos de caixa futuros ou como ajustes da taxa de desconto. Qualquer que seja a abordagem que a entidade adote para refletir expectativas acerca de possíveis variações no montante ou no período de ocorrência de fluxos de caixa futuros, o resultado deve refletir o valor presente esperado dos fluxos de caixa futuros, ou seja, a média ponderada de todos os resultados possíveis. O Apêndice A oferece orientações adicionais acerca da utilização de técnicas de valor presente para a mensuração do valor em uso de um ativo.

12.7. Base para estimativas de fluxos de caixa futuros

(33). Ao mensurar o valor em uso a entidade deve:

a) basear as projeções de fluxo de caixa em premissas razoáveis e fundamentadas que representem a melhor estimativa, por parte da administração, do conjunto (*range*) de condições econômicas que existirão ao longo da vida útil remanescente do ativo. Peso maior deve ser dado às evidências externas;

b) basear as projeções de fluxo de caixa nas previsões ou nos orçamentos financeiros mais recentes aprovados pela administração que, porém, devem excluir qualquer estimativa de fluxo de caixa que se espera surgir das reestruturações futuras ou da melhoria ou aprimoramento do desempenho do ativo. **As projeções baseadas nessas previsões ou orçamentos devem abranger, como regra geral, o período máximo de cinco anos, a menos que se justifique, fundamentadamente, um período mais longo;**

c) estimar as projeções de fluxo de caixa para além do período abrangido pelas previsões ou orçamentos mais recentes pela extrapolação das projeções baseadas em orçamentos ou previsões usando uma taxa de crescimento estável ou decrescente para anos subsequentes, a menos que uma taxa crescente possa ser devidamente justificada. Essa taxa de crescimento não deve exceder a taxa média de crescimento, de longo prazo, para os produtos, setores de indústria ou país ou países nos quais a entidade opera ou para o mercado no qual o ativo é utilizado, a menos que se justifique, fundamentadamente, uma taxa mais elevada.

(34). A administração deve avaliar a razoabilidade das premissas sobre as quais as atuais projeções de fluxos de caixa se baseiam, examinando as causas das diferenças entre as projeções passadas de fluxos de caixa e os fluxos de caixa atuais observados. A administração deve certificar-se de que as premissas sobre as quais suas projeções atuais de fluxos de caixa estão baseadas são consistentes com os resultados observados no passado, garantindo que os efeitos de eventos ou circunstâncias subsequentes, que não foram previstos quando os fluxos de caixa atuais observados foram estimados, tornem isso adequado.

(35). Geralmente, orçamentos e previsões financeiras de fluxos de caixa futuros para períodos superiores a cinco anos, detalhados, explícitos e confiáveis, não estão disponíveis. **Por essa razão, as estimativas da administração de fluxos de caixa futuros devem ser baseadas nos mais recentes orçamentos e previsões para um período máximo de cinco anos.** A administração pode utilizar projeções de fluxo de caixa baseadas em orçamentos e previsões financeiras para um período superior a cinco anos se estiver convicta de que essas projeções são confiáveis e se puder demonstrar sua capacidade, baseada na experiência passada, de fazer previsão acurada de fluxo de caixa para esse período mais longo.

(36). As projeções de fluxo de caixa até o fim da vida útil de um ativo devem ser estimadas pela extrapolação das projeções de fluxo de caixa baseadas em orçamentos e previsões financeiras, usando uma taxa de crescimento para anos subsequentes. Essa taxa deve ser estável ou decrescente, a menos que um aumento na taxa seja condizente com informações objetivas acerca dos padrões de ciclo de vida do produto ou setor econômico. Se apropriada, a taxa de crescimento deve ser zero ou negativa.

(37). Quando as condições estiverem favoráveis e atrativas, possivelmente concorrentes entrarão no mercado e restringirão o crescimento. Portanto, as entidades têm dificuldade em exceder a taxa média de crescimento histórico a longo prazo, por exemplo, vinte anos, para os produtos, setores econômicos ou país ou países nos quais a entidade opera ou no mercado no qual o ativo é utilizado.

(38). Ao utilizar informações de orçamentos e previsões financeiras, a entidade deve considerar se as informações refletem premissas razoáveis e fundamentadas, e se representam a melhor estimativa, por parte da administração, quanto ao conjunto de condições econômicas que existirão durante a vida útil remanescente do ativo.

12.8. Composição das estimativas de fluxos de caixa futuros

(39). As estimativas de fluxos de caixa futuros devem incluir:

a) projeções de entradas de caixa advindas do uso contínuo do ativo;

b) projeções de saídas de caixa que são necessariamente incorridas para gerar as entradas de caixa advindas do uso contínuo do ativo (incluindo as saídas de caixa para preparar o ativo para uso) e que podem ser diretamente atribuídas ou alocadas, em base consistente e razoável, ao ativo; e

d) se houver, fluxos de caixa líquidos a serem recebidos (ou pagos) quando da baixa do ativo ao término de sua vida útil.

(40). As estimativas de fluxos de caixa futuros e a taxa de desconto devem refletir premissas consistentes sobre aumentos de preço devido à inflação (aumento generalizado de preços). Portanto, se a taxa de desconto incluir o efeito dos aumentos de preço devido à inflação, os fluxos de caixa futuros devem ser estimados em termos nominais. Se a taxa de desconto excluir o efeito de aumentos de preço devido à inflação, os fluxos de caixa futuros devem ser estimados em termos reais (porém, devem incluir aumentos ou futuras reduções específicas de preços).

(41). As projeções de saídas de caixa devem incluir aquelas necessárias à utilização e manutenção habituais do ativo, bem como os custos indiretos futuros (*overheads*) que podem ser atribuídos diretamente ao uso do ativo, ou a ele alocados, em base razoável e consistente.

(42). Quando o valor contábil de um ativo não incluir ainda todas as saídas de caixa a serem incorridas antes de estar pronto para uso ou venda, a previsão de saídas de fluxos de caixa futuros deve incluir uma previsão de qualquer saída de caixa adicional que se espera incorrer antes que o ativo esteja pronto para uso ou venda. Por exemplo, esse é o caso de edifício em construção ou de projeto em desenvolvimento que ainda não foi concluído.

(43). Para evitar dupla contagem, as estimativas de fluxos de caixa futuros não devem incluir:

a) entradas de caixa advindas de ativos que geram outras entradas de caixa que são, em grande parte, independentes das entradas de caixa do ativo sob revisão (por exemplo, ativos financeiros como contas a receber); e

b) saídas de caixa que se referem a obrigações que já foram reconhecidas como passivos (por exemplo, contas a pagar, passivos de planos de pensão e provisões).

(44). Fluxos de caixa futuros devem ser estimados para o ativo em sua condição atual. As estimativas de fluxos de caixa futuros não devem incluir futuras entradas ou saídas de caixa previstas para as quais se tenha expectativa de advir de:

a) futura reestruturação com a qual a entidade ainda não está compromissada; ou

b) melhoria ou aprimoramento do desempenho do ativo.

(45). Em função de os fluxos de caixa futuros serem estimados para o ativo em sua condição atual, o valor em uso não deve refletir:

a) futuras saídas de caixa ou redução de gastos relacionados (por exemplo, reduções nos gastos com pessoal) ou benefícios que se tenha a expectativa de advir de futura reestruturação com a qual a entidade ainda não está comprometida; ou

b) futuras saídas de caixa que melhorarão ou aprimorarão o desempenho do ativo ou as entradas de caixa relacionadas para as quais se tenha a expectativa que advenham dessas saídas de caixa.

(46). Uma reestruturação é um programa que é planejado e controlado pela administração e muda significativamente o alcance do negócio levado a efeito por uma entidade ou a maneira sob a qual o negócio é conduzido. O Pronunciamento Técnico CPC 25 – Provisões, Passivos Contingentes e Ativos Contingentes contém orientação, elucidando quando a entidade está comprometida com uma reestruturação.

(47). Quando a entidade se torna comprometida com uma reestruturação, alguns ativos possivelmente serão afetados por essa reestruturação. Uma vez que a entidade esteja comprometida com a reestruturação:

a) sua estimativa de entradas e saídas futuras de caixa, com o objetivo de determinar o valor em uso, deve refletir a economia de custos e outros benefícios provenientes da reestruturação (com base nas mais recentes previsões financeiras ou orçamentos aprovados pela administração); e

b) sua estimativa de futuras saídas de caixa para a reestruturação é computada na provisão para reestruturação de acordo com o Pronunciamento Técnico CPC 25.

(48). Até que a entidade incorra em saídas de caixa que melhorem ou aprimorem o desempenho do ativo, as estimativas de fluxos de caixa futuros não devem incluir as entradas futuras estimadas de caixa para as quais se tenha a expectativa de advir do aumento de benefícios econômicos associados com as saídas de caixa.

(49). Estimativas de fluxos de caixa futuros incluem as saídas de caixa futuras necessárias para manter o nível de benefícios econômicos esperados gerados pelo ativo em sua condição atual. Quando a unidade geradora de caixa é composta por ativos com diferentes vidas úteis estimadas, sendo todos essenciais para a continuidade da operação da unidade, a reposição de ativos com vida útil mais curta é considerada como integrante do gasto relacionado à utilização e manutenção da unidade quando da estimativa dos fluxos de caixa futuros associados a essa unidade. De modo similar, quando um ativo individual é composto por itens com diferentes vidas úteis estimadas, a reposição de itens com vida mais curta é considerada como integrante do gasto relacionado à utilização e manutenção do ativo quando da estimativa dos fluxos de caixa futuros gerados por esse ativo.

(50). Estimativas de fluxos de caixa futuros não devem incluir:

a) entradas ou saídas de caixa provenientes de atividades de financiamento; ou

b) recebimentos ou pagamentos de tributos sobre a renda.

(51). Fluxos de caixa futuros estimados refletem premissas que são consistentes com a maneira pela qual a taxa de desconto é determinada. De outro modo, o efeito de algumas premissas será contado duas vezes ou ignorado. Em decorrência de o valor do dinheiro no tempo ser considerado no desconto de fluxos de caixa futuros estimados, esses fluxos de caixa excluem as entradas ou saídas de caixa provenientes das atividades de financiamento. Similarmente, uma vez que a taxa de desconto é determinada antes dos impostos, os fluxos de caixa futuros são também estimados antes de impostos.

(52). A estimativa de fluxos de caixa líquidos a serem recebidos (ou pagos) pela baixa de um ativo ao término de sua vida útil deve ser o montante que a entidade espera obter da baixa do ativo em transação com isenção de interesses entre partes conhecedoras e interessadas, após deduzir as despesas estimadas com a baixa.

(53). A estimativa de fluxos de caixa líquidos a serem recebidos (ou pagos) pela baixa de um ativo ao término de sua vida útil é determinada de modo semelhante para o valor justo líquido de despesas de venda do ativo, exceto que, ao estimar esses fluxos de caixa líquidos:

a) a entidade deve usar preços em vigor na data da estimativa para ativos semelhantes que atingiram o fim de sua vida útil e que operaram em condições semelhantes àquelas nas quais o ativo será utilizado;

b) a entidade deve ajustar esses preços tanto pelo efeito de aumentos futuros de preços devidos à inflação (aumento generalizado de preços), quanto para futuros aumentos ou diminuições específicas de preços. Entretanto, se as estimativas de fluxos de caixa futuros provenientes do uso contínuo do ativo e a taxa de desconto excluírem o efeito da inflação, a entidade também deve excluir esse efeito da estimativa de fluxos de caixa líquidos advindos da baixa.

(53A). **O valor justo difere do valor em uso**. O valor justo reflete as premissas que os participantes do mercado utilizam ao precificar o ativo. Por outro lado, o valor em uso reflete os efeitos de fatores que podem ser específicos para a entidade e não aplicáveis às entidades de modo geral. Por exemplo, o valor justo não reflete nenhum dos seguintes fatores, na medida em que eles geralmente não estejam disponíveis a participantes do mercado:

a) valor adicional obtido a partir do agrupamento de ativos (como, por exemplo, a criação de carteira de propriedades para investimento em diferentes locais);

b) sinergias entre o ativo que está sendo mensurado e outros ativos;

c) direitos legais ou restrições legais que sejam específicos somente ao proprietário atual do ativo; e

d) benefícios fiscais ou ônus fiscais que sejam específicos ao proprietário atual do ativo.

12.9. Taxa de desconto

(55). A taxa de desconto deve ser a taxa antes dos impostos, que reflita as avaliações atuais de mercado acerca:

a) do valor do dinheiro no tempo; e

b) dos riscos específicos do ativo para os quais as estimativas de fluxos de caixa futuros não tenham sido ajustadas.

(56). Uma taxa que reflita avaliações atuais de mercado do valor do dinheiro no tempo e dos riscos específicos do ativo é o retorno que os investidores exigiriam se eles tivessem que escolher um investimento que gerasse fluxos de caixa de montantes, tempo de ocorrência e perfil de risco equivalentes àqueles que a entidade espera que advenham do ativo. Essa taxa é estimada a partir de taxas implícitas em transações correntes de mercado para ativos semelhantes, ou ainda do custo médio ponderado de capital de companhia aberta listada em bolsa que tenha um ativo único (ou carteira de ativos) semelhante em termos de potencial de serviço e riscos do ativo sob revisão. Entretanto, a taxa de desconto (ou taxas) utilizada para mensurar o valor em uso do ativo não deve refletir os riscos para os quais os fluxos de caixa futuros estimados tenham sido ajustados. De outro modo, o efeito de algumas premissas será levado em consideração em duplicidade.

(57). Quando uma taxa específica de um ativo não estiver diretamente disponível no mercado, a entidade deve usar substitutos para estimar a taxa de desconto. O Apêndice A dispõe sobre informações adicionais quanto à estimativa de taxas de desconto em tais circunstâncias.

Exemplos de taxas que podem ser utilizadas como Taxa de Desconto: SELIC, Taxas de Inflação (INPC, IGP-M etc.), taxa da poupança, taxas DI--Depósito Interbancário etc.

12.10. Reconhecimento e mensuração de perda por desvalorização

(58). Os itens (59) a (64) estabelecem as exigências para reconhecer e mensurar perdas por desvalorização para um ativo individual com exceção do ágio por expectativa de rentabilidade futura (*goodwill*). O reconhecimento e a mensuração de perdas por desvalorização para uma unidade geradora de caixa e para o ágio por expectativa de rentabilidade futura (*goodwill*) (ver itens (65) a (108)).

(59). **Se, e somente se, o valor recuperável de um ativo for inferior ao seu valor contábil, o valor contábil do ativo deve ser reduzido ao seu valor recuperável. Essa redução representa uma perda por desvalorização do ativo.**

(60). **A perda por desvalorização do ativo deve ser reconhecida imediatamente na demonstração do resultado, a menos que o ativo te-**

nha sido reavaliado. Qualquer desvalorização de ativo reavaliado deve ser tratada como diminuição do saldo da reavaliação.

(61). A perda por desvalorização de ativo não reavaliado deve ser reconhecida na demonstração do resultado do exercício. Entretanto, a perda por desvalorização de ativo reavaliado deve ser reconhecida em outros resultados abrangentes (na reserva de reavaliação) na extensão em que a perda por desvalorização não exceder o saldo da reavaliação reconhecida para o mesmo ativo. Essa perda por desvalorização sobre o ativo reavaliado reduz a reavaliação reconhecida para o ativo.

(62). Quando o montante estimado da perda por desvalorização for maior do que o valor contábil do ativo ao qual se relaciona, a entidade deve reconhecer um passivo se, e somente se, isso for exigido por outro Pronunciamento Técnico.

(63). Depois do reconhecimento da perda por desvalorização, a despesa de depreciação, amortização ou exaustão do ativo deve ser ajustada em períodos futuros para alocar o valor contábil revisado do ativo, menos seu valor residual (se houver), em base sistemática ao longo de sua vida útil remanescente.

(64). Se a perda por desvalorização for reconhecida, quaisquer ativos ou passivos fiscais diferidos relacionados devem ser reconhecidos em consonância com o Pronunciamento Técnico CPC 32 - Tributos sobre o Lucro, comparando-se o valor contábil revisado do ativo com sua base fiscal.

12.11. Exemplos de estimativa de Valor Recuperável

(Parte integrante do CPC 01 (R1))

Exemplo
Uma entidade de mineração tem uma estrada de ferro particular para dar suporte às suas atividades de mineração. Essa estrada pode ser vendida somente pelo valor de sucata e ela não gera entradas de caixa que são, em grande parte, independentes das entradas de caixa provenientes de outros ativos da mina. *Não é possível estimar o valor recuperável da estrada de ferro privada porque seu valor em uso não pode ser determinado e é provavelmente diferente do valor de sucata. Portanto, a entidade deve estimar o valor recuperável da unidade geradora de caixa à qual a estrada de ferro particular pertence, isto é, a mina como um todo.*

Exemplo
Uma empresa de ônibus fornece serviços, sob contrato, a um município que requer a prestação de serviços mínima em cada uma das cinco linhas operadas. Os ativos alocados a cada linha e os fluxos de caixa provenientes de cada linha podem ser identificados separadamente. Uma das linhas opera com prejuízo significativo. *Como a entidade não tem a opção de eliminar nenhuma das linhas operadas, o nível mais baixo de entradas de caixa identificáveis que são substancialmente independentes das entradas de caixa provenientes de outros ativos ou grupos de ativos são as entradas de caixa geradas pelas cinco linhas em conjunto. A unidade geradora de caixa para cada linha é a empresa de ônibus como um todo.*

12.12. Valor recuperável e valor contábil de "unidade geradora de caixa"

(74). **O valor recuperável de uma unidade geradora de caixa é o maior valor entre o valor justo líquido de despesas de venda e o valor em uso. Para o propósito de determinar o montante recuperável de uma unidade geradora de caixa, qualquer referência a "um ativo", constante dos itens (19) a (57) deve ser lida como referência a "uma unidade geradora de caixa".**

(75). O valor contábil de uma unidade geradora de caixa deve ser determinado de maneira consistente com o modo pelo qual é determinado o montante recuperável da unidade geradora de caixa.

(76). O valor contábil de uma unidade geradora de caixa:

a) deve incluir somente o valor contábil daqueles ativos que podem ser atribuídos diretamente ou alocados em base razoável e consistente à unidade geradora de caixa, e que gerarão as futuras entradas de caixa utilizadas para determinar o valor em uso da unidade geradora de caixa; e

b) não deve incluir o valor contábil de qualquer passivo reconhecido, a menos que o valor recuperável da unidade geradora de caixa não possa ser determinado sem se considerar esse passivo.

Isso ocorre porque o valor justo líquido de despesas de venda e o valor em uso de uma unidade geradora de caixa devem ser determinados excluindo-se os fluxos de caixa que estão relacionados a ativos que não fazem parte da unidade geradora de caixa e passivos que tenham sido reconhecidos nas demonstrações contábeis (ver itens (28) e (43)).

(77). Quando os ativos são agregados para fins de avaliação do montante de recuperação, é importante incluir na unidade geradora de caixa todos os ativos que geram ou são utilizados para gerar fluxos relevantes de entradas de caixa. De outra forma, a unidade geradora de caixa pode parecer ser totalmente recuperável quando, de fato, ocorreu uma perda por desvalorização. Em alguns casos, mesmo que alguns ativos contribuam para os fluxos de caixa futuros estimados de uma unidade geradora de caixa, eles não podem ser alocados à unidade geradora de caixa em base razoável e consistente. Esse poderia ser o caso do ágio pago por expectativa de rentabilidade futura (*goodwill*) ou dos ativos corporativos, tais como ativos do escritório central. (Os itens (80) a (102) explicam como lidar com esses ativos ao testar uma unidade geradora de caixa para avaliar uma perda por desvalorização).

(78). Pode ser necessário considerar alguns passivos reconhecidos para determinar o valor recuperável da unidade geradora de caixa. Isso pode ocorrer se na baixa de uma unidade geradora de caixa houver a exigência de que o comprador assuma um passivo. Nesse caso, o valor justo líquido de despesas de alienação (ou o fluxo de caixa estimado advindo da baixa final) da unidade geradora de caixa é o preço de venda dos ativos da unidade geradora de caixa e o passivo em conjunto, menos as despesas a serem incorridas com a baixa. A fim de levar a efeito uma comparação que faça sentido entre o valor contábil da unidade geradora de caixa e o seu valor recuperável, o valor contábil do passivo deve ser deduzido ao se determinar tanto o valor em uso da unidade geradora de caixa quanto seu valor contábil.

Exemplos (do CPC 01 (R1)):

Exemplo
Uma entidade opera uma mina em um país cuja legislação exige que o proprietário restaure o local em que é desenvolvida a atividade exploratória, quando do término das atividades. O custo de restauração inclui a reposição da superfície ambiental que precisou ser removida antes que as operações da mina se iniciassem. A provisão para os custos de reposição da superfície ambiental foi reconhecida assim que ela foi removida. Esse valor foi reconhecido como parte do custo da mina e está sendo exaurido ao longo da sua vida útil. O valor contábil da provisão para os custos de restauração é de $ 500, que é igual ao valor presente desses custos de restauração.

A entidade está testando a mina para fins de perda por desvalorização. A unidade geradora de caixa da mina é ela como um todo. A entidade recebeu várias ofertas de compra da mina a um preço em torno de $ 800. Esse preço considera o fato de que o comprador assumirá a obrigação de restaurar o que for necessário. As despesas de venda da mina são desprezíveis. O valor em uso da mina é de aproximadamente $ 1.200, excluindo os custos de restauração. O valor contábil da mina é $ 1.000.

O valor justo líquido de despesas de venda da unidade geradora de caixa é de $ 800. Esse valor considera os custos de restauração que já foram provisionados. Como consequência, o valor em uso da unidade geradora de caixa é determinado depois de considerar os custos de restauração, e é estimado em $ 700 ($ 1.200 menos $ 500). O valor contábil da unidade geradora de caixa é de $ 500, que é o valor contábil da mina ($ 1.000) menos o valor contábil da provisão para custos de restauração ($ 500). Portanto, o valor recuperável da unidade geradora de caixa supera seu valor contábil.

12.13. Ativo corporativo

(100). **Ativos corporativos incluem os ativos do grupo ou de departamento ou divisão da entidade, tais como prédio da sede ou de divisão da entidade, ou equipamentos de processamento eletrônico de dados ou centro de pesquisas. A estrutura da entidade determina se um ativo atende à definição deste Pronunciamento de ativos corporativos para uma unidade geradora de caixa individual. As características peculiares dos ativos corporativos são as de que não geram entradas de caixa independentemente de outros ativos ou grupo de ativos, e que seu valor contábil não pode ser totalmente atribuído à unidade geradora de caixa sob revisão.**

(101). Em função de os ativos corporativos não gerarem entradas de caixa separadas, o valor recuperável de um ativo corporativo individual não pode ser determinado, a menos que a administração **tenha decidido se desfazer do ativo**. Como consequência, se houver indicação de que o ativo corporativo possa ter se desvalorizado, o valor recuperável deve ser determinado para a unidade geradora de caixa ou grupo de unidades geradoras de caixa à qual o ativo corporativo pertence, comparando este ao valor contábil dessa unidade geradora ou desse grupo de unidades geradoras de caixa. Qualquer perda por desvalorização deve ser reconhecida de acordo com o item (104).

(102) Ao testar uma unidade geradora de caixa para saber se houve desvalorização, a entidade deve identificar todos os ativos corporativos que

estão relacionados com a unidade geradora de caixa sob revisão. Se uma parcela do valor contábil do ativo corporativo:

a) puder ser alocada em base razoável e consistente àquela unidade, a entidade deve comparar o valor contábil da unidade, incluindo a parcela do valor contábil do ativo corporativo alocado a essa unidade, com o seu valor recuperável. Qualquer perda por desvalorização deve ser reconhecida de acordo com o item (104).

b) não puder ser alocada em base razoável e consistente àquela unidade, a entidade deve cumulativa e sequencialmente:

i) comparar o valor contábil da unidade, excluindo o ativo corporativo, com o seu valor recuperável e reconhecer qualquer perda por desvalorização de acordo com o item (104);

ii) identificar o menor grupo de unidades geradoras de caixa, que inclui a unidade geradora de caixa sob revisão, e ao qual uma parcela do valor contábil do ativo corporativo pode ser alocada em base razoável e consistente; e

iii) comparar o valor contábil do grupo de unidades geradoras de caixa, incluindo a parcela do valor contábil do ativo corporativo alocada a esse grupo de unidades, com o valor recuperável do grupo de unidades. Qualquer perda por desvalorização deve ser reconhecida de acordo com o item (104).

12.14. Desvalorização em uma unidade geradora de caixa

(104). Uma perda por desvalorização deve ser reconhecida para uma unidade geradora de caixa - o menor grupo da unidade geradora de caixa ao qual o ágio por expectativa de rentabilidade futura (*goodwill*) ou o ativo corporativo tenham sido alocados - se, e somente se, o valor recuperável da unidade (grupo de unidades) for menor do que o valor contábil da unidade (grupo de unidades). A perda por desvalorização deve ser alocada para reduzir o valor contábil dos ativos da unidade (grupo de unidades) na seguinte ordem:

a) primeiramente, para reduzir o valor contábil de qualquer ágio por expectativa de rentabilidade futura (*goodwill*) alocado à unidade geradora de caixa (grupo de unidades); e

b) a seguir, aos outros ativos da unidade (grupo de unidades) proporcionalmente ao valor contábil de cada ativo da unidade (grupo de unidades).

Essas reduções nos valores contábeis devem ser tratadas como perda por desvalorização de itens individuais dos ativos e reconhecidas de acordo com o item (60).

(105). **Ao alocar a perda por desvalorização de acordo com o item (104), a entidade não deve reduzir o valor contábil de um ativo abaixo do valor mais alto na comparação entre:**

a) seu valor justo líquido de despesas de alienação (se puder ser mensurado);

b) seu valor em uso (se puder ser determinado); e

c) zero.

O valor da perda por desvalorização que de outra forma teria sido alocado ao ativo deve ser alocado proporcionalmente aos outros ativos da unidade (grupo de unidades).

(106). Se não for praticável estimar o valor recuperável para cada ativo individualmente de uma unidade geradora de caixa, este Pronunciamento determina alocação arbitrária da perda por desvalorização entre os ativos dessa unidade, exceto o ágio por expectativa de resultado futuro (*goodwill*), porque todos os ativos de uma unidade geradora de caixa operam de forma conjunta.

(107). Se o valor recuperável de um ativo individual não puder ser determinado (ver item 67),

a) a perda por desvalorização deve ser reconhecida para o ativo se o seu valor contábil for maior do que o mais alto dos seguintes valores: seu valor justo líquido de despesas de venda e os resultados dos procedimentos de alocação descritos nos itens (104) e (105); e

b) nenhuma perda por desvalorização deve ser reconhecida para o ativo se a unidade geradora de caixa à qual está relacionado não sofrer perda por desvalorização. Isso se aplica mesmo se o valor justo líquido de despesas de venda do ativo for menor do que seu valor contábil.

Exemplo de uma máquina com dano físico (Exemplo integrante do CPC 01 (R1)):

Exemplo
Uma máquina teve um dano físico, mas ainda está operando, embora não tão bem quanto anteriormente ao dano físico. O valor justo líquido de despesas de venda da máquina é menor do que o seu valor contábil. A máquina não gera entradas de caixa independentes. O menor grupo de ativos identificável, que inclui a máquina e que gera entradas de caixa que são em grande parte independentes das entradas de caixa de outros ativos, é a linha de produção à qual a máquina pertence. O valor recuperável da linha de produção indica que a linha de produção tomada como um todo não sofreu desvalorização.

Premissa 1: orçamentos ou previsões aprovados pela administração não demonstram a obrigação da administração de substituir a máquina.

O valor recuperável da máquina sozinha não pode ser estimado, pois o valor em uso da máquina:

a) pode ser diferente de seu valor justo líquido de despesas de venda; e

b) pode ser determinado somente para a unidade geradora de caixa à qual a máquina pertence (a linha de produção).

A linha de produção não sofreu perda por desvalorização. Portanto, não há perda por desvalorização reconhecida para a máquina. Entretanto, a entidade pode necessitar reavaliar o período de depreciação ou o método de depreciação para a máquina. Talvez um período mais curto ou método mais rápido de depreciação seja exigido para refletir a vida útil remanescente da máquina ou as bases sobre as quais se esperam que os benefícios econômicos sejam usufruídos pela entidade.

Premissa 2: os orçamentos ou previsões aprovados pela administração demonstram o compromisso da administração de substituir a máquina e vendê-la em futuro próximo. Os fluxos de caixa provenientes de uso contínuo da máquina até sua baixa são estimados como desprezíveis.

O valor em uso da máquina pode ser estimado como próximo de seu valor justo líquido de despesas de venda. Portanto, o valor recuperável da máquina pode ser determinado e nenhuma consideração deve ser dada à unidade geradora de caixa à qual a máquina pertence (a linha de produção). Em função de o valor justo líquido de despesas de venda da máquina ser menor do que seu valor contábil, a perda por desvalorização deve ser reconhecida para a máquina.

*Exemplo de teste de Redução ao Valor Recuperável do Ativo – UGC – **cálc**ulos e contabilização. (Impairment).*

Cálculo do **Valor Contábil**, **Valor em Uso**, e **Valor Justo Líquido de Despesa de Venda.** A empresa Industrial MK S.A tem uma máquina extrusora de alumínio que vai passar por um teste de recuperabilidade. As informações contábeis sobre a UGC são as seguintes:

1. Cálculo do Valor Contábil:

Tabela 1 – Valor Contábil - Balancete de Verificação – 29/06/X5

Ativo	
Ativo Não Circulante	
Máquinas e Equipamentos	300.000,00
(-) Depreciação Acumulada	(60.000,00)
(=) Valor Contábil	**240.000,00**
Vida Útil 10 anos. Vida Útil restante de 8 anos. Valor Residual = 0	

2. Cálculo do Valor em Uso da UGC:

Conforme **Quadro 1**, tem-se os valores previstos dos "fluxos de caixa" para os próximos 5 anos. Esses são valores (vendas) que a máquina produzirá, menos os custos[1], conforme média obtida em períodos anteriores. No 6º ano a máquina será vendida por R$ 70.000,00.

Quadro 1 – Valor em Uso[2] da UGC – Previsão de Receitas em 30/06/X5:

Anos	**Fluxo Caixa $**	**Custos**	**Custos $**	**Fluxo Líq-do $**	**Taxa[3]**	**Fluxo Des-contado $**
1	33.000	10%	(3.300)	29.700	1,1375	26.110
2	35.000	11%	(3.850)	31.150	1,2939063	24.074
3	36.000	11%	(3.960)	32.040	1,4718184	21.769
4	33.000	10%	(3.300)	29.700	1,6741934	17.740
5	25.000	12%	(3.000)	22.000	1,904395	11.552
6	70.000	8%	(5.600)	64.400	2,1662493	29.729
Totais:	**232.000**	-	**(23.010)**	**208.990**	-	**130.974**

[1]custos referem-se aos Custos de produção, fixos, variáveis, diretos e Indiretos;

[2]**Valor em uso conforme itens (30), (31) e (56):**

a) "estimar futuras entradas e saídas de caixa derivadas do uso contínuo do ativo e de sua baixa final";

b) [3]Taxa de Desconto: Selic em Junho/2015: 13,75% ao ano.

Ainda conforme Quadro 1: Valor em Uso: projeção para os próximos 5 anos do "Fluxo de Caixa", "Custos" e "Fluxo Líquido" para essa máquina. A taxa é a Selic (juros compostos), que aplicada sobre o "Fluxo Líquido" obtém-se o "Fluxo Descontado", que nada mais é que o "dinheiro no tempo" trazido para a data presente (Valor Presente – *Present Value*).

Nota: Segundo o item (33): *"As projeções baseadas nessas previsões ou orçamentos devem abranger, como regra geral, o período máximo de cinco anos, a menos que se justifique, fundamentadamente, um período mais longo"*

3. Valor Justo Líquido de Despesa de Venda.

Tabela 2 – Valor Justo da Máquina (UGC) – Data: Junho/20X5

a. Valor de Venda R$	210.000,00
b. Despesas de Entrega:	(10.000,00)
c. Valor Justo Líquido de Despesas de Venda	**200.000,00**

Conforme **Tabela 2**, a Industrial MK, se fosse vender a máquina nesta data, o faria por R$ 210.000,00 menos as despesas para "realizar a venda" (comissão dos vendedores, despesa de transporte, seguro, embalagens) obteria um Valor Líquido de R$ 200.000,00.

4. Cálculo do Valor Recuperável (Redução do Valor Recuperável do Ativo) da (UGC)

"***Valor recuperável*** de um ativo ou de unidade geradora de caixa (UGC) é **o maior montante entre o seu valor justo líquido de despesa de venda e o seu valor em uso** (item 6)."

Nota: Valor em Uso R$ 130.974,00 e o Valor Justo Líquido de despesas de Vendas é R$ 200.000,00. Portanto, o maior montante é R$ 200.000,00.

Tabela 3 – Redução do Valor Recuperável da UGC:

a. Valor Contábil	240.000,00
b. Valor Justo Líquido de Despesas de Venda	**(200.000,00)**
c. Redução do Valor Recuperável (*Impairment*)	**40.000,00**

Nota: Caso o Valor Contábil fosse igual ou menor que R$ 200.000,00 não haveria **Redução do Valor Recuperável.**

5. Lançamento contábil da "perda por recuperabilidade":

1 - Valor Perda Recuperabilidade Extrusora de Alumínio.... - 30/06/X5		
D 3.2.2.001.33 Perdas com *Impairment*	40.000,00	
C 1.3.2.003.02 (-) *Impairment* Acumulado		40.000,00

6. Apresentação no Balancete de Verificação:

Tabela 4 – Balancete de Verificação – 30/06/20X5

Ativo	
Ativo Não Circulante	
Máquinas e Equipamentos	300.000,00
(-) Depreciação Acumulada	(60.000,00)
(-) *Impairment* Acumulado	(40.000,00)
Valor Contábil	**200.000,00**

Nota: 1. Na **Tabela 1**, o valor contábil do Ativo era R$ 240.000,00. Agora, na **Tabela 4** é R$ 200.000,00, ou seja, a contabilidade passou a espelhar o exato valor do Ativo, que é o Valor Justo Líquido da Despesa de Venda.

2.O novo Valor Contábil de R$ 200.000,00 será usado para depreciação futura do Ativo pelo restante de sua Vida Útil de oito anos.

12.15. Reversão de perda por desvalorização

(110). A entidade deve avaliar, ao término de cada período de reporte, se há alguma indicação de que a perda por desvalorização reconhecida em períodos anteriores para um ativo, *exceto o ágio por expectativa de rentabilidade futura* (*goodwill*), possa não mais existir ou ter diminuído. Se existir alguma indicação, a entidade deve estimar o valor recuperável desse ativo.

(111). Ao avaliar se há alguma indicação de que perda por desvalorização reconhecida em períodos anteriores para um ativo, exceto o ágio por expectativa de rentabilidade futura (*goodwill*), possa ter diminuído ou possa não mais existir, a entidade deve considerar, no mínimo, as seguintes indicações:

12.15.1. Fontes externas de informação

a) há indicações observáveis de que o valor do ativo tenha aumentado significativamente durante o período;

b) mudanças significativas, com efeito favorável sobre a entidade, tenham ocorrido durante o período, ou ocorrerão em futuro próximo, no ambiente tecnológico, de mercado, econômico ou legal no qual ela opera ou no mercado para o qual o ativo é destinado;

c) as taxas de juros de mercado ou outras taxas de mercado de retorno sobre investimentos tenham diminuído durante o período, e essas diminuições possivelmente tenham afetado a taxa de desconto utilizada no cálculo do valor em uso do ativo e aumentado seu valor recuperável materialmente;

12.15.2. Fontes internas de informação

d) mudanças significativas, com efeito favorável sobre a entidade, tenham ocorrido durante o período, ou se espera que ocorram em futuro próximo, na extensão ou na maneira por meio da qual o ativo é utilizado ou se espera que seja utilizado. Essas mudanças incluem custos incorridos durante o período para melhorar ou aprimorar o desempenho do ativo ou para reestruturar a operação à qual o ativo pertence;

e) há evidência disponível advinda dos relatórios internos que indica que o desempenho econômico do ativo é ou será melhor do que o esperado.

(119). **A reversão de perda por desvalorização de um ativo, exceto o ágio por expectativa de rentabilidade futura (*goodwill*), deve ser reconhecida imediatamente no resultado do período**, a menos que o ativo esteja registrado por valor reavaliado de acordo com outro Pronunciamento. Qualquer reversão de perda por desvalorização sobre ativo reavaliado deve ser tratada como aumento de reavaliação conforme tal Pronunciamento.

Exemplo de Reversão da Perda por Desvalorização (Impairment)

Cálculo do **Valor Contábil**, **Valor em Uso**, e **Valor Justo Líquido de Despesa de Venda.**

Conforme item (111) "*e) há evidência disponível advinda dos relatórios internos que indica que o desempenho econômico do ativo é ou será melhor do que o esperado*", a empresa Fabril GX Ltda. fez teste de recuperabilidade de uma máquina mandriladora. As informações contábeis sobre a UGC são as seguintes:

1. Cálculo do Valor Contábil:

Tabela 1 – Valor Contábil – Balancete de Verificação – 29/06/X5

Ativo	
Ativo Não Circulante	
Máquinas e Equipamentos	300.000,00
(-) Depreciação Acumulada	120.000,00)
(-) *Impairment* Acumulado	(50.000,00)
(=) Valor Contábil	**130.000,00**
Vida Útil de 10 anos. Vida Útil restante de 6 anos. Valor depreciável = 0	

2. Cálculo do Valor em Uso:

Conforme Quadro 1 abaixo, tem-se os valores previstos dos fluxos de caixa para os próximos 5 anos. Esses são valores de receitas de serviços que a máquina produzirá, menos os custos[1], conforme média obtida em períodos anteriores. No ano 6º a máquina será vendida por R$ 120.000,00.

Quadro 1 – Valor em Uso da UGC – Previsão de Receitas em 30/06/X5

Anos	Fluxo Caixa $	Custos	Custos $	Fluxo Líqdo $	Taxa[3]	Fluxo Descontado $
1	33.000	10%	(3.300)	29.700,00	1,1375	26.110
2	35.000	11%	(3.850)	31.150,00	1,2939063	24.074
3	36.000	11%	(3.960)	32.040,00	1,4718184	21.769
4	33.000	10%	(3.300)	29.700,00	1,6741934	17.740
5	25.000	12%	(3.000)	22.000,00	1,9043950	11.552
6	120.000	5%	(6.000)	114.000,00	2,1662493	52.626
Totais:	**282.000**	-	**(23.410)**	**258.590,00**	-	**153.871[2]**

[1]custos referem-se aos Custos dos Serviços,

[2]Valor em uso conforme itens (30), (31) e (56):

a) "estimar futuras entradas e saídas de caixa derivadas do uso contínuo do ativo e de sua baixa final";

b) [3]Taxa de Desconto: Selic em Junho/2015: 13,75% ao ano.

c) Custos da Venda da Máquina: comissões do vendedor, transporte, seguro.

Ainda conforme Quadro 1: Valor em Uso: projeção para os próximos 5 anos do Fluxo de Caixa, Custos e Fluxo Líquido para essa máquina. A taxa é a Selic (juros compostos), que aplicada sobre o "Fluxo Líquido" obtém-se o Fluxo Descontado, que nada mais é que o "dinheiro no tempo" trazido para a data presente (Valor Presente – *Present Value*).

3. Valor Justo Líquido de Despesa de Venda:

Tabela 2 – Valor Justo da Máquina – Data: Junho/20X5

a. Valor de Venda	145.000,00
b. Despesas de Entrega:	(5.000,00)
c. Valor Justo Líquido de Despesas de Venda	**140.000,00**

Conforme **Tabela 2**, a Fabril GX Ltda., se fosse vender a máquina nesta data, o faria por R$ 145.000,00 menos as despesas para "realizar a venda" (comissão dos vendedores, despesa de transporte, seguro) obteria um Valor Líquido de R$ 140.000,00.

4. Cálculo do Valor Recuperável (Redução do Valor Recuperável do Ativo) da (UGC):

"***Valor recuperável*** de um ativo ou de unidade geradora de caixa (UGC) é **o maior montante entre o seu valor justo líquido de despesa de venda e o seu valor em uso** (item 6)."

Nota: O Valor Justo Líquido de Despesa de Venda é R$ 140.000,00 e o Valor em Uso é R$ 153.871,00. Portanto, o maior montante é R$ 153.871,00

Tabela 3 – Redução do Valor Recuperável da UGC:

a. Valor Contábil	130.000,00
b. Valor em Uso	**(153.871,00)**
c. Reversão da Perda por Desvalorização (*Impairment*)	**(23.871,00)**

Nota: Caso o Valor Contábil fosse igual ou menor que R$ 130.000,00 não haveria **Reversão da Perda por Desvalorização.**

5. Lançamento contábil da perda por recuperabilidade (como Receitas):

1 - Reversão da Perda de Recuperabilidade da Mandriladora – 30/06/X5		
D 1.3.2.003.02 (-) *Impairment* Acumulado	23.871,00	
C 3.1.2.000.05 Reversão das Perdas de Recup. *Impairment*		23.871,00

6. Apresentação no Balancete de Verificação:

Tabela 4 – Balancete de Verificação – 30/06/X5

ATIVO	
Ativo Não Circulante	
Máquinas e Equipamentos	300.000,00
(-) Depreciação Acumulada	120.000,00)
(-) *Impairment* Acumulado	(26.129,00)
Valor Contábil	**153.871,00**

Nota: **1.** Na **Tabela 1**, o **Valor Contábil** do Ativo era R$ 130.000,00. Agora, na **Tabela 4** é R$ 153.871,00, ou seja, a contabilidade passou a espelhar o exato valor do Ativo, que é o Valor em Uso. O *Impairment* Acumulado era R$ 50.000,00, com o ajuste de R$ 23.871,00 o saldo ficou em R$ R$ 26.129,00.

2. Como a empresa não estipulou Valor Residual, o novo **Valor Contábil** de R$ 153.871,00 será usado para depreciação futura do Ativo pelo restante de sua Vida Útil de seis anos.

12.16. Exercícios de "teste de Redução ao Valor Recuperável do Ativo - UGC" - cálculos e contabilização (*Impairment*)

12.16.1. A empresa Helicópteros Z Ltda. tem um helicóptero R44-Robinson para aluguel. Seu Balancete de Verificação de 30/12/X4 apresentou os seguintes saldos:

1a) - Valor Contábil:

Tabela 1 – Valor Contábil – Balancete de Verificação – 30/12/X4

ATIVO	
Ativo Não Circulante	
Aeronaves	600.000,00
(-) Depreciação Acumulada	(60.000,00)
Valor Contábil:	**540.000,00**

1b) - Cálculo do Valor em Uso da UGC:

Conforme **Quadro 1** abaixo, tem-se os valores previstos dos "fluxos de caixa" para os próximos 5 anos. Esses valores são referentes às vendas de serviços do helicóptero, e os percentuais de custos foram atribuídos conforme médias obtidas em períodos anteriores. No 6º ano ele será vendido por R$ 200.000,00. A taxa de desconto é de 12% ao ano.

Quadro 1

Anos	Fluxo Caixa $	Custos
1	60.000	10%
2	65.000	11%
3	70.000	11%
4	75.000	10%
5	80.000	12%
6	200.000	7%
Totais:	**550.000**	-

1c) O Valor Justo é de R$ 450.000,00 e as "despesas de vendas" R$ 10.000,00.

Pede-se:

a) Calcular o Fluxo de Caixa Líquido do **Quadro 1**;

b) Calcular e contabilizar o *Impairment*;

c) Apresentar Balancete de Verificação em 31/12/X4.

13. CUSTOS
Custos Fixos Diretos e Indiretos & Custos Variáveis – Diretos e Indiretos[33]

13.1. Definições de Custos e Despesas

Custo: é a soma dos dispêndios em que se incorre direta ou indiretamente no processo de produção ou de prestação de serviços.

Despesa: é a soma dos dispêndios auxiliares e administrativos direta ou indiretamente utilizados em quaisquer tipos de entidades com o sem fins lucrativos.

Custo Fixo: em síntese é a parcela dos gastos gerais que não varia em relação à quantidade produzida.

Os custos fixos geralmente são formados por depreciações de máquinas, equipamentos, veículos, instalações, móveis e imóveis (da fábrica, das unidades de estocagem, dos escritórios).

Os custos fixos podem ser representados ainda por alugueis pagos pela locação de móveis e imóveis e por arrendamento mercantil (*leasing*) destes, entre outros bens contabilizados no Ativo Permanente, utilizados não só na produção como também nos setores de administração, vendas, estocagem, oficinas de manutenção de veículos, de equipamentos e das instalações, etc...

Custos Diretos: Custos Diretos são aqueles que incidem sobre determinado centro de custeamento sem necessidade de rateio com outros centros.

Custos Indiretos: Custos Indiretos são aqueles de incidem sobre vários centros de custeamento e por isso precisam ser rateados com outros mediante algum critério pré-estabelecido.

Custos Fixos Diretos: São aqueles apropriados diretamente a determinado Centro de Custeamento; geralmente se refere à **depreciação de bens do Ativo Permanente diretamente indispensáveis à produção ou prestação de determinado serviço, o que inclui móveis, utensílios, equipamentos e instalações; os custos fixos diretos também se referem à amortização de gastos pré-operacionais, assim como aos valores aplica-**

33 Definições conforme Cosif - http://cosif.com.br/mostra.asp?arquivo=cus_tipodecusto

dos em arrendamento mercantil de bens equivalentes aos do imobilizado de uso e também aos valores aplicados em franquias ou fundo de comércio por prazo determinado.

Custos Fixos Indiretos: São todos aqueles da mesma espécie dos referidos no item anterior, mas de uso comum por dois ou mais centros de custeamento e que, por isto, devem ser rateados. Entre os principais custos indiretos **está depreciação do imóvel único em que estejam distribuídas as diversas dependências da entidade produtora ou prestadora do serviço. Neste caso, o rateio das depreciações aos demais centros de custeamento será efetuado com base na quantidade de metros quadrados utilizados.**

Custo Variável: Custo Variável é a parcela dos gastos gerais que varia proporcionalmente à quantidade produzida.

Os custos variáveis geralmente são formados pelos gastos com matérias-primas e componentes necessários a produção dos bens ou serviços comercializados, incluindo as despesas com recursos humanos, energia elétrica, gás, telefone, água, materiais de escritório, limpeza e conservação dos bens, entre outras despesas necessárias à manutenção da atividade produtiva, que não sejam contabilizadas no Ativo Permanente e sim diretamente na contas de resultados devedoras (despesas).

Custos Variáveis Diretos: São todos os demais gastos necessários, aplicados direta e unicamente a determinado Centro de Custeamento, sem os quais não seria possível o seu funcionamento.

Custos Variáveis Indiretos: São todos aqueles gastos da mesma espécie dos referidos no item anterior, mas que, por serem de difícil apropriação direta, devem ser rateados por dois ou mais centros de custeamento. Como exemplo pode ser citado o caso do imóvel utilizado ser alugado, quando, então, o valor do aluguel será rateado por metro quadrado utilizado por centro de custeamento.

13.1.1. Definições de Custos pela Receita Federal do Brasil[34]

a) O que integra o custo de aquisição e o de produção dos bens ou serviços?

O custo de aquisição de mercadorias destinadas à revenda incluirá os de **transporte e seguro até o estabelecimento do contribuinte e os tributos não recuperáveis devidos na aquisição ou importação (RIR/1999, art. 289 e seus parágrafos).**

34 Receita Federal: http://www.receita.fazenda.gov.br/PessoaJuridica/DIPJ/2005/PergResp2005/pr327a334.htm

O custo da produção dos bens ou serviços compreenderá, obrigatoriamente (RIR/1999, art. 290):

1) o custo de aquisição de matérias-primas e quaisquer outros bens ou serviços aplicados ou consumidos na produção, inclusive os de transporte e seguro até o estabelecimento do contribuinte e os tributos não recuperáveis devidos na aquisição ou importação;

2) o custo do pessoal aplicado na produção, inclusive na supervisão direta, manutenção e guarda das instalações de produção;

3) os custos de locação, manutenção e reparo e os encargos de depreciação dos bens aplicados na produção;

4) os encargos de amortização, diretamente relacionados com a produção;

5) os encargos de exaustão dos recursos naturais utilizados na produção.

b) A aquisição de bens de consumo eventual poderá ser considerada como custo? O que se considera como bem de consumo eventual?

Sim. A aquisição de bens de consumo eventual cujo valor não exceda a 5% do custo total dos produtos vendidos no período de apuração anterior poderá ser registrada diretamente como custo (RIR/1999, art. 290, parágrafo único).

De acordo com o PN CST nº 70, de 1979, considera-se como de consumo eventual aquele bem aplicável nas atividades industriais ou no setor de prestação de serviços, ocasionalmente, sem regularidade.

c) Qual o tratamento a ser adotado com relação às quebras e perdas?

Consideram-se como integrantes do custo as perdas e quebras razoáveis, de acordo com a natureza do bem e da atividade, ocorridas na fabricação, no transporte e no manuseio, bem assim as quebras e perdas de estoque por deterioração, obsolescência ou pela ocorrência de riscos não cobertos por seguros, desde que comprovadas por laudos ou certificados emitidos por autoridade competente (autoridade sanitária, corpo de bombeiros, autoridade fiscal etc.) que identifiquem as quantidades destruídas ou inutilizadas e as razões da providência (RIR/1999, art. 291).

c) Quando a pessoa jurídica deverá fazer o levantamento e avaliação dos seus estoques?

De acordo com o art. 292 do RIR/1999, a pessoa jurídica deverá promover o levantamento e avaliação dos seus estoques ao final de cada período-base de apuração do imposto.

Assim, tendo em vista as disposições contidas na Lei nº 9.430, de 1996, que preveem a apuração do lucro real, base de cálculo do imposto de renda por períodos trimestrais ou, por opção, em 31 de dezembro na hipótese de recolhimentos mensais com base na estimativa, conclui-se que a pessoa jurídica estará obrigada a promover o levantamento e avaliação dos seus estoques com a seguinte periodicidade:

1. pessoas jurídicas que fizerem apuração trimestral deverão fazer o levantamento e avaliação em 31 de março, 30 de junho, 30 de setembro e 31 de dezembro;

2. pessoas jurídicas que optarem pela apuração anual farão o levantamento e avaliação anualmente em 31 de dezembro.

Notas: A escrituração do livro de inventário deverá obedecer à mesma periodicidade do levantamento físico dos estoques.

Na hipótese de suspensão ou redução do pagamento mensal, para fins de recolhimentos com base na estimativa, é dada a opção à pessoa jurídica para que somente promova o levantamento e a avaliação de seus estoques, segundo a legislação específica, ao final de cada período anual, em 31 de dezembro (IN SRF nº 51, de 1995, art. 10 c/c a IN SRF nº 93, de 1997, art. 12, § 4º).

d) Como se determina o custo dos bens para apuração dos resultados e avaliação dos estoques?

O custo das mercadorias revendidas e das matérias-primas utilizadas será determinado com base em registro permanente de estoque ou no valor dos estoques existentes, de acordo com o livro de inventário, no fim do período de apuração (RIR/1999, art. 289).

O valor dos bens existentes no encerramento do período-base poderá ser o custo médio ou dos bens adquiridos ou produzidos mais recentemente. Admite-se a avaliação com base no preço de venda subtraída a margem de lucro (RIR/1999, art. 295).

O contribuinte que mantiver sistema de custo integrado e coordenado com o restante da escrituração poderá utilizar os custos apurados para avaliação dos estoques de produtos em fabricação e acabados (RIR/1999, art. 294, § 1º).

e) Na ausência de sistema de contabilidade de custo integrado e coordenado com a escrituração, como o contribuinte deverá proceder para apurar o custo?

Se a escrituração do contribuinte não possibilitar a apuração de custo com base no sistema de contabilidade de custo integrado e coordenado com o restante da escrituração, os estoques deverão ser avaliados de acordo com o seguinte critério (RIR/1999, art. 296):

1. os de materiais em processamento, por uma vez e meia o maior custo das matérias-primas adquiridas no período, ou em 80% do valor dos produtos acabados, determinado de acordo com a alínea "b" a seguir;

2. os dos produtos acabados, em 70% do maior preço de venda no período de apuração.

Notas: Os estoques de produtos agrícolas, animais e extrativos poderão ser avaliados pelos preços correntes de mercado, conforme as práticas usuais em cada tipo de atividade (RIR/1999, art. 297). Essa faculdade é aplicável aos produtores, comerciantes e industriais que lidam com esses produtos (PN CST nº 5, de 1986, subitem 3.3.1.2).

A contrapartida do aumento do ativo, em decorrência da atualização do valor dos estoques de produtos agrícolas, animais e extrativos destinados à venda, tanto em virtude do registro no estoque de crias nascidas no período de apuração, como pela avaliação do estoque a preço de mercado, constitui receita operacional, que comporá a base de cálculo do imposto sobre a renda no período de apuração em que ocorrer a venda dos respectivos estoques. Neste caso, a receita operacional constituirá exclusão do lucro líquido e deverá ser controlada na Parte B do Lalur. No período de apuração em que ocorrer a venda dos estoques atualizados, ela deverá ser adicionada ao lucro líquido para efeito de determinar o lucro real (IN SRF nº 257, de 2002, art. 16).

f) O maior preço de venda no período de apuração para avaliação dos estoques de produtos acabados e em fabricação, na ausência de sistema de contabilidade de custo integrado e coordenado com o restante da escrituração, deverá ser tomado excluindo a parcela do ICMS?

Tratando-se de avaliação que tenha por base o preço de venda, e considerando-se que o próprio ICMS integra a base de cálculo desse imposto, constituindo seu destaque mera indicação para fins de controle, o valor dos produtos acabados e em fabricação deverá ser determinado tomando por base o maior preço de venda no período de apuração, sem exclusão de qualquer parcela a título de ICMS (PN CST nº 14, de 1981).

g) Admitem-se ajustes na avaliação de estoques e a constituição de provisão ao valor de mercado?

Não. Na avaliação dos estoques não serão admitidas reduções globais de valores inventariados, nem formação de reservas ou provisões para fazer face à sua desvalorização, nem como deduções de valor por depreciações estimadas ou mediante provisões para oscilações de preços, nem a manutenção de estoques "básicos" ou "normais" a preços constantes ou nominais (RIR/1999, art. 298).

Caso seja necessária, para atendimento aos Princípios Fundamentais de Contabilidade, e disposições do inciso II do art. 183 da Lei nº 6.404, de 1976, a constituição de provisão para ajuste dos estoques ao valor de mercado, quando este for menor, tal provisão não será dedutível para fins de apuração do lucro real.

13.2. Definições de Matéria-Prima e Insumos[35]

Matéria-Prima: Matéria bruta ou pouco elaborada com que se fabrica alguma coisa. Ex. Madeira para se fabricar uma mesa; chapa de aço para se fabricar latas etc. (*Fonte: Dic. Michaellis*)

Insumos: Conceito: Tudo que é utilizado na fabricação ou produção de bens destinados à venda. Ex. As matérias primas, os produtos intermediários, o material de embalagem e quaisquer outros bens que sofram alterações, tais como o desgaste, o dano ou a perda de propriedades físicas ou químicas, em função da ação diretamente exercida sobre o produto em fabricação; os serviços prestados, aplicados ou consumidos na produção ou fabricação do produto.

Dica → **Custo**: Esforço financeiro da empresa para produzir um serviço, um bem ou um produto.

Despesa: Estorno financeiro da empresa para vender o serviço o bem ou produto produzido.

13.3. Despesas Fixas e Variáveis[36]

Despesas variáveis: São aquelas que variam proporcionalmente ao volume produzido ou ao volume vendido, ou seja, só haverá despesa, se houver venda ou unidades produzidas. Exemplo: comissões sobre vendas, impostos sobre as vendas, fretes s/ Vendas, seguros sobre vendas etc.

Despesas fixas: São aquelas cujo total não varia proporcionalmente ao volume produzido (na indústria) ou ao volume de vendas (comércio e serviço), ou seja, há despesas a serem pagas independentemente da quantidade

35 Receita Federal;:http://www.receita.fazenda.gov.br/pessoajuridica/pispasepcofins/regincidencianaocumulativa.htm

36 Sebrae; http://www.sebrae.com.br/sites/PortalSebrae/artigos/Entenda-e-aplique-os-controles-financeiros

produzida ou do valor de vendas. Exemplo: aluguel da administração, IPTU da administração, honorários de contador, seguro da empresa, salário dos funcionários da administração, entre outros.

13.4. Exemplo de alguns tipos de Custos e Despesas

Tabela 1 – Exemplos de Custos – Área de Fabricação					
Itens:	CVD	CVI	CFD	CFI	Exemplos:
Mão de Obra	X				Salários + Encargos
Matéria-Prima	X				Insumos etc.
Embalagens	X				
Fretes sobre Compras	X				Varia conforme volumes
Seguros sobre Compras	X				Varia conforme volumes
Impostos de Importação	X				
Energia Elétrica (c/ Medidor)	X				
Gás (c/ Medidor)	X				
Água (c/ Medidor)	X				
Combustível (c/ Medidor)	X				
Materiais Diretos	X				Eletrodos, Estopas, Lixas etc.
Energia Elétrica (s/ Medidor)		X			
Luminárias		X			
Gás (s/ Medidor)		X			
Água (s/ Medidor)		X			
Materiais Indiretos		X			Disco de Makita, Graxa, Lubrificantes, Rebolos
Salários Supervisão, Líderes etc.				X	Salários + Encargos; Materiais em geral
Depto. De Manutenção				X	
Almoxarifado				X	
Aluguel (Imóvel)				X	
IPTU				X	
Seguros (Geral)				X	

Depreciação Imóvel				X	
Aluguel (Máquinas, Equipamentos, Ferramentas)			X		
Seguros (Máquinas, Equipamentos, Ferramentas)			X		
Depreciação Móveis, Máquinas, Equipamentos			X		Ferramentas, Computadores....
Telefone, Internet				X	
Refeitório				X	Salários + Encargos, alimentos em geral
Limpeza				X	Salários + Encargos, Materiais
Siglas: CVD – Custo Variável Direto; CVI – Custo Variável Indireto; CFD – Custo Fixo Direto; CFI – Custo Fixo Indireto					

Exemplos de Despesas (Setores: Administração, Propaganda, Marketing, Compras, Vendas)		
Itens:	DF	DV
Salários Administração	X	
Aluguéis	X	
Telefone/Internet	X	
Energia Elétrica	X	
IPTU	X	
Seguros	X	
Depreciações (Imóveis, Veículos, Máquinas etc.)	X	
Refeições (Parte Administrativa)	X	
Material de Expediente	X	
Limpeza (Administração)	X	
Propaganda/Marketing	X	
Despesas Financeiras	X	
Comissões Vendedores		X
Impostos s/ as Vendas		X
Fretes s/ as Vendas		X
Seguros s/ as Vendas		X
Siglas: DF - Despesas Fixas; DV – Despesas Variáveis		

13.5. Custeio (Rateio) pelo Método de Absorção

A empresa Fabril São Paulo S.A. apresentou na sua Contabilidade no mês de setembro/20X4 a seguinte planilha de gastos, conforme **Quadro 1**. Pede-se:

a) Classificar os Custos – Diretos, Indiretos, Fixos, Variáveis
b) Classificar as Despesas – Fixas e Variáveis
c) Montar a Planilha de Rateio
d) Faturamento do período
e) Montar DRE - Demonstrativo de Resultado do Exercício

Quadro 1 – Lista de Gastos Gerais	**R$**
Comissão dos Vendedores	72.000,00
Salários da Fábrica	105.000,00
Matéria-Prima consumida	320.000,00
Salários da Administração	83.000,00
Depreciação na Fábrica	55.000,00
Seguros da Fábrica	8.000,00
Despesas Financeiras	42.000,00
Honorários da Diretoria	35.000,00
Materiais Diversos – Fábrica	12.000,00
Energia Elétrica – Fábrica	81.000,00
Manutenção – Fábrica	65.000,00
Despesas de Entregas (Fretes)	40.000,00
Correios, Telefone, Internet (Administração)	7.000,00
Material de Consumo – Escritório	6.000,00
Total Geral Gastos / Setembro	931.000,00

a) Classificação dos Custos:

Salários da Fábrica	105.000,00
Matéria-Prima consumida	320.000,00
Depreciação na Fábrica	55.000,00
Seguros da Fábrica	8.000,00
Materiais Diversos – Fábrica	12.000,00
Energia Elétrica – Fábrica	81.000,00
Manutenção – Fábrica	65.000,00
Total:	646.000,00

b) Classificação de Despesas:

Despesas Administrativas	
Salários da Administração	83.000,00
Honorários da Diretoria	35.000,00
Correios, Telefone, Internet (Administração)	7.000,00
Material de Consumo – Escritório	6.000,00
Total:	131.000,00
Despesas de Vendas (Comerciais) – Variáveis	
Comissão dos Vendedores	72.000,00
Despesas de Entregas (Fretes)	40.000,00
Total:	112.000,00
Despesas Financeiras	**42.000,00**
Total Geral:	**931.000,00**

c) Planilha de Rateio: Matéria-Prima, Mão de obra e Energia Elétrica gasta para produzir os Produtos A, B e C:

Matéria-Prima	**R$**
Produto A	69.000,00
Produto B	122.000,00
Produto C	129.000,00
Total:	***320.000,00***

Mão de Obra		
Obs. 26.000,00 refere-se a mão de obra indireta:		**R$**
Indireta		26.000,00
Direta:		
Produto A	19.000,00	
Produto B	43.000,00	
Produto C	17.000,00	79.000,00
Total:		***105.000,00***

Energia Elétrica	**R$**	**R$**
Indireta		37.000,00
Direta:		
Produto A	16.000,00	

Produto B	19.000,00	
Produto C	9.000,00	44.000,00
Total:		***81.000,00***

c1) Planilha de Rateio:

	Custos Diretos Variáveis Produtos:			**Custos Fixos e Indiretos**	
Itens	**Produto A**	**Produto B**	**Produto C**	**R$**	**Total**
Matéria-Prima	69.000,00	122.000,00	129.000,00		320.000,00
Mão de obra	19.000,00	43.000,00	17.000,00	26.000,00	105.000,00
Energia Elétrica	16.000,00	19.000,00	9.000,00	37.000,00	81.000,00
Depreciação	-	-	-	55.000,00	55.000,00
Seguros da Fábrica	-	-	-	8.000,00	8.000,00
Mats. Divs. Fábrica	-	-	-	12.000,00	12.000,00
Manutenção Fábrica	-	-	-	65.000,00	65.000,00
Total:	**104.000,00**	**184.000,00**	**155.000,00**	**203.000,00**	**646.000,00**

(Apropriação de R$ 203.000,00 dos custos Fixos + Indiretos)					
Produtos	**Custos Diretos - Variáveis**		**Custos Fixos e Indiretos**		**Total Custos**
	R$	**%**	**R$**	**%**	**R$**
Produto A	104.000,00	*23,48*	47.664,40	*23,48*	151.664,40
Produto B	184.000,00	*41,53*	84.305,90	*41,53*	268.305,90
Produto C	155.000,00	*34,99*	71.029,70	*34,99*	226.029,70
Total:	**443.000,00**	***100,00***	**203.000,00**	***100,00***	**646.000,00**

d) Faturamento do período:

Produtos	**Qtd. Produzida**	**Custo Un R$**	**Custo Total**	**Preço Venda + 60% s/Custo R$**	**Venda Total $**
Produto A	37.540	4,04	151.664,40	6,46	242.508,40
Produto B	83.000	3,23	268.305,90	5,17	429.110,00
Produto C	59.000	3,83	226.029,70	6,13	361.670,00
Total:	**179.540**	-	**646.000,00**	-	**1.033.288,40**

e) Demonstrativo de Resultado do Exercício – DRE

Demonstrativo de Resultado DRE – Terceiro Trim. 20X3		
Vendas		1.033.288,40
(-) Custo dos Produtos Vendidos		(646.000,00)
Lucro Bruto		387.288,40
(-) Despesas Operacionais:		
Administrativas	(131.000,00)	
Vendas (Comerciais)	(112.000,00)	(243.000,00)
(=) Resultado Operacional		144.288,40
Financeiras	(42.000,00)	(42.000,00)
(=) Lucro Líquido Antes Impostos (LAIR)		**102,288,40**

13.6. Exercícios de Custos

13.6.1. Exercício 1: A empresa Indústria Têxtil Saturno S.A. fabrica três tipos de camisas "polo". Os gastos do período foram extraídos da sua Contabilidade, e se referem ao terceiro trimestre de 20X3 (**Quadro 2**). Também foram obtidos os valores dos **custos diretos e indiretos**, bem como a quantidade produzida. Com esses dados, pede-se:

a) Classificar os Custos – Diretos e Indiretos;

b) Classificar as Despesas – Fixas e Variáveis;

c) Montar a Planilha de Rateio;

d) Faturamento do período (Aplicar Margem de Lucro de 70% sobre o Custo);

e) Montar o DRE - Demonstrativo de Resultado do Exercício, (considerando que não havia Estoque Inicial e toda a produção foi vendida).

Quadro 2

Gastos do 3º Trimestre-20X3-Indústria Têxtil Saturno S.A	
Comissão dos Vendedores	83.600,00
Salários da Fábrica	128.000,00
Matéria-Prima consumida	386.000,00
Salários da Administração	94.000,00
Depreciação na Fábrica	63.500,00
Despesas Financeiras	52.500,00
Honorários da Diretoria	41.500,00

Materiais Diversos – Fábrica	16.600,00
Energia Elétrica – Fábrica	89.000,00
Manutenção Fábrica	74.500,00
Despesas de Entregas	46.900,00
Correios, Telefones, Internet	5.500,00
Material de Consumo-Escritório	6.400,00
Seguros da Fábrica	11.000,00
Total Gastos:	**1.099.000,00**

Matéria-Prima	**R$**
Camiseta Polo Infantil	82.100,00
Camiseta Polo Feminina	144.200,00
Camiseta Polo Masculina	159.700,00
Total:	**386.000,00**

Mão de Obra		
Obs. 20% refere-se a mão de obra indireta:	**R$**	**R$**
Indireta		25.600,00
Direta:		
Camiseta Polo Infantil	25.400,00	
Camiseta Polo Feminina	32.000,00	
Camiseta Polo Masculina	45.000,00	102.400,00
Total:		**128.000,00**

Energia Elétrica	**R$**	**R$**
Indireta		40.000,00
Direta:		
Camiseta Polo Infantil	11.000,00	
Camiseta Polo Feminina	17.000,00	
Camiseta Polo Masculina	21.000,00	49.000,00
Total:		**89.000,00**

Produtos	Qtd. Produzida
Camiseta Polo Infantil	5.844
Camiseta Polo Feminina	8.373
Camiseta Polo Masculina	7.873
Total:	**22.090**

14. Ponto de Equilíbrio Contábil e Margem de Contribuição

14.1. Margem de Contribuição[37]

Em qualquer que seja o segmento, indústria, comércio ou serviços, é perfeitamente possível e fácil se apurar o valor e o percentual respectivo da margem de contribuição.

Antes de tudo, porém, é preciso entender o que é a margem de contribuição.

Se é preciso comprar o que é vendido e ainda pagar algumas despesas que só ocorrem quando se vende, como é o caso de impostos sobre a venda e das comissões dos vendedores, quanto sobra para a empresa pagar despesas fixas e ter lucro? Essa é a margem de contribuição.

Mas por que esse nome: margem de contribuição? Isso tem um sentido:

Margem – porque é a diferença entre o Valor da Venda (preço de venda) e os Valores dos Custos e das Despesas específicas destas Venda, ou seja, valores também conhecidos por Custos Variáveis e Despesas Variáveis da venda.

Contribuição – porque representa em quanto o valor das vendas contribui para o pagamento das Despesas Fixas e também para gerar Lucro.

Para encontrar a Margem de Contribuição é preciso realizar a seguinte conta:

Margem de Contribuição = Valor das Vendas – (Custos Variáveis + Despesas Variáveis).

Dica → Margem de Contribuição é o valor que "sobra" após excluir-se das Vendas os custos e despesas variáveis. Caso a MC seja "negativa" é um indicador que o Lucro Operacional também poderá ser negativo.

37 http://www.sebrae.com.br/sites/PortalSebrae/bis/Cartilha-Saiba-Mais:-Margem-de-Contribui%C3%A7%C3%A3o:-Quanto-Sobra%3F

14.2. Ponto de Equilíbrio

O Ponto de Equilíbrio (PE) informa ao empresário o faturamento mensal mínimo (em de um período determinado) necessário para cobrir os custos/despesas (fixos e variáveis). Saber o PE é vital para a análise de viabilidade de continuação ou não de um empreendimento, ou da sua adequação em relação a si mesmo ou perante o mercado. Em outras palavras, o PE é um indicador da segurança do empreendimento, pois é quando as "vendas se igualam aos custos".

a) Em Reais R$ – Conforme DRE:

PE = Custos/Despesas Fixas ÷ IMC (Índice da Margem de Contribuição)

b) Em Quantidades – Produção de um tipo de produto:

RT = (C + D) T

Ou:

RT = Receita Total
C = Custos/Despesas Totais Variáveis
D = Custos/Despesas Totais Fixos

Ou:

Qt x PV = Qt x Pv + Fixos
Qt = Quantidades Unitárias
PV = Preço R$ de Venda Unitário
Pv = Preço R$ Variável Unitário
Fixos = Total em R$ dos Custos/Despesas Fixos

Exemplo PE em Reais R$

DRE do Trimestre – Industrial Flora Ltda.

Contas	R$	% s/Vendas
1-Receitas de Vendas	100.000,00	*100,00*
2-Custos Variáveis	(65.000,00)	*65,00*
3-Despesas Variáveis:		
Impostos	(18.000,00)	*18,00*
Comissões	(3.500,00)	*3,50*
4-Margem de Contribuição	**13.500,00**	*13,50*
5-Custos/Despesas Fixos	(9.500,00)	
6-Lucro Líquido	**4.000,00**	

PE = 9.500 ÷ (13,50 ÷ 100)

PE = 9.500 ÷ 0,1350

PE = 70.370,37

Conferindo se realmente o PE é R$ 70.370,37:

DRE do Trimestre – Industrial Flora Ltda.

Contas	R$	% s/ Vendas
1-Receitas de Vendas	70.370,37	*100,00*
2-Custos Variáveis	(45.740,74)	*65,00*
3-Despesas Variáveis:		
Impostos	(12.666,67)	*18,00*
Comissões	(2.462,96)	*3,50*
4-Margem de Contribuição	**9.500,00**	*13,50*
5-Custos/Despesas Fixos	(9.500,00)	
6-Lucro Líquido	**0,00**	

a) Em Quantidades – Produção de um tipo de produto:

RT = (C + D) T
Qt x PV = Qt x Pv + Fixos

Exemplo de Ponto de Equilíbrio de um produto:

A empresa Indústria de Molhos Molhox Ltda. produz o "Molho de Tomate em Sachê 200g". Seus gastos no mês de Julho/20X5 estão listados no Quadro 1 abaixo.

Pede-se:

a) Classificar o Tipo de gasto: (F-Fixo, V-Variável, I-Investimento, P-Perda)

b) Totalizar cada tipo de gasto

Gastos incorridos na *Indústria de Molhos Molhox Ltda.*

Mês: Julho/20X5

Itens	R$	F	V	P	I
Aluguel do Escritório	10.000,00	X			
Impostos sobre as Vendas	8.000,0		X		
IPTU (Fábrica)	5.200,00	X			
Compra de uma Máquina	85.000,00				**X**

Energia Elétrica	64.000,00		X		
Seguros (da Fábrica)	15.000,00	X			
Despesas Financeiras	5.000,00	X			
Mão de Obra Operadores de Máquinas	319.000,00		X		
Honorários da Diretoria	9.000,00	X			
Aluguel da Fábrica	15.000,00	X			
Compra de um Caminhão	26.000,00				**X**
Salários da Administração	41.000,00	X			
Matéria-Prima Consumida	190.000,00		X		
Salários da Manutenção e Supervisão Fabril	90.000,00	X			
Embalagens	36.000,00		X		
Propaganda e Marketing	50.000,00	X			
Roubo de Mercadorias (sem seguro)	19.400,00			X	
Fretes s/ Vendas	22.400,00		X		
Água, Luz, Telefone, Internet-Escritório	10.000,00	X			
Total:	1.020.000,00		-		-

Resumo	R$
Custos/Despesas Fixos	250.200
Custos/Despesas Variáveis	639.400
Total Custos	**889.600**
Investimentos	111.000
Perdas	19.400
Total Geral	**1.020.000**

Informa-se ainda que:

a) -Preço de Venda unitário: R$ 1,60 / unidade
b) -Custos + Despesas Variáveis: R$ 1,15 / unidade
c) -Custos + Despesas Fixos: (Calcular)
Pede-se: Calcular o Ponto de Equilíbrio e montar o gráfico.

RT = (C + D) T

Qt x \$ 1,60 = Qt x \$ 1,15 + \$ 250.200
Qt x \$ 1,60 – Qt x \$ 1,15 = \$ 250.200
Qt x \$ 0,45 = \$ 250.200

$$Qt = \frac{\$\ 250.200}{\$\ 0{,}45} = 556.000$$

→ Qt = Ponto de Equilíbrio

Custos Totais	Vendas
Custos + Despesas Variáveis = 556.000 x R$ 1,15 = $ 639.400	Quantidades/mês = 556.000
Custos + Despesas Fixos = $ 250.200	Preço Unitário = $ 1,60
Custos Totais = $ 889.600	Vendas Totais = $ 889.600

Gráfico do PE-Ponto de Equilíbrio

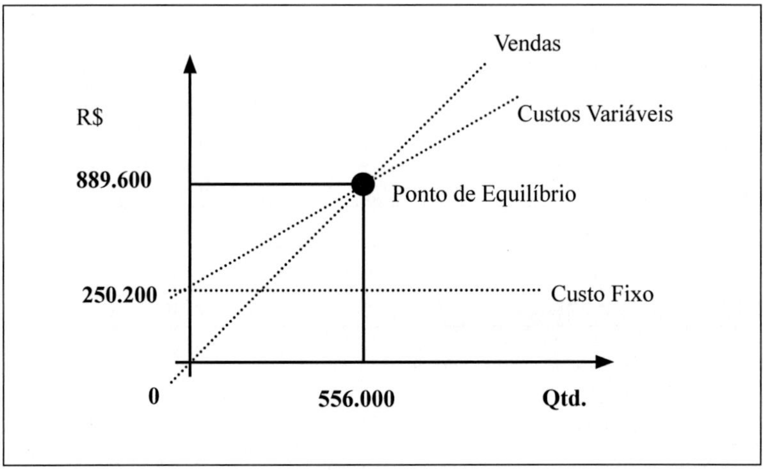

Resposta → O PE nesta operação corresponde a uma quantidade de 556.000 itens, e um faturamento de R$ 889.600,00. Neste ponto, o total dos custos/despesas variáveis e fixos correspondem ao mesmo valor, ou seja R$ 889.600.

14.3. Exercícios de Ponto de Equilíbrio Contábil

14.3.1. Exercício 1: Ponto de Equilíbrio em Quantidades:

A empresa Fábrica de Ventiladores Ventar Ltda. Produz o ventilador "Ventar Mod 1", e durante o mês de Maio/20X4 teve os seguintes Gastos, conforme **Quadro 1** abaixo:

Gastos incorridos na Fábrica de Ventiladores Ventar Ltda.

Separar: F-Fixo, V-Variável **Quadro 1**

Itens:	R$
IPVA dos Veículos de entregas	18.000,00
Funcionários do Almoxarifado	25.000,00
Energia Elétrica Fábrica (Máquinas)	165.000,00

Seguros da Administração	20.000,00
Despesas Financeiras	9.000,00
Mão de Obra Operadores de Mq. – Fábrica	350.000,00
Salários do Contador	12.000,00
Aluguel do Escritório	12.000,00
Salários da Administração	45.000,00
Matéria-Prima	200.000,00
Salários da Manutenção e Supervisão Fabril	100.000,00
Embalagens	40.000,00
Propaganda e Marketing	50.000,00
Insumos Produtivos Diretos	35.000,00
Água, Luz, Telefone, Internet-Escritório	12.000,00
Total:	**1.093.000,00**

Informa-se ainda que:
a) Preço de Venda unitário: R$ 245,00 / unidade
b) Custos + Despesas Variáveis: R$ 185,00 / unidade
c) Custos + Despesas Fixos: (Calcular)

Pede-se: Calcular o Ponto de Equilíbrio e montar o gráfico do Ponto de Equilíbrio.

14.3.2. Exercício 2: Ponto de Equilíbrio em Reais:

A empresa Fabril Sabão Ltda., durante o primeiro semestre de 20X1 apresentou os seguintes valores em sua contabilidade:

1 - Vendas: R$ 1.450.000,00
2 - Custos Variáveis: R$ 712.300,00
3 - Despesas Variáveis:
  3.1. Impostos R$ 67.700,00
  3.2. Fretes sobre Vendas R$ 19.400,00
  3.3. Comissão dos Vendedores: 2% das Vendas
  3.4. Seguros sobre as Vendas R$ 33.000,00

4 - Custos/Despesas Fixos: R$ 270.000,00

Pede-se:

Calcular o PE – Ponto de Equilíbrio Contábil

15. Provisão para Crédito de Liquidação Duvidosa[38]

Perda Estimada dos Créditos de Liquidação Duvidosa e Provisão de Cota-Parte - Justificativa do CFC

A Câmara de Controle Interno do Conselho Federal de Contabilidade, reunida em 20 de Setembro de 2012, proferiu orientação para a adoção dos procedimentos contábeis relativos ao reconhecimento da perda estimada dos créditos de liquidação duvidosa e da provisão de cota-parte a partir do mês de Dezembro de 2012.

As orientações aqui dispostas têm por objetivo a convergência das normas brasileiras de contabilidade aplicada ao Setor Público aos padrões internacionais. Os procedimentos de reconhecimento da perda estimada dos créditos de liquidação duvidosa e da provisão de cota-parte estão respaldados nos Princípios de Contabilidade normatizados pela Resolução CFC nº 1.111/07 e suas alterações, em especial: Oportunidade e Prudência.

O **Princípio da Oportunidade** dispõe sobre o momento do reconhecimento das variações patrimoniais, tendo a integridade e tempestividade como qualidades intrínsecas à produção e à divulgação da informação contábil.

O **Princípio da Prudência** determina a adoção do menor valor para os componentes do Ativo e do maior para os do Passivo, sempre que se apresentem alternativas igualmente válidas para a quantificação das mutações patrimoniais que alterem o patrimônio líquido. Em essência, sua adoção busca um retrato mais coerente à realidade do patrimônio.

As metodologias definidas foram elaboradas objetivando a uniformização dos critérios para reconhecimento da provisão de cota-parte e da perda estimada dos créditos de liquidação duvidosa e estão descritas neste pronunciamento separadamente.

Reiteramos que os procedimentos deverão ser adotados a partir de Dezembro/2012.

38 Capítulo fundamentado no Pronunciamento nº 85/2012 do CFC – Conselho Federal de Contabilidade.

15.1. Ajuste de Perdas de Créditos

Metodologia de cálculo para apuração do percentual de inadimplência

A metodologia de cálculo tem por base uma média percentual dos recebimentos ao longo dos **três últimos exercícios anteriores**, do qual se inferirá o percentual de inadimplência, a ser aplicado sobre o saldo final dos créditos a receber.

Exemplo da composição da Média Percentual de Inadimplência da Provisão:

A empresa Mercantil X Ltda. teve, ao longo dos três últimos anos os seguintes valores de saldos e inadimplências e de Duplicatas a Receber (Clientes):

Tabela 1

Demonstrativo do Cálculo da Média Percentual de Inadimplência para 20X5

Data	(1) Saldo da conta Dupls. a Receber R$	(2) Inadimplências-Perdas R$	(3) 2: 1 x 100
31.12.20X2	10.000,00	325,00	3,25%
31.12.20X3	15.000,00	441,00	2,94%
31.12.20X4	20.000,00	828,00	4,14%

Média Percentual de Inadimplência = (3,25% + 2,94% + 4,14%): 3 = 3,44%.
Supondo-se que em **31/12/20X5** o saldo da Conta Duplicatas a Receber
seja R$ 25.000,00, o valor a Provisionar será: R$ 25.000,00 x 3,44% = R$ 860,00.

Lançamento Contábil da Provisão:

1 - Provisão Créd. Liquidação Duvidosa ref. 20X5 – 31/12/20X5		
D 3.2.2.001.32 Despesas Devedores Duvidosos PCLD	860,00	
C 1.1.2.001.04 (-) Perdas Estimadas Créd. Liquidação Duvidosa - PCLD		860,00

Nota: 1. De acordo com o Pronunciamento 85/2012 a provisão será feita para recebíveis de curto e longo prazos.

2. No Quadro 1 do Pronunciamento 85/2012 CFC a fórmula de cálculo estabelecida é: ***Média Percentual de Inadimplência*** **= (% Inadimplência Ano X1 + %Inadimplência Ano X2 + %Inadimplência Ano X3) / número de exercícios.** Usar duas casas decimais.

3. No Exemplo acima considera-se que a Mercantil X Ltda., hipoteticamente, tinha saldo "zero" na conta Perdas Estimadas Crédito Liquidação Duvidosa - PCLD em 30/12/20X5.

4. Em 31.12.20X6 será calculada a Provisão para 20X6. Neste caso, os anos a serem considerados para a *Média Percentual de Inadimplência* serão 20X3, 20X4 e 20X5.

15.2. Ajuste complementar da Provisão para Créditos de Liquidação Duvidosa

No exemplo anterior, considerou-se que a Mercantil X Ltda. tivesse "zero" de saldo na conta Perdas Estimadas Crédito Liquidação Duvidosa - PCLD em 30/12/20X5. Agora vamos considerar que nessa data, em vez de saldo "zero", nessa conta tivesse R$ 300,00, e na conta Duplicatas a Receber ela tivesse de saldo os mesmos R$ 25.000,00.

Mantidas as Inadimplências - (Perdas demonstradas na Tabela 1) e mantido o percentual de 3,44%, mantém-se também a Provisão de R$ 860,00. Agora com a conta Perdas Estimadas de Créditos de Liquidação Duvidosa - PCLD com um saldo de R$ 300,00, o lançamento contábil de ajuste será a diferença, ou seja, R$ 560,00. Atenção, esse ajuste será feito na data 31/12/20X5.

Lançamento Contábil de Ajuste da Provisão:

2 - Provisão complementar de Créd. Liquidação Duvidosa ref. 20X5 – 31/12/20X5		
D 3.2.2.001.32 Despesas Devedores Duvidosos PCLD	560,00	
C 1.1.2.001.04 (-) Perdas Estimadas Créd. Liquidação Duvidosa – PCLD		560,00

Razonetes – 31/12/20X5

1.1.2.001.02 - Duplicatas a Receber	
0- 25.000,00	

1.1.2.001.04 - (-) Perdas Est. Créd. Liq. Duvidosa – PCLD	
	300,00 – 0
	560,00 – 2
	860,00

Nota: O saldo da conta Perdas Estimadas de Créditos de Liquidação Duvidosa - PCLD em 31/12 de cada ano deve espelhar, sempre, a "Média Percentual Inadimplência" obtida nos três anos anteriores multiplicada pelo saldo da conta Duplicatas a Receber.

15.3. Reversão do Ajuste de Perdas de Créditos

Numa outra situação, a Mercantil X Ltda. tinha em sua contabilidade um saldo de R$ 25.000,00 na conta Duplicatas a Receber e na conta Perdas Estimadas Crédito Liquidação Duvidosa - PCLD um saldo de R$ 960,00. Ambos os saldos em 30/12/X5.

Mantidas ainda as Inadimplências (Perdas demonstradas na **Tabela 1**), e mantido o percentual de 3,44% e mantido o saldo de Duplicatas a Receber de R$ 25.000,00, mantém-se também o cálculo de R$ 860,00. Porém, considerando o saldo anterior em Perdas Estimadas de Créditos de Liquidação Duvidosa - PCLD de R$ 960,00, o lançamento contábil de Reversão será a diferença, ou seja, R$ 100,00.

Lançamento Contábil de Ajuste da Reversão:

3 - Provisão Créd. Liquidação Duvidosa ref. 20X5 – 31/12/20X5		
D 1.1.2.001.04 (-) Perdas Estimadas Créd. Liquidação Duvidosa-PCLD	100,00	
C 3.1.3.000.10 Reversão dos Saldos de Provisão		100,00

Razonetes – 31/12/20X5

1.1.2.001.02-Duplicatas a Receber	
0- 25.000,00	

1.1.2.001.04-(-) Perdas Est.Créd. Liq.Duvidosa - PCLD	
3-100,00	960,00 – 0
	860,00

15.4. Baixa de Créditos incobráveis

Exemplo de Baixa de Créditos Incobráveis:

A empresa Mercantil X Ltda., após todos os esforços possíveis para cobrar os clientes inadimplentes, dois desses clientes foram considerados incobráveis, num total de R$ 250,00. O saldo contábil da conta Duplicatas a Receber e Perdas Estimadas de Créditos de Liquidação Duvidosa - PCLD em 02/01/20X6 estão nos razonetes abaixo (com o nº "0" zero):

Razonetes – 02/01/20X6

1.1.2.001.02-Duplicatas a Receber	
0- 25.000,00	250,00-3
24.750,00	

1.1.2.001.04-(-) Perdas Est.Créd.Liq. Duvidosa – PCLD	
3- 250,00	860,00 – 0
	610,00

Lançamento Contábil de Baixa dos Créditos Incobráveis:

3 - Baixa Dupl. incobráveis Nos. 000 Cliente X e Dupl. 0001 Cliente Y – 02/01/20X6		
D 1.1.2.001.04 (-) Perdas Estimadas Créd. Liquidação Duvidosa – PCLD	250,00	
C 1.1.2.001.02 Duplicatas a Receber		250,00

Demonstrativo do saldo da conta Duplicatas a Receber – Data: 02/01/20X6:

Ativo	
Circulante	
Duplicatas a Receber	24.750,00
(-) Perdas Estimadas em Crédito de Liquidação Duvidosa -PCLD	(610,00)
(=) Saldo:	**24.140,00**

15.5. Recuperação de Crédito já baixado como incobrável

Exemplo de Recuperação de Crédito Incobrável, inclusive com cobrança de juros:

Um dos clientes da Mercantil X Ltda. fez um acordo e quitou, em dinheiro, em 03/01/20X6 a sua Duplicata vencida e não paga. O valor da Duplicata era de R$ 100,00 e foram cobrados juros de R$ 10,00. Total pago R$ 110,00. O lançamento contábil dessa operação fica assim:

4 - Recebimento Dupl. 000 Cliente X, Vencida em 00/00/00 – 03/01/20X6		
D 1.1.1.001.01 Caixa	110,00	
C 3.1.2.000.02 Juros Recebidos s/Duplicatas		10,00
C 3.1.3.000.12 Recuperações de Créditos		100,00

15.6. Dedução de Crédito Incobrável

Instrução normativa RFB nº 1515, de 24 de novembro de 2014

Seção III

Das Perdas no Recebimento de Créditos

Subseção I

Da Dedução

Art. 24. As perdas no recebimento de créditos decorrentes das atividades da pessoa jurídica poderão ser deduzidas como despesas, para determinação do lucro real, observado o disposto neste artigo.

§ 1º Poderão ser registrados como perda os créditos:

I – em relação aos quais tenha havido a declaração de insolvência do devedor, em sentença emanada do Poder Judiciário;

II – sem garantia, de valor:

a) até R$ 5.000,00 (cinco mil reais), por operação, vencidos há mais de 6 (seis) meses, independentemente de iniciados os procedimentos judiciais para o seu recebimento;

b) acima de R$ 5.000,00 (cinco mil reais) até R$ 30.000,00 (trinta mil reais), por operação, vencidos há mais de 1 (um) ano, independentemente de iniciados os procedimentos judiciais para o seu recebimento, porém mantida a cobrança administrativa;

c) superior a R$ 30.000,00 (trinta mil reais), vencidos há mais de 1 (um) ano, desde que iniciados e mantidos os procedimentos judiciais para o seu recebimento;

III – com garantia, vencidos há mais de 2 (dois) anos, desde que iniciados e mantidos os procedimentos judiciais para o seu recebimento ou o arresto das garantias;

IV – contra devedor declarado falido ou pessoa jurídica em concordata ou recuperação judicial, relativamente à parcela que exceder o valor que esta tenha se comprometido a pagar, observado o disposto no § 8º.

§ 2º Para efeitos do disposto neste artigo, considera-se operação a venda de bens, a prestação de serviços, a cessão de direitos, a aplicação de recursos financeiros em operações com títulos e valores mobiliários, constante de um único contrato, no qual esteja prevista a forma de pagamento do preço pactuado, ainda que a transação seja realizada para pagamento em mais de 1 (uma) parcela.

§ 3º No caso de empresas mercantis, a operação será caracterizada pela emissão da fatura, mesmo que englobe mais de 1 (uma) nota fiscal.

§ 4º Para fins de se efetuar o registro da perda, os créditos a que se refere o inciso II do § 1º serão considerados pelo seu valor original acrescido de reajustes em virtude de contrato, inclusive juros e outros encargos pelo financiamento da operação e de eventuais acréscimos moratórios em razão da sua não liquidação, considerados até a data da baixa.

§ 5º No caso de contrato de crédito em que o não pagamento de 1 (uma) ou mais parcelas implique o vencimento automático de todas as demais parcelas vincendas, os limites a que se referem as alíneas "a" e "b" do inciso II do § 1º serão considerados em relação ao total dos créditos, por operação, com o mesmo devedor.

§ 6º Para o registro de nova perda em uma mesma operação, tratando-se de créditos a que se refere o inciso II do § 1º, as condições ali prescritas deverão ser observadas em relação à soma da nova perda àquelas já registradas.

§ 7º Para fins do disposto nesta Instrução Normativa, considera-se crédito garantido o proveniente de vendas com reserva de domínio, de alienação fiduciária em garantia ou de operações com outras garantias reais.

§ 8º No caso de crédito com empresa em processo falimentar, em concordata ou em recuperação judicial, a dedução da perda será admitida a partir da data da decretação da falência ou do deferimento do processamento da concordata ou recuperação judicial, desde que a credora tenha adotado os procedimentos judiciais necessários para o recebimento do crédito.

§ 9º A parcela do crédito cujo compromisso de pagar não houver sido honrado pela pessoa jurídica em concordata ou recuperação judicial, poderá, também, ser deduzida como perda, observadas as condições previstas neste artigo.

§ 10 Não será admitida a dedução de perda no recebimento de créditos com pessoa jurídica que seja controladora, controlada, coligada ou interligada, bem como pessoa física que seja acionista controlador, sócio, titular ou administrador da pessoa jurídica credora, ou parente até o terceiro grau dessas pessoas físicas.

§ 11 Para os contratos inadimplidos a partir de 8 de outubro de 2014, poderão ser registrados como perda os créditos:

I – em relação aos quais tenha havido a declaração de insolvência do devedor, em sentença emanada do Poder Judiciário;

II – sem garantia, de valor:

a) até R$ 15.000,00 (quinze mil reais), por operação, vencidos há mais de 6 (seis) meses, independentemente de iniciados os procedimentos judiciais para o seu recebimento;

b) acima de R$ 15.000,00 (quinze mil reais) até R$ 100.000,00 (cem mil reais), por operação, vencidos há mais de 1 (um) ano, independentemente de iniciados os procedimentos judiciais para o seu recebimento, mantida a cobrança administrativa; e

c) superior a R$ 100.000,00 (cem mil reais), vencidos há mais de 1 (um) ano, desde que iniciados e mantidos os procedimentos judiciais para o seu recebimento;

III – com garantia, vencidos há mais de 2 (dois) anos, de valor:

a) até R$ 50.000,00 (cinquenta mil reais), independentemente de iniciados os procedimentos judiciais para o seu recebimento ou o arresto das garantias; e

b) superior a R$ 50.000,00 (cinquenta mil reais), desde que iniciados e mantidos os procedimentos judiciais para o seu recebimento ou o arresto das garantias; e

IV – contra devedor declarado falido ou pessoa jurídica em concordata ou recuperação judicial, relativamente à parcela que exceder o valor que esta tenha se comprometido a pagar, observado o disposto no § 8º.

Subseção II Do Registro Contábil das Perdas

Art. 25. Os registros contábeis das perdas serão efetuados a débito de conta de resultado e a crédito:

I – da conta que registra o crédito de que trata a alínea "a" do inciso II do § 1º e a alínea "a" do inciso II do § 11 do art. 24;

II – de conta redutora do crédito, nas demais hipóteses.

§ 1º Ocorrendo a desistência da cobrança pela via judicial, antes de decorridos 5 (cinco) anos do vencimento do crédito, a perda eventualmente registrada deverá ser estornada ou adicionada ao lucro líquido, para determinação do lucro real correspondente ao período de apuração em que se der a desistência.

§ 2º Na hipótese prevista no § 1º, o imposto será considerado como postergado desde o período de apuração em que tenha sido reconhecido a perda.

§ 3º Se a solução da cobrança se der em virtude de acordo homologado por sentença judicial, o valor da perda a ser estornado ou adicionado ao lucro líquido para determinação do lucro real será igual à soma da quantia recebida com o saldo a receber renegociado, não sendo aplicável o disposto no § 2º.

§ 4º Os valores registrados na conta redutora do crédito referida no inciso II do *caput* poderão ser baixados definitivamente em contrapartida à conta que registre o crédito, a partir do período de apuração em que se completar 5 (cinco) anos do vencimento do crédito sem que o mesmo tenha sido liquidado pelo devedor.

Subseção III

Dos Encargos Financeiros de Créditos Vencidos

Art. 26. Após 2 (dois) meses do vencimento do crédito, sem que tenha havido o seu recebimento, a pessoa jurídica credora poderá excluir do lucro líquido, para determinação do lucro real, o valor dos encargos financeiros incidentes sobre o crédito, contabilizado como receita, auferido a partir do prazo definido neste artigo.

§ 1º Ressalvadas as hipóteses previstas nas alíneas “a” e “b” do inciso II do § 1º do art. 24, nas alíneas “a” e “b” do inciso II do § 11 do art. 24 e na alínea “a” do inciso III do § 11 do art. 24, o disposto neste artigo somente se aplica quando a pessoa jurídica houver tomado as providências de caráter judicial necessárias ao recebimento do crédito.

§ 2º Caso as providências de que trata o § 1º sejam tomadas após o prazo de 2 (dois) meses do vencimento do crédito, a exclusão de que trata este artigo só abrangerá os encargos financeiros auferidos a partir da data em que tais providências forem efetivadas.

§ 3º Os valores excluídos deverão ser adicionados no período de apuração em que, para os fins legais, se tornarem disponíveis para a pessoa jurídica credora ou em que for reconhecida a respectiva perda.

§ 4º A partir da citação inicial para o pagamento do débito, a pessoa jurídica devedora deverá adicionar ao lucro líquido, para determinação do lucro real, os encargos incidentes sobre o débito vencido e não pago que tenham sido deduzidos como despesa ou custo, incorridos a partir daquela data.

§ 5º Os valores adicionados a que se refere o § 4º poderão ser excluídos do lucro líquido, para determinação do lucro real, no período de apuração em que ocorra a quitação do débito por qualquer forma.

Subseção IV

Dos Créditos Recuperados

Art. 27. Deverá ser computado na determinação do lucro real o montante dos créditos deduzidos que tenham sido recuperados, em qualquer época ou a qualquer título, inclusive nos casos de novação da dívida ou do arresto dos bens recebidos em garantia real.

§ 1º Os bens recebidos a título de quitação do débito serão escriturados pelo valor do crédito ou avaliados pelo valor definido na decisão judicial que tenha determinado sua incorporação ao patrimônio do credor.

§ 2º Para fins do disposto neste artigo, os juros vincendos poderão ser computados na determinação do lucro real à medida que forem incorridos.

§ 3º Nas operações de crédito realizadas por instituições financeiras autorizadas a funcionar pelo Banco Central do Brasil, nos casos de renegociação de dívida, o reconhecimento da receita para fins de incidência de imposto sobre a renda ocorrerá no momento do efetivo recebimento do crédito.

15.7. Exercícios de PCLD

15.7.1. Exercício 1: A empresa Atacadista W Ltda. apresentou os seguintes dados contábeis para cálculo do PCLD:

Tabela 1 - Demonstrativo do Cálculo da Média % de Inadimplência para 20X3

Data:	(1) Saldo da conta Dupls. a Receber R$	(2) Inadimplências-Perdas R$
31.12.20X0	47.000,00	1.200,00
31.12.20X1	55.000,00	900,00
31.12.20X2	62.000,00	1.300,00

Pede-se:

a) Cálculo da Média Percentual de Inadimplência

b) Lançamento contábil da provisão do PCLD em 31/12/20X3, sabendo que em 30/12/20X3 o saldo da conta Duplicatas a Receber era de R$ 65.500,00, e o saldo na conta Perdas Estimadas em Crédito de Liquidação Duvidosa - PCLD era de R$ 550,00?

15.7.1.1. Dois clientes da Atacadista W não pagaram suas Duplicatas, num total de R$ 400,00. Pede-se fazer o lançamento de Baixa em 23/01/20X4.

15.7.1.2. Um dos clientes que não pagaram a Atacadista W resolveu pagar, e o fez em dinheiro no dia 02/02/20X4. O Cliente M, duplicata 0002 de R$ 200,00, pagou acrescido de juros de 15%. Pede-se fazer o lançamento contábil de Recuperação de Crédito.

16. Princípios e Convenções Contábeis

16.1. As Convenções (Restrições aos Princípios)

- **A Convenção da Objetividade**
- **A Convenção da Materialidade**
- **A Convenção do Conservadorismo**
- **A Convenção da Consistência**

As restrições aos princípios (também conhecidas como *convenções* ou *qualificações*), **representam o complemento dos Postulados e Princípios, no sentido de delimitar-lhes conceitos, atribuições e direções a seguir e de sedimentar toda a experiência e bom senso da profissão no trato de problemas contábeis. Se os princípios norteiam a direção a seguir e, às vezes, os vários caminhos paralelos que podem ser empreendidos, as restrições, à luz de cada situação, nos darão as instruções finais para a escolha do percurso definitivo.** As convenções também serão enunciadas. Entretanto, tais enunciações serão apenas indicativas e terão menor peso do que no caso dos princípios.

16.1.1. A Convenção da Objetividade

Enunciado: "*Para procedimentos igualmente relevantes, resultantes da aplicação dos Princípios, preferir-se-ão, em ordem decrescente: a) os que puderem ser comprovados por documentos e critérios objetivos; b) os que puderem ser corroborados por consenso de pessoas qualificadas da profissão, reunidas em comitês de pesquisa ou em entidades que têm autoridade sobre princípios contábeis...*".

A Contabilidade é um exercício árduo para maximizar a relevância, a praticabilidade e a objetividade.

Quanto à restrição da objetividade, a fim de que as demonstrações contábeis sejam tão confiáveis quanto possível, os contadores necessitam decidir sobre o atributo ou evento que será mensurado e selecionar procedimentos de mensuração adequados.

Segundo Hendriksen[39], a objetividade tem sido conceituada de maneiras distintas por pessoas e contadores diferentes, a saber:

1) mensurações e avaliações de caráter impessoal ou que se configuram fora do pensamento da pessoa ou pessoas que as estão realizando;

2) mensurações baseadas no consenso profissional de *experts* qualificados;

3) mensurações e avaliações baseadas em evidências e documentação verificável;

4) valor da dispersão estatística das mensurações de um atributo, quando efetuadas por vários pesquisadores.

Em seu primeiro aspecto, não é muito fácil, na prática, separar completamente a qualidade intrínseca do que está sendo mensurado das crenças, mesmo que científicas, do pesquisador.

Assim, afirmamos que o ponto de transferência é o mais objetivo para o reconhecimento da receita, pois existe um valor de mercado que independe da pessoa do avaliador. Embora isso seja verdadeiro, o pesquisador precisa tomar decisões sobre o valor do ativo que está sendo dado em troca. Assim, mesmo esse sentido de objetividade pode conter em si algo de subjetivo.

Quanto ao segundo aspecto, talvez seja o que tenha maior peso no estágio atual de desenvolvimento da disciplina. Caracteriza-se como sentido de objetividade típico de uma disciplina praticada por profissionais liberais. Assim, se, através da reunião de vários *experts* em comitês de pesquisa, chegar-se a consenso sobre certo procedimento ou mensuração, mesmo que tais mensurações ou critérios não sejam suportados por evidências objetivas (no sentido mais material e restrito do termo), ainda assim, por representarem o resultado de um processo psicossocial de percepção por parte de segmento autorizado da profissão, tornam-se objetivos.

No que se refere ao terceiro critério, a ênfase consubstancia-se mais na evidência do que na mensuração em si. De novo, a receita é reconhecida na base da transferência como evidência. Segundo Hendriksen, embora a evidência possa ser verificável, a seleção do critério de evidência como base pode ser objeto de viés pessoal.

Quanto ao quarto aspecto, a maior ou menor objetividade de um critério de mensuração pode ser avaliada pelo desvio-padrão em relação à média do atributo que está sendo mensurado. Pode acontecer, todavia, que o próprio

39 Eldon S. Hendriksen – Teoria da Contabilidade

valor da média não retrate adequadamente o atributo considerado. Por exemplo, consideremos que estamos avaliando a objetividade dos critérios tradicionais de avaliação de estoques conhecidos como *PEPS, UEPS e Média Ponderada.* É possível que um dos três revele um menor desvio-padrão com relação à média. Isto apenas significa que as mensurações são mais verificáveis, mas não necessariamente objetivas, cientificamente falando. Pode até ocorrer que um critério de mensuração baseado, digamos, no custo histórico corrigido apresente *maior desvio, mas menor viés.* Esse último é determinado pelo desvio relativo entre o valor da média, caracterizado pelo procedimento de mensuração utilizado e o "verdadeiro" valor de média do atributo que está sendo mensurado. Como, todavia, o verdadeiro valor da média não pode ser determinado, a diferença entre a média estimada e a verdadeira precisa ser calculada na base do julgamento subjetivo e das relações lógicas entre o procedimento de mensuração e o atributo que está sendo avaliado.

Frequentemente, na prática, devemos contentar-nos com sentidos menos científicos da objetividade. É evidente que os comitês de *experts,* antes de emitirem opiniões sobre princípios e procedimentos contábeis, podem utilizar-se dos critérios estatísticos focalizados no quarto sentido da objetividade.

Não existem dúvidas, todavia, de que a profissão precisa perseguir um sentido de objetividade que caracterize de forma mais nítida a Contabilidade como uma ciência social.

Nesse aspecto, é importante que os relacionamentos entre causas e efeitos dos eventos da natureza que afetam os estados patrimoniais tenham explicações convincentes e que tais eventos possam ser reproduzidos em ambiente de pesquisa social e suas resultantes possam ser previstas.

A Contabilidade, assim, deverá chegar a um ponto de sua evolução no qual será possível enunciar as "leis" que relacionam causas e efeitos. De certa forma, os postulados, princípios e restrições são uma variante simplificada de tais leis. O ideal, todavia, seria a formulação axiomática da teoria da Contabilidade, já tentada por raros autores e em vias de aperfeiçoamento, nos estudos atuais, rumo a uma explicitação mais adequada.

Não se questiona, todavia, o sentido mais prático e "profissional" atual da objetividade, conforme apresentado em seu enunciado. A Contabilidade, em igualdade de procedimentos quanto à sua relevância, preferirá os que puderem ser suportados por algum tipo de evidência considerada objetiva (documentos, normas escritas, consenso profissional etc.).

Exemplo de Objetividade:

Não hipótese de um registro contábil de um bem, onde se tem um "recibo", um "laudo" ou uma nota fiscal (Danfe) do referido bem, há que ser objetivo e optar pelo documento oficial, confiável, no caso a Nota Fiscal.

16.1.2. A Convenção da Materialidade

Enunciado: *"O contador deverá, sempre, avaliar a influência e materialidade da infor*mação evidenciada ou negada para o usuário à luz da relação custo-benefício, levando em conta aspectos internos do sistema contábil...".

Assim, verificamos que a restrição da Materialidade não pode ser enfocada do ponto de vista apenas interno ou externo. Sem dúvida, no que nos concerne, do ponto de vista do usuário externo, a avaliação subjetiva do efeito de uma informação prestada ou negada, sob a premissa da materialidade ou não, é a mais importante.

Por outro lado, não se pode negar que a materialidade está muito ligada ao "grande design" do sistema contábil de informação de cada entidade particular.

Diríamos até, que sua configuração está relacionada com as metas e políticas traçadas pela administração da entidade. Numa entidade em que as metas são estabelecidas em termos amplos e globais, haverá uma tendência, por parte do sistema contábil, em preocupar-se, sempre, com a materialidade da informação gerada perante a evidenciação do cumprimento ou não de tais metas. Já em entidades cuja administração, por formação, tem o gosto pelo detalhe, o sistema contábil tenderá a adequar-se ao estilo gerencial.

Não existe um sentido absoluto de materialidade, nem é possível fixar critérios numéricos precisos, em cada caso, para estabelecer a materialidade ou não de uma cifra.

Assim, do ponto de vista do usuário da informação contábil, é material a informação ou cifra que, se não evidenciada ou mal evidenciada, poderia levá-lo a sério erro sobre a avaliação do empreendimento e de suas tendências.

Do ponto de vista interno, é material o procedimento ou cifra que, se não processado, afeta a qualidade e a confiabilidade do sistema de informação e mesmo do controle interno.

Por outro lado, não se podem confundir, a rigor, os conceitos de materialidade e relevância. Algo pode ser material quanto ao valor, isoladamente considerado, e irrelevante, embora tal condição seja rara. Em contrapartida, um valor de certo atributo pode ser pequeno em si, mas relevante quanto às tendências que possa apontar.

Exemplo do primeiro aspecto seria a publicação do orçamento de capital da entidade para os próximos dez anos. Material quanto ao vulto das cifras envolvidas, pode ser não relevante para alguns usuários. Exemplo do segundo aspecto: numa análise das contas a receber, verifica-se que, em cerca de 15% dos casos, apresentam-se pequenos erros. Embora o valor dos erros possa ser de pequena monta, o fato de se evidenciarem em 15% dos registros pode encobrir falhas graves da sistemática e, portanto, relevantes do ponto de vista de auditoria e de controle interno.

Não é tarefa fácil, na prática, julgar sobre a materialidade ou não de uma cifra. Entretanto, alguns critérios gerais podem ser tentados:

1) com relação ao usuário externo, a evidenciação ou não de determinada cifra e a rígida adoção ou não dos princípios contábeis serão mais ou menos materiais à medida que se refiram respectivamente:

a) a eventos que refletem tendências do empreendimento; ou

b) a eventos não repetitivos, que afetam apenas um exercício;

2) as cifras relativas a receitas e despesas operacionais, via de regra, são mais materiais, para avaliação de tendência, do que os ganhos e perdas ou efeitos de exercícios anteriores;

3) as cifras derivantes de mudanças de critérios utilizados no passado são materiais com relação à avaliação do usuário. Na verdade, tal evidenciação se torna crítica, em alguns casos;

4) do ponto de vista interno, os extremos de detalhes contábeis usualmente são imateriais para a qualidade da informação, como subcontas até o quinto grau ou o famoso exemplo de Anthony[40] de se calcular o custo do uso diário dos lápis dentro da empresa, realizando mensurações entre as diferenças de comprimento do lápis no dia anterior e no atual. Entretanto, materialidade não significa desprezo pelo detalhe em si, se esse estiver encobrindo problemas maiores.

Conquanto a mensuração da materialidade seja objeto de estudos mais recentes, tal conceito reservará, sempre, uma alta dose de julgamento e de bom senso por parte de cada contador, em cada situação.

Exemplo de Materialidade:

"Uso de subcontas até o quinto grau ou o famoso exemplo de Anthony de se calcular o custo do uso diário dos lápis dentro da empresa, realizando mensurações entre as diferenças de comprimento do lápis no dia anterior e no atual. Entretanto, materialidade não significa desprezo pelo detalhe em si, se esse estiver encobrindo problemas maiores."

16.1.3. A Convenção do Conservadorismo

Enunciado: "*Entre conjuntos alternativos de avaliação para o patrimônio, igualmente válidos, segundo os Princípios Fundamentais, a Contabilidade escolherá o que apresentar o menor valor atual para o ativo e o maior para as obrigações...*".

40 Robert Anthony – Princípios de Contabilidade

O conservadorismo, em Contabilidade, pode ser entendido sob dois aspectos principais: o primeiro, vocacional e histórico da profissão, pelo qual, entre as várias disciplinas que avaliam, pelo menos em parte, o valor da entidade, a Contabilidade é a que tenderia, em igualdade de condições, a apresentar o menor valor para a entidade como um todo.

O segundo, mais operacional, de que, conforme o enunciado, a Contabilidade tende, dentro dos amplos graus de julgamento que a utilização dos Princípios nos permite empregar, a escolher a menor das avaliações igualmente relevantes para o ativo e a maior para as obrigações.

Esse entendimento não deve ser confundido nem desvirtuado com os efeitos da manipulação de resultados contábeis, mas encarado à luz da vocação de resguardo, cuidado e neutralidade que a Contabilidade precisa ter, mormente perante os excessos de entusiasmo e de valorizações por parte da administração e dos proprietários da entidade. Não nos esqueçamos de que, principalmente no caso das companhias abertas, sua principal obrigação é perante o mercado e os investidores.

As tentativas que vêm desde longos anos (desde a Depressão de 1929), de normatizar excessivamente esta restrição, têm levado, via de regra, a resultados desastrosos, com perda de controle dos resultados da aplicação da regra. É o caso da conhecida interpretação "custo ou mercado, dos dois o mais baixo", consagrada na prática e na legislação.

Conquanto em situações extremadas possa, até, ser aplicada esta interpretação restrita da convenção, parece-nos que nossa premissa "... para procedimentos igualmente relevantes à luz dos princípios contábeis..." deva sempre prevalecer na aplicação da restrita.

Uma interpretação correta da regra poderia, apenas a título de exemplo, ser apresentada pela seguinte indagação hipotética:

Suponha que a entidade tenha duas previsões, igualmente confiáveis (de igual probabilidade) para a ocorrência de devedores insolváveis. Por tudo que tenha sido possível avaliar e calcular, inclusive com o uso de probabilidade, poderão ocorrer: uma insolvência de $ 1.000.000, ou de $ 1.300.000 – praticamente com o mesmo grau de probabilidade. Pela restrição escolheríamos a previsão de $ 1.300.000, por apresentar um menor valor final para o ativo líquido.

16.1.4. A Convenção da Consistência

Enunciado: "*A Contabilidade de uma entidade deverá ser mantida de forma tal que os usuários das demonstrações contábeis tenham possibilidade de delinear a tendência da mesma com o menor grau de dificuldade possível...*".

Essa convenção, de grande importância na Contabilidade, deve também ser entendida à luz das restrições de entendimento por parte dos usuários da informação contábil.

Por um lado, deve ser entendido que os contadores deverão refletir bastante, antes de adotar determinado procedimento de avaliação, a fim de haver a maior sequência possível de exercícios com a utilização dos mesmos procedimentos de avaliação. Isso não significa, contudo, que, mesmo ocorrendo mudanças nos cenários ou uma reflexão sobre a melhor utilização de outro critério, a Contabilidade deva, apenas para não alterar a sequência, deixar de introduzir essa melhoria. Qualquer mudança de procedimento que seja material deverá ser claramente evidenciada em notas explicativas e os efeitos dela decorrentes, tanto sobre o balanço quanto sobre o resultado, devem ser mensurados e bem enunciados. Como complemento à possibilidade de avaliação de tendência, é fundamental que haja consistência, também, nos períodos abrangidos pelas demonstrações.

Por parte do usuário, deve ser entendido que a Contabilidade é uma linguagem especial e que nem todos podem, livremente, falar e escrever sem o auxílio de um intérprete (um técnico).

Por mais que se procure preservar a clareza e a consistência de procedimentos, de um exercício para outro, para maior facilidade de acompanhamento por parte do usuário, não deve isto servir de pretexto para a estagnação na melhoria dos procedimentos, à luz das circunstâncias.

Consistência e Materialidade viajam juntas, como de resto todos os postulados princípios e convenções. No caso destas, fica mais difícil estabelecer regras precisas e matemáticas. Daí a importância de uma sólida base teórica do Contador, que o habilitará a escolher o melhor conjunto de procedimentos, em cada circunstância.

Devemos conviver com esse conjunto e aplicá-lo da forma mais correta possível, como consequência do melhor de nossos esforços e sempre lembrando que nossa responsabilidade, como profissionais e cidadãos, é, antes de mais nada, social.

Conceitos-chave deste item:

- consenso de *experts;*
- qualidade do atributo mensurado;
- eventos que refletem tendências;
- materialidade e relevância;
- vocação conservadora da Contabilidade;
- avaliação de tendências por parte do usuário.

Exemplo de Consistência:

Se a empresa adota o método de Depreciação Linear durante um período do exercício, e de altera para Quantidades Produzidas, embora os dois métodos sejam aceitos, ela acaba por quebrar a consistência na escrituração, provocando reflexos nos relatórios contábeis, o que pode prejudicar substancialmente a eficiência da comparabilidade do resultado no exercício, bem como com o de anos anteriores.

16.2. Princípios Contábeis[41]

(NBC – Normas Brasileiras de Contabilidade) - Resolução CFC 750/1993 (Texto Compilado)

Dispõe sobre os Princípios de Contabilidade (PC) (Nova Redação dada pela Resolução CFC 1.282/2010)

- **Capítulo I – Dos Princípios e de sua Observância**
- **Capítulo II – Da Conceituação, da Amplitude e da Enumeração**
    - Seção I – O Princípio da Entidade
    - Seção II – O Princípio da Continuidade
    - Seção III – O Princípio da Oportunidade
    - Seção IV – O Princípio do Registro pelo Valor Original
    - Seção V – O Princípio da Atualização Monetária (revogado)
    - **Seção VI – O Princípio da Competência**
    - **Seção VII – O Princípio da Prudência**
- **Inobservância dos Princípios**

16.2.1. Capítulo I – dos Princípios e de sua Observância

Art. 1º Constituem Princípios de Contabilidade (PC) os enunciados por esta Resolução.

§ 1º A observância dos Princípios de Contabilidade é obrigatória no exercício da profissão e constitui condição de legitimidade das Normas Brasileiras de Contabilidade (NBC).

§ 2º Na aplicação dos Princípios de Contabilidade há situações concretas e a essência das transações deve prevalecer sobre seus aspectos formais. (Redação dada pela Resolução CFC 1.282/2010)

41 Capítulo fundamentado no Cosif – Revisado pelo Cosif em 29-07-2015.

16.2.2. Capítulo II – Da Conceituação, Da Amplitude e da Enumeração

Art. 2º Os Princípios de Contabilidade representam a essência das doutrinas e teorias relativas à Ciência da Contabilidade, consoante o entendimento predominante nos universos científico e profissional de nosso País. Concernem, pois, à Contabilidade no seu sentido mais amplo de ciência social, cujo objeto é o patrimônio das entidades. (Redação dada pela Resolução CFC 1.282/2010)

Art. 3º São Princípios de Contabilidade: (Redação dada pela Resolução CFC 1.282/2010)

I – o da ENTIDADE
II – o da CONTINUIDADE
III – o da OPORTUNIDADE
IV – o do REGISTRO PELO VALOR ORIGINAL
V – o da ATUALIZAÇÃO MONETÁRIA (Revogado pela Resolução CFC 1.282/2010)
VI – o da COMPETÊNCIA e
VII – o da PRUDÊNCIA

16.2.3. Seção I – O Princípio da ENTIDADE

"**Art. 4º** O Princípio da ENTIDADE reconhece o Patrimônio como objeto da Contabilidade e afirma a autonomia patrimonial, a necessidade da diferenciação de um Patrimônio particular no universo dos patrimônios existentes, independentemente de pertencer a uma pessoa, um conjunto de pessoas, uma sociedade ou instituição de qualquer natureza ou finalidade, com ou sem fins lucrativos. Por consequência, nesta acepção, o Patrimônio não se confunde com aqueles dos seus sócios ou proprietários, no caso de sociedade ou instituição.

Parágrafo único – O PATRIMÔNIO pertence à ENTIDADE, mas a recíproca não é verdadeira. A soma ou agregação contábil de patrimônios autônomos não resulta em nova ENTIDADE, mas numa unidade de natureza econômico-contábil."

Exemplos de Entidades:

a) os empresários individuais (MEI etc.);
b) as empresas (Comércio, Indústria, Bancos, Serviços etc.);
d) os governos – Federal, Estaduais, Municipais
d) as sociedades religiosas, beneficentes, ONGs, culturais, esportivas etc.;

e) as sociedades cooperativas;
f) etc.

16.2.4. Seção II - O Princípio da CONTINUIDADE

"**Art. 5º** O Princípio da Continuidade pressupõe que a Entidade continuará em operação no futuro e, portanto, a mensuração e a apresentação dos componentes do patrimônio levam em conta esta circunstância. (Redação dada pela Resolução CFC 1.282/2010)."

Nova Redação - Resolução CFC nº 1374/11 - Premissa subjacente

"4.1. As demonstrações contábeis normalmente são elaboradas tendo como premissa que a entidade está em atividade (going concern assumption) e irá manter-se em operação por um futuro previsível. Desse modo, parte-se do pressuposto de que a entidade não tem a intenção, nem tampouco a necessidade, de entrar em processo de liquidação ou de reduzir materialmente a escala de suas operações. Por outro lado, se essa intenção ou necessidade existir, as demonstrações contábeis podem ter que ser elaboradas em bases diferentes e, nesse caso, a base de elaboração utilizada deve ser divulgada."

Exemplo de Continuidade:

Supondo-se que uma empresa iniciou atividades e contratou a aquisição de móveis sob medida. De repente, "descontinua" suas atividades e cancela o contrato firmado. Ora, qual o destino dos móveis se são sob "encomenda"? O contratante não irá "imobilizar" os móveis e o contratado os descartará como inservíveis.

16.2.5. Seção III - O Princípio da OPORTUNIDADE

"**Art. 6º** O Princípio da Oportunidade refere-se ao processo de mensuração e apresentação dos componentes patrimoniais para produzir informações íntegras e tempestivas. (Redação dada pela Resolução CFC 1.282/2010)

Parágrafo único. A falta de integridade e tempestividade na produção e na divulgação da informação contábil pode ocasionar a perda de sua relevância, por isso é necessário ponderar a relação entre a oportunidade e a confiabilidade da informação. (Redação dada pela Resolução CFC 1.282/2010)"

Exemplo do Princípio da Oportunidade

O Capítulo de PCLD, aborda que "O Princípio da Oportunidade dispõe sobre o momento do reconhecimento das variações patrimoniais, tendo a integridade e tempestividade como qualidades intrínsecas à produção e à divulgação da informação contábil.". Ou seja, a empresa tem a Oportunidade de fazer o registro contábil de um custo/despesa afim de eventualmente reduzir seus tributos a pagar.

A Resolução CFC nº 1374/11, aborda sobre a Tempestividade:

Aplicação das características qualitativas fundamentais

"QC29.Tempestividade significa ter informação disponível para tomadores de decisão a tempo de poder influenciá-los em suas decisões. Em geral, a inf***ormação mais antiga é a que tem menos utilidade.*** *Contudo, certa informação pode ter o seu atributo tempestividade prolongado após o encerramento do período contábil, em decorrência de alguns usuários, por exemplo, necessitarem identificar e avaliar tendências."*

O Princípio da Oportunidade há que se utilizá-lo conjuntamento com a Tempestividade, afim de dar firme consistência aos registros contábeis.

16.2.6. Seção IV - O Princípio do REGISTRO PELO VALOR ORIGINAL

"**Art. 7º O Princípio do Registro pelo Valor Original** determina que os componentes do patrimônio devem ser inicialmente registrados pelos valores originais das transações, expressos em moeda nacional. (Redação dada pela Resolução CFC 1.282/2010)

§ 1º As seguintes bases de mensuração devem ser utilizadas em graus distintos e combinadas, ao longo do tempo, de diferentes formas:

I – Custo histórico. Os ativos são registrados pelos valores pagos ou a serem pagos em caixa ou equivalentes de caixa ou pelo valor justo dos recursos que são entregues para adquiri-los na data da aquisição. Os passivos são registrados pelos valores dos recursos que foram recebidos em troca da obrigação ou, em algumas circunstâncias, pelos valores em caixa ou equivalentes de caixa, os quais serão necessários para liquidar o passivo no curso normal das operações; e

II – Variação do custo histórico. Uma vez integrado ao patrimônio, os componentes patrimoniais, ativos e passivos, podem sofrer variações decorrentes dos seguintes fatores:

a) Custo corrente. Os ativos são reconhecidos pelos valores em caixa ou equivalentes de caixa, os quais teriam de ser pagos se esses ativos ou ativos equivalentes fossem adquiridos na data ou no período das demonstrações contábeis. Os passivos são reconhecidos pelos valores em caixa ou equivalentes de caixa, não descontados, que seriam necessários para liquidar a obrigação na data ou no período das demonstrações contábeis;

b) Valor realizável. Os ativos são mantidos pelos valores em caixa ou equivalentes de caixa, os quais poderiam ser obtidos pela venda em uma forma ordenada. Os passivos são mantidos pelos valores em caixa e equivalentes de caixa, não descontados, que se espera seriam pagos para liquidar as correspondentes obrigações no curso normal das operações da Entidade;

c) Valor presente. Os ativos são mantidos pelo valor presente, descontado do fluxo futuro de entrada líquida de caixa que se espera seja gerado pelo item no curso normal das operações da Entidade. Os passivos são mantidos pelo valor presente, descontado do fluxo futuro de saída líquida de caixa que se espera seja necessário para liquidar o passivo no curso normal das operações da Entidade;

d) Valor justo. É o valor pelo qual um ativo pode ser trocado, ou um passivo liquidado, entre partes conhecedoras, dispostas a isso, em uma transação sem favorecimentos; e

e) Atualização monetária. Os efeitos da alteração do poder aquisitivo da moeda nacional devem ser reconhecidos nos registros contábeis mediante o ajustamento da expressão formal dos valores dos componentes patrimoniais. (Revogado)

§ 2º São resultantes da adoção da atualização monetária:

I – a moeda, embora aceita universalmente como medida de valor, não representa unidade constante em termos do poder aquisitivo;

II – para que a avaliação do patrimônio possa manter os valores das transações originais, é necessário atualizar sua expressão formal em moeda nacional, a fim de que permaneçam substantivamente corretos os valores dos componentes patrimoniais e, por consequência, o do Patrimônio Líquido; e

III – a atualização monetária não representa nova avaliação, mas tão somente o ajustamento dos valores originais para determinada data, mediante a aplicação de indexadores ou outros elementos aptos a traduzir a variação do poder aquisitivo da moeda nacional em um dado período."

16.2.7. Seção VI – O Princípio da COMPETÊNCIA

"**Art. 9º** O Princípio da Competência determina que os efeitos das transações e outros eventos sejam reconhecidos nos períodos a que se referem, independentemente do recebimento ou pagamento.

Parágrafo único. O Princípio da Competência pressupõe a simultaneidade da confrontação de receitas e de despesas correlatas. (Redação dada pela Resolução CFC 1.282/2010)."

A Resolução CFC nº 1374/11, aborda sobre a Competência:

Performance financeira refletida pelo regime de competência (accruals)

OB17.O regime de competência retrata com propriedade os efeitos de transações e outros eventos e circunstâncias sobre os recursos econômicos e reivindicações da entidade que reporta a informação nos períodos em que ditos efeitos são produzidos, ainda que os recebimentos e pagamentos em caixa derivados ocorram em períodos distintos. Isso é importante em função de a informação sobre os recursos econômicos e reivindicações da entidade que reporta a informação, e sobre as mudanças nesses recursos econômicos e reivindicações ao longo de um período, fornecer melhor base de avaliação da performance passada e futura da entidade do que a informação puramente baseada em recebimentos e pagamentos em caixa ao longo desse mesmo período.

OB18.Informações sobre a performance financeira da entidade que reporta a informação durante um período que são reflexos de mudanças em seus recursos econômicos e reivindicações, e não da obtenção adicional de recursos diretamente de investidores e credores (ver item OB21), são úteis para avaliar a capacidade passada e futura da entidade na geração de fluxos de caixa líquidos. Essas informações servem de indicativos da extensão em que a entidade que reporta a informação tenha aumentado seus recursos econômicos disponíveis, e dessa forma sua capacidade de gerar fluxos de caixa líquidos por meio de suas operações e não pela obtenção de recursos adicionais diretamente de investidores e credores.

OB19.Informações sobre a performance financeira da entidade que reporta a informação durante um período também podem ser indicativos da extensão em que determinados eventos, tais como mudanças nos preços de mercado ou nas taxas de juros, tenham provocado aumento ou diminuição nos recursos econômicos e reivindicações da entidade, afetando por conseguinte a capacidade de a entidade gerar a entrada de fluxos de caixa líquidos.

16.2.7.1 Exemplo do Princípio de Competência com Desconto de Duplicatas

A empresa Cia. Z tem um lote de duplicatas para desconto no banco. As condições da operação estão assim definidas:

Cia. Z - Desconto de Duplicatas – Data: 20/09/20X5	
Valor das Duplicatas	40.000,00
Taxa mensal de juros	3%
Data dos vencimentos	20/10/20X5
Dias entre o desconto e o vencimento	30
Total dos Juros	1.200,00
Taxas bancárias (Taxa de cadastro)	30,00

Quatro passos para a contabilização do Desconto de Duplicatas:

1º Passo: Lançamentos contábeis na data da operação bancária:

1 - Desconto de duplicatas banco Itaú conf. Borderô – 20/09/20X5		
D 1.1.1.001.02 Banco Itaú c/Movimento	38.770,00	
D 1.1.2.001.06 Juros a Apropriar - Duplicatas a Receber	1.200,00	
D 3.2.3.000.04 Despesas Bancárias	30,00	
C 2.1.1.001.12 Empréstimos a Pagar-Duplic. Descontadas		40.000,00

2º Passo: Pelo Princípio da Competência, apropriação (proporcional) dos juros em 30/09/20X5, ou seja: R$ 1.200,00 / 30 dias x 10 dias = R$ 400,00:

2 - Apropriação de juros de desconto de duplicatas, conf. Borderô – 30/09/X5		
D 3.2.3.000.02 Juros Passivos	400,00	
D 1.1.2.001.06 Juros a Apropriar - Duplicatas a Receber		400,00

3º Passo: Pelo Princípio da Competência, apropriação (proporcional) dos juros em 20/10/20X5, ou seja: R$ 1.200,00 / 30 dias x 20 dias = R$ 800,00:

3 - Apropriação de juros de desconto de duplicatas, conf. Borderô – 20/10/20X5		
D 3.2.3.000.02 Juros Passivos	800,00	
D 1.1.2.001.06 Juros a Apropriar - Duplicatas a Receber		800,00

4º Passo: em 20/10/20X5 podem ocorrer duas hipóteses: a) os clientes pagaram as duplicatas. Baixa da conta Duplicatas a Receber (ou Clientes):

4 - Recbto. duplicatas em Desconto banco Itaú conf. Borderô – 20/10/20X5		
D 2.1.1.001.12 Empréstimos a Pagar-Duplic. Descontadas	40.000,00	
C 1.1.2.001.02 Duplicatas a Receber		40.000,00

b) um cliente não pagou e o banco debita o valor na conta-corrente. Suponha-se que o valor não pago seja de R$ 1.000,00. Há um lançamento da 2ª. Fórmula, ou seja:

4 - Recbto. duplicatas em Desconto banco Itaú conf. Borderô – 20/10/20X5		
D 2.1.1.001.12 Empréstimos a Pagar-Duplic. Descontadas	40.000,00	
C 1.1.2.001.02 Duplicatas a Receber		39.000,00
C 1.1.1.001.02 Banco Itaú c/Movimento		1.000,00

Nota: Veja outros exemplos de registros contábeis pelo Princípio (Regime) da Competência no Capítulo "As Quatro Fórmulas Contábeis" deste livro.

16.2.8. Seção VII – O Princípio da PRUDÊNCIA

"**Art. 10.** O Princípio da PRUDÊNCIA determina a adoção do menor valor para os componentes do ATIVO e do maior para os do PASSIVO, sempre que se apresentem alternativas igualmente válidas para a quantificação das mutações patrimoniais que alterem o patrimônio líquido.

Parágrafo único. O Princípio da Prudência pressupõe o emprego de certo grau de precaução no exercício dos julgamentos necessários às estimativas em certas condições de incerteza, no sentido de que ativos e receitas não sejam superestimados e que passivos e despesas não sejam subestimados, atribuindo maior confiabilidade ao processo de mensuração e apresentação dos componentes patrimoniais. (Redação dada pela Resolução CFC 1.282/2010)"

A Resolução CFC nº 1374/11, aborda sobre a Prudência:

"A característica *prudência (conservadorismo)* foi também retirada da condição de aspecto da representação fidedigna por ser inconsistente com a *neutralidade.* Subavaliações de ativos e superavaliações de passivos, segundo os *Boards* mencionam nas Bases para Conclusões, com consequentes registros de desempenhos posteriores inflados, são incompatíveis com a informação que pretende ser neutra."

Exemplo de utilização do Princípio da Prudência:

Quando há, por exemplo, um processo contingente (Ativo) que a empresa move contra terceiros, processo esse que é "Praticamente Certo, já transitou em julgado" (CPC 25), e o valor da causa, por exemplo, está entre

R$ 100 e R$ 120, o registro contábil, segundo o Art.10 da Seção VII, deve ser feito pelo menor valor, no caso R$ 100.

Inversamente, quando o processo contingente (Passivo) for movido por terceiros contra a empresa, e "for Provável, mensurável com suficiente segurança" (CPC 25), e o valor da causa, por exemplo, está entre R$ 100 e R$ 120, o registro contábil, segundo o Art.10 da Seção VII deve ser feito pelo maior valor, no caso R$ 120.

16.2.9. Inobservância dos PRINCÍPIOS

"**Art. 11.** A inobservância dos Princípios de Contabilidade constitui infração nas alíneas "c", "d" e "e" do art. 27 do **Decreto-lei 9.295**, de 27 de maio de 1946 e, quando aplicável, ao **Código de Ética Profissional do Contabilista**. (Redação dada pela Resolução CFC 1.282/2010)".

16.2.10. Exercícios de Convenções e Princípios Contábeis

Para resolver em sala de aula. A empresa Indústria X tem(teve) as seguintes posturas contábeis:

1. Controlava seus estoques pelo método PEPS e no meio do exercício modificou para Custo Médio Ponderado. Essa mudança fere qual(is) e que tipo(s) de postulado(s) contábil(eis)?

2. Faz um controle diário, e depois registra contabilmente, o gasto de "copos de cafezinho" utilizados. Comente sua opinião sobre esse controle.

3. Tem um processo trabalhista contra si. O valor do processo é R$ 1.000 e o advogado pleiteou $ 900, e está em fase final. Segundo os princípios contábeis, como deverá proceder contabilmente?

17. Fatos Contábeis

Fatos Contábeis são ocorrências que se registram na contabilidade, as quais trazem variações qualitativas ou quantitativas.

Porém, há fatos contábeis que nem sempre alteram a situação líquida do patrimônio, isto é, o Patrimônio Líquido. Algumas vezes, constituem apenas uma *permuta* entre espécies de seus elementos: são as alterações *qualitativas*. Outras vezes, trazem variações *aumentativas* ou *diminutivas*: são as alterações *quantitativas*, que modificam o *patrimônio líquido* da entidade.

Os Fatos Contábeis classificam-se em três grupos: *permutativos (qualitativos* ou *compensativos), modificativos (quantitativos) e mistos (compostos).*

17.1. Fatos Permutativos (Qualitativos ou Compensativos)

Representam trocas (permutas) entre elementos do **Ativo**, do **Passivo,** ou de **ambos**. Porém, não provocam alteração na situação líquida da empresa (Patrimônio Líquido)

1a) Permutação de Componentes do Ativo

São os Fatos que envolvem **apenas contas do Ativo.** Por exemplo, um saque em dinheiro de R$ 100,00 de um cheque no banco, fato este que não altera a situação líquida do patrimônio. Há, tão somente, a permutação de seus elementos constitutivos, pois a saída de dinheiro da conta bancária é compensada pela entrada de dinheiro no caixa, de igual valor, no mesmo momento. Na Permutação de componentes do Ativo, o seu total mantém-se inalterado.

Exemplo de Permutação de Componentes do Ativo:

1 - Saque ch. 0000 Bco. Itaú p/ Suprimento de Caixa – 00/00/X5		
D 1.1.1.001.01 Caixa	100,00	
C 1.1.1.001.02 Banco Itaú c/Movimento		100,00

* Aumento do Ativo de R$ 100,00 por entrada de caixa

* Diminuição do Ativo de R$ 100,00 por saída da conta bancária

1b) Permutação de Componentes do Passivo

São os Fatos que envolvem **apenas contas do Passivo**. Por exemplo, um holerite de Salários a Pagar que esqueceu-se da retenção de Imposto de Renda de R$ 15,00, fato este que não altera a situação líquida do patrimônio. Há, tão somente, a permutação de seus elementos constitutivos, pois a redução da conta Salários a Pagar é compensada pelo aumento da conta Imposto de Renda PF a Recolher, de igual valor, no mesmo momento. Na Permutação de componentes do Passivo, o seu total mantém-se inalterado.

Exemplo de Permutação de Componentes do Passivo:

2 - Retenção de IR s/Salários – José da Silva – 31/01/X5		
D 2.1.1.001.01 Salários a Pagar	15,00	
C 2.1.1.001.08 Imposto de Renda PF a Recolher		15,00

* Diminuição do Passivo de R$ 15,00 por transferência para IR

* Aumento do Passivo de R$ 15,00 por provisão de IR

1c) Compensação entre componentes Ativos e Passivos

São Fatos Compensativos aqueles que podem trazer aumento ou diminuição nessas duas partes, ou em ambas, no mesmo valor, mas não alterando a situação líquida do patrimônio.

Exemplo de aumento do Ativo e aumento do Passivo:

Compra de Mercadorias a Prazo:

3 - Compra mercadorias NF 0000 Fornecedor G Ltda. – 02/01/X5		
D 1.1.3.001.01 Mercadorias	500,00	
C 2.1.1.001.06 Fornecedores		500,00

* Aumento do Ativo de R$ 500,00 por compra de Mercadorias

* Aumento do Passivo de R$ 500,00 por dívida ao Fornecedor

Exemplo de diminuição do Passivo e diminuição do Ativo:

Pagamento de Aluguel:

4 - Pago Aluguel ref. 01/00 a Paulo Silva. – 05/02/X5		
D 2.1.1.001.09 Aluguéis a Pagar	800,00	
C 1.1.1.001.01 Caixa		800,00

* Diminuição do Passivo de R$ 800,00 por pagamento de Aluguel

* Diminuição do Ativo de R$ 800,00 por saída de caixa para pagamento de Aluguel

Dica → Nos Fatos Permutativos ou Compensativos, o total da situação líquida do Patrimônio não se altera.

17.2. Fatos Modificativos (Quantitativos)

Fatos Modificativos são os que produzem alterações na situação líquida do Patrimônio, diminuindo-a ou aumentando-a. Há diminuição na situação líquida quando um bem é "consumido" ou quando há *gastos* ou *despesas* decorrentes de atividade econômica. Por exemplo, quando se pagam os salários dos empregados, aluguel do prédio, impostos, depreciação das máquinas, além de inúmeros outros gastos que não se recuperam, há diminuição do patrimônio líquido. Estes são as *despesas* ou *custos.*

O aumento do patrimônio líquido ocorre quanto há *receitas ou ganhos*, ou seja, recebimento de importâncias por serviços prestados, por juros de capitais aplicados, por descontos obtidos, além de receitas secundárias e ganhos eventuais. A principal receita da empresa mercantil é o *lucro com a venda de mercadoria ou prestação de serviços.*

Os Fatos Modificativos classificam-se em *diminutivos* ou *aumentativos*:

2a) Fatos Modificativos Diminutivos

O pagamento de despesas traz **diminuição do Ativo**, pois há saída de dinheiro sem correspondente entrada de outro valor no Ativo.

Exemplo de diminuição da situação líquida positiva do patrimônio por diminuição do Ativo:

Pagamento de IPTU

5 - Pago IPTU parc. 01/12 – Ano 20X5 – 15/01/X5		
D 3.2.2.001.24 IPTU	200,00	
C 1.1.1.001.01 Caixa		200,00

* Diminuição da situação líquida de R$ 200,00

* Diminuição do Ativo de R$ 200,00 pela despesa paga

Nota: Quando fala-se "*diminuição da situação líquida positiva do patrimônio*" subentende-se que a empresa apresente "lucros". Pode ocorrer, obviamente, um "*aumento da situação líquida negativa do patrimônio*" quando a empresa apresentar prejuízos.

Exemplo de diminuição da situação líquida positiva do patrimônio por aumento do Passivo:

Provisão do aluguel de janeiro para pagamento em fevereiro

6 - Provisão aluguel 01/X5 – Pedro de Tal – 31/01/X5		
D 3.2.2.001.18 Aluguéis e Arrendamentos	2.000,00	
C 2.1.1.001.09 Aluguéis a Pagar		2.000,00

* Diminuição da situação líquida de R$ 2.000,00

* Aumento do Passivo de R$ 2.000,00 pela obrigação a pagar

Nota: Este exemplo é típico do Princípio da Competência.

2b) Fatos Modificativos Aumentativos

Ao contrário do caso anterior, o aumento do patrimônio tanto pode dar-se por aumento do Ativo quanto pela diminuição de Passivo.

Exemplo do aumento da situação líquida positiva do patrimônio por aumento do Ativo:

Recebimento de juros por aplicações financeiras

7 - Recebimento de Juros aplicação financeira Itaú – Jan/X5 – 31/01/X5		
D 1.1.1.001.02 Banco Itaú c/Movimento	1.000,00	
C 3.1.2.000.01 Juros Receb. s/Aplicações Financeiras		1.000,00

* Aumento do Ativo de R$ 1.000,00 pelo recebimento de juros

* Aumento da situação líquida de R$ 1.000,00 pela receita de juros

Exemplo do aumento da situação líquida positiva do patrimônio por diminuição do Passivo:

Bonificação recebida do Fornecedor de uma dívida a pagar

8-Bonificação da Dupl. 0000 de Fornecedor X Ltda. – 31/01/X5		
D 2.1.1.001.07 Duplicatas a Pagar	150,00	
C 3.1.3.000.01 Bonificações Recebidas		150,00

* Diminuição do Passivo de R$ 150,00 pelo recebimento de bonificação

* Aumento da situação líquida de R$ 150,00 pela receita de bonificação

17.3. Fatos Mistos (Compostos)

Fatos Mistos ou Compostos são aqueles que envolvem a *permutação* ou *compensação* de valores com modificação na situação líquida do patrimônio. Dividem-se em *aumentativos* e *diminutivos.*

Exemplo de fatos Mistos aumentativos (com lucro):

Se a mercadoria custou R$ 100,00 e foi vendida por R$ 120,00 produz um lucro de R$ 20,00. Houve, com essa operação, a seguinte modificação do ativo: diminuição de R$ 100,00 dos estoques e aumento de R$ 120,00 com a entrada de dinheiro. Houve *permutação* no ativo e, ao mesmo tempo, aumento da *situação liquida positiva do patrimônio*, por aumento de ativo. Essa operação tem o seguinte lançamento contábil:

Receita de Vendas à vista com Lucro

9 - Venda NF 000 – Cliente M – 25/01/X5		
D 1.1.1.001.01 Caixa	120,00	
C 1.1.3.001.01 Mercadorias		100,00
C 0.0.0.000.00 Lucro		20,00

* Aumento do Ativo de R$ 120,00 por entrada de Caixa
* Diminuição do Ativo de R$ 100,00 por saída de estoques (Mercadorias)
* Aumento da situação líquida (Lucro) R$ 20,00.

Nota: Esse tipo de desdobramento contábil é típico de empresas que mantêm controle de custo e do estoque das mercadorias vendidas.

Exemplo de fatos Mistos diminutivos (com prejuízo):

Seguindo o exemplo anterior, se a mercadoria custou R$ 100,00 e foi vendida por R$ 80,00 produz um prejuízo de R$ 20,00. Houve, com essa operação, diminuição de R$ 100,00 dos estoques, aumento de R$ 80,00 com a entrada de dinheiro, e uma situação líquida negativa do patrimônio. Essa operação tem o seguinte lançamento contábil:

Receita de Vendas à vista com Prejuízo

10 - Venda NF 000 – Cliente K – 25/01/X5		
D 1.1.1.001.01 Caixa	80,00	
D 0.0.0.000.00 (-) Prejuízo	20,00	
C 1.1.3.001.01 Mercadorias		100,00

* Aumento do Ativo de R$ 80,00 por entrada de Caixa
* Diminuição do Ativo de R$ 100,00 por saída de estoques (Mercadorias)
* Diminuição da situação líquida (Prejuízo) R$ 20,00.

3a) Permutação diminutiva do ativo e diminuição da situação líquida positiva do patrimônio

Exemplo de recebimento de recebíveis com concessão de desconto:

Recebimento de crédito com concessão de desconto.

11 - Receb. Dupl. 000 – Cliente Y Ltda. – 20/01/X5		
D 1.1.1.001.01 Caixa	270,00	

D 3.2.2.002.03 Descontos Concedidos	30,00	
C 1.1.2.001.01 Clientes		300,00

* Aumento do Ativo de R$ 270,00 por entrada de Caixa

* Diminuição do Ativo de R$ 300,00 por baixa nos recebíveis

* Diminuição da situação líquida por despesa de R$ 30,00.

3b) Permutação diminutiva do passivo e diminuição da situação líquida positiva do patrimônio

Exemplo de pagamento de aluguel após o vencimento, com multa contratual de 10%. O pagamento foi feito contraindo-se um empréstimo bancário.

Pagamento de Aluguel com Multa e empréstimo bancário.

12 - Pg. Aluguel 12/X4 Pedro de Tal, c/ Multa 10% – 28/01/X5		
D 2.1.1.001.09 Aluguéis a Pagar	2.000,00	
D 3.2.2.001.26 Multas Diversas	200,00	
C 2.1.1.001.13 Empréstimos/Financ. a Pagar		2.200,00

* Diminuição do Passivo de R$ 2.000,00 por pagamento de Aluguel

* Aumento do Passivo de R$ 2.200,00 por contração de dívida

* Diminuição da situação líquida por despesa de R$ 200,00.

3c) Permutação de valores ativos e passivos com diminuição da situação líquida positiva do patrimônio

Exemplo de recolhimento de INSS com multa. O pagamento foi feito em dinheiro.

Recolhimento de INSS com multa.

13 - Recolhimento INSS 12/X4 c/ Multa 28/01/X5		
D 2.1.1.001.04 INSS a Recolher	1.000,00	
D 3.2.2.001.26 Multas Diversas	100,00	
C 1.1.1.001.01 Caixa		1.100,00

* Diminuição do Passivo de R$ 1.000,00 por recolhimento de INSS

* Diminuição do Ativo R$ 1.100,00 pelo pagamento em dinheiro

* Diminuição da situação líquida por despesa de R$ 100,00.

3d) Permutação de valores ativos e passivos com aumento da situação líquida positiva do patrimônio

Exemplo: Pagamento de uma duplicata, em dinheiro e com desconto:

Receita de Descontos no pagamento a fornecedor, em dinheiro

14 - Desconto Obtido no pag. Dupl. 0000 Fornecedor J – 20/01/X5		
D 2.1.1.001.06 Fornecedores	200,00	
C 1.1.1.001.01 Caixa		180,00
C 3.1.3.000.02 Descontos Obtidos		20,00

* Diminuição do Passivo de R$ 200,00 por pagamento ao fornecedor
* Diminuição do Ativo de R$ 180,00 por saída de caixa
* Aumento da situação líquida por receita de R$ 20,00.

17.4. Exercícios de Fatos Contábeis

Exercício 1 – Para ser resolvido em sala de aula:

a) Dê exemplo de lançamento contábil de Permutação de componentes do Ativo;

b) Dê exemplo de lançamento contábil de Permutação de componentes do Passivo;

c) Dê exemplo de lançamento contábil de Permutação de componentes Ativos e Passivo;

d) Dê exemplo de Fato Modificativo Diminutivo;

e) Dê exemplo de Fato Modificativo Aumentativo;

f) Dê exemplo de Fato Misto com Permutação diminutiva do Ativo e diminuição da situação líquida positiva do patrimônio;

g) Dê exemplo de Fato Misto com Permutação diminutiva do Passivo e diminuição da situação líquida positiva do patrimônio;

h) Dê exemplo de Fato Misto com Permutação de valores Ativos e Passivos com diminuição da situação líquida positiva do patrimônio;

i) Dê exemplo de Fato Misto com Permutação de valores Ativos e Passivos com aumento da situação líquida positiva do patrimônio.

18. Exercícios Resolvidos

Exercício 1.10.1: Assinale com "A" as contas Ativas, com "P" as contas Passivas e com "L" as contas do Patrimônio Líquido:

(L) Capital Social
(P) Fornecedores
(A) Móveis e Utensílios
(A) Estoques
(A) Participações Acionárias
(P) INSS a Recolher
(A) Instalações
(L) Prejuízos Acumulados
(A) Empréstimos a Receber
(L) Ações em Tesouraria
(A) Banco conta Movimento
(L) Lucros do Exercício
(P) Duplicatas a Pagar
(A) Caixa
(A) *Softwares*
(A) Equipamentos
(L) Reserva Legal
(P) Financiamentos a Pagar
(A) Aplicações em Ouro
(A) ICMS a Recuperar

Exercício 1.10.2:

1 - Constituição da Empresa – Comercial Y Ltda. Capital integralizado em dinheiro.

Aplicação: 200.000,00
Origem: 200.000,00

Aplicação: Caixa	
Débito	Crédito
1-200.000,00	

Origem: Capital Social	
Débito	Crédito
	200.000,00-1

2 - Aquisição de Veículo por Financiamento

Aplicação: 15.000,00
Origem: 15.000,00

Aplicação: Veículos	
Débito	Crédito
2-15.000,00	

Origem: Financiamentos a Pagar	
Débito	Crédito
	15.000,00-2

3 - Compra de Mercadorias de Fornecedores, a prazo

Aplicação: 20.000,00
Origem: 20.000,00

Aplicação: Mercadorias	
Débito	Crédito
3-20.000,00	

Origem: Fornecedores	
Débito	Crédito
	20.000,00-3

4 - Abertura de conta bancária - Banco Itaú c/Movimento

Aplicação: 90.000,00

Origem: 90.000,00

Aplicação: Banco Itaú	
Débito	**Crédito**
4-90.000,00	

Origem: Caixa	
Débito	**Crédito**
	90.000,00-4

5 - Compra de Equipamentos. Pago com cheque

Aplicação 2.000,00

Origem: 2.000,00

Aplicação: Equipamentos	
Débito	**Crédito**
5-2.000,00	

Origem: Banco Itaú	
Débito	**Crédito**
4-90.000,00	2.000,00-5

6 - Compra de Imóvel Financiado

Aplicação 100.000,00

Origem: 100.000,00

Aplicação: Imóveis	
Débito	**Crédito**
6-100.000,00	

Origem: Financtos a Pagar	
Débito	**Crédito**
	15.000,00-2
	100.000,00-6
	115.000,00

7 - Compra de Instalações. Pago em dinheiro

Aplicação 4.000,00

Origem: 4.000,00

Aplicação: Instalações	
Débito	**Crédito**
7-4.000,00	

Origem: Caixa	
Débito	**Crédito**
1-200.000,00	90.000,00-4
	4.000,00-7

8 - Adiantamento a Fornecedor para compra de bens. Pago em cheque

Aplicação 5.000,00

Origem: 5.000,00

Aplicação: Adiantamento a Fornecedor	
Débito	**Crédito**
8-5.000,00	

Origem: Banco Itaú	
Débito	**Crédito**
4-90.000,00	2.000,00-5
	5.000,00-8
83.000,00	

9 - Compra de Equipamentos de Informática. Pago em dinheiro.

Aplicação 4.000,00

Origem: 4.000,00

Aplicação: Equipamentos de Informática	
Débito	**Crédito**
9-4.000,00	

Origem: Caixa	
Débito	**Crédito**
1-200.000,00	90.000,00-4
	4.000,00-7
	4.000,00-9

10 - Registro de Marca da empresa. Pago em dinheiro.

Aplicação 2.000,00

Origem: 2.000,00

Aplicação: Marcas	
Débito	**Crédito**
10-2.000,00	

Origem: Caixa	
Débito	**Crédito**
1-200.000,00	90.000,00-4
	4.000,00-7
	4.000,00-9
	2.000,00-10
100.000,00	

Balanço Patrimonial – Comercial Y Ltda. – 01/08/20X3

Ativo	R$	Passivo/Patrimônio Líquido	R$
Caixa	100.000,00	Fornecedores	20.000,00
Banco Itaú c/Movimento	83.000,00	Financiamentos a Pagar	115.000,00
Adiantamentos a Fornecedores	5.000,00	Capital Social	200.000,00
Mercadorias	20.000,00		
Equipamentos de Informática	4.000,00		
Instalações	4.000,00		
Veículos	15.000,00		
Máquinas/Equipamentos	2.000,00		
Imóveis	100.000,00		
Marcas	2.000,00		
Total Ativo:	**335.000,00**	**Total Passivo:**	**335.000,00**

Exercício 2.8.1:

a) Lançamentos Contábeis (com códigos do Plano de Contas)

1 - Constituição do Capital da Limpadora Batista Ltda. – 20/07/X2		
D 1.1.1.001.01 Caixa	200.000,00	
C 2.4.1.001.01 Capital Social		200.000,00

2 - Compra de mercadorias a prazo. NF 0000-Fornecedor J – 20/07/X2		
D 1.1.3.001.01 Mercadorias	100.000,00	
C 2.1.1.001.06 Fornecedores		100.000,00

3 - Depósito no Banco Itaú c/Movimento CC nº 00000 – 20/07/X2		
D 1.1.1.001.02 Banco Itaú c/Movimento	40.000,00	
C 1.1.1.001.01 Caixa		40.000,00

4 - Compra de móveis e utensílios NF 0000 – Fornecedor H – 20/07/X2		
D 1.3.2.001.03 Móveis e Utensílios	4.000,00	
C 1.1.1.001.02 Banco Itaú c/Movimento		4.000,00

5 - Pago conta Eletropaulo ref. 07/X2 – 20/07/X2		
D 3.2.2.001.12 Luz e Força	150,00	
C 1.1.1.001.01 Caixa		150,00

6 - Compra de Equipamentos – NF 0000 – Fornecedor D – 20/07/X2		
D 1.3.2.001.05 Máquinas e Equipamentos	3.000,00	
C 1.1.1.001.02 Banco Itaú c/Movimento		3.000,00

7 - Compra terreno de Maria da Silva conf. Escritura 6º. Cart. SP – 20/07/X2		
D 1.3.2.001.01 Terrenos	20.000,00	
C 1.1.1.001.02 Banco Itaú c/Movimento		20.000,00

8 - Venda de serviços NF 0001 Cliente F – 20/07/X2		
D 1.1.1.001.01 Caixa	50.000,00	
C 3.1.1.001.02 Receitas de Prestação de Serviços		50.000,00

9 - Venda de serviços NF 0002 Cliente A – 20/07/X2		
D 1.1.2.001.01 Clientes	25.000,00	
C 3.1.1.001.02 Receitas de Prestação de Serviços		25.000,00

10 - Pago Taxas ref. Escritura Maria da Silva, 6º. Cart. SP – 20/07/X2		
D 3.2.2.001.25 Taxas e Emolumentos	400,00	
C 1.1.1.001.02 Banco Itaú c/Movimento		400,00

b) Razonetes (Modelo "T"), com apuração de Saldos

1.1.1.001.01-Caixa	
1-200.000,00	40.000,00-3
8- 50.000,00	150,00-5
209.850,00	

2.4.1.001.01-Capital Social	
	200.000,00-1
	200.000,00

1.1.3.001.01 Mercadorias	
2-100.000,00	
100.000,00	

2.1.1.001.06- Fornecedores	
	100.000,00-2
	100.000,00

1.1.1.001.02- Banco Itaú c/Mov	
3-40.000,00	4.000,00-4
	3.000,00-6
	20.000,00-7
12.600,00	400,00-10

3.2.2.001.12 Luz e Força.	
5 – 150,00	
150,00	

1.3.2.001.03- Móveis Utensílios	
4-4.000,00	
4.000,00	

1.3.2.001.05- Máq.e Equipamtos	
6-3.000,00	
3.000,00	

1.3.2.001.01- Terrenos	
7- 20.000,00	
20.000,00	

3.1.1.001.02- Rec.Prest.Serviços	
	50.000,00-8
	25.000,00-9
	75.000,00

1.1.2.001.01- Clientes	
9-25.000,00	
25.000,00	

3.2.2.001.25- Taxas e Emolum.	
10-400,00	
400,00	

c) Balancete de Verificação

Balancete de Verificação: Limpadora Batista Ltda. – Data: 20/07/20X2			
Código:	**Contas:**	**Débito $**	**Crédito $**
1.1.1.001.01	Caixa	209.850,00	
1.1.1.001.02	Banco Itaú c/Movimento	12.600,00	
1.1.2.001.01	Clientes	25.000,00	
1.1.3.001.01	Mercadorias	100.000,00	
1.3.2.001.01	Terrenos	20.000,00	
1.3.2.001.03	Móveis e Utensílios	4.000,00	
1.3.2.001.05	Máquinas e Equipamentos	3.000,00	
2.1.1.001.06	Fornecedores		100.000,00
2.4.1.001.01	Capital Social		200.000,00
3.1.1.001.02	Receitas de Prestação de Serviços		75.000,00
3.2.2.001.12	Luz e Força	150,00	
3.2.2.001.25	Taxas e Emolumentos	400,00	
		375.000,00	**375.000,00**

Exercício 2.8.2:

Balancete de Verificação: Drogaria Drogax S.A. – Data: 31/01/20X4			
Código:	**Contas:**	**Débito $**	**Crédito $**
1.1.1.001.01	Caixa	50.000,00	
1.1.1.001.02	Banco Itaú c/Movimento	35.000,00	
1.1.2.001.01	Clientes	10.000,00	
1.3.2.001.03	Móveis e Utensílios	5.000,00	
2.4.1.001.01	Capital Social		100.000,00
	Totais:	**100.000,00**	**100.000,00**

a) Lançamentos Contábeis com códigos do Plano de Contas;

1 - Compra de mercadorias a prazo. NF 0000-Fornecedor B – 01/02/X4		
D 1.1.3.001.01 Mercadorias	70.000,00	
C 2.1.1.001.06 Fornecedores		70.000,00

2 - Vendas p/ Máquinas Registradoras Leitura Z – 01/02/X4		
D 1.1.1.001.01 Caixa	10.000,00	
C 3.1.1.001.01 Vendas		10.000,00

3 - Vendas p/Máquinas Registradoras Leitura Z – 01/02/X4		
D 1.1.2.001.05 Cartões Débito/Crédito a Receber	20.000,00	
C 3.1.1.001.01 Vendas		20.000,00

4 - Pago comissão aos vendedores ref. vendas – 01/02/X4		
D 3.2.2.002.01 Comissão dos Vendedores	250,00	
C 1.1.1.001.01 Caixa		250,00

5 - Pago Aluguel Pedro Silva ref. 02/20X4 – 01/02/X4		
D 3.2.2.001.18 Aluguéis e Arrendamentos	1.000,00	
C 1.1.1.001.02 Banco Itaú c/Movimento		1.000,00

c) Abrir Razonetes (Modelo "T"), com os saldos do Balancete anterior e apurar os Saldos atuais:

1.1.1.001.01- Caixa	
0-50.000,00	250 ,00 -4
2-10.000,00	
59.750,00	

1.1.1.001.02- Banco Itaú c/Mov	
0-35.000,00	1.000,00 -5
34.000,00	

1.1.2.001.01- Clientes	
0-10.000,00	
10.000,00	

1.3.2.001.03- Móveis Utensílios	
0 -5.000,00	
5.000,00	

2.4.1.001.01- Capital Social	
	100.000,00-0
	100.000,00

1.1.3.001.01 Mercadorias	
1-70.000,00	
70.000,00	

2.1.1.001.06- Fornecedores	
	70.000,00-1
	70.000,00

3.1.1.001.01- Vendas	
	10.000,00-2
	20.000,00-3
	30.000,00

1.1.2.001.05- Cartões Cred/Deb Rc	
3-20.000,00	
20.000,00	

3.2.2.001.18- Aluguéis e Arrendam.	
5- 1.000,00	
1.000,00	

3.2.2.002.01- Comiss.Vendedor	
4- 250,00	
250,00	

d) Novo Balancete de Verificação:

Balancete de Verificação: Drogaria Drogax S.A. – Data: 01/02/20X4			
Código:	**Contas:**	**Débito $**	**Crédito $**
1.1.1.001.01	Caixa	59.750,00	
1.1.1.001.02	Banco Itaú c/Movimento	34.000,00	
1.1.2.001.01	Clientes	10.000,00	
1.1.2.001.05	Cartões de Déb./Créd. a Receber	20.000,00	
1.1.3.001.01	Mercadorias	70.000,00	
1.3.2.001.03	Móveis e Utensílios	5.000,00	
2.1.1.001.06	Fornecedores		70.000,00
2.4.1.001.01	Capital Social		100.000,00
3.1.1.001.01	Vendas		30.000,00
3.2.2.001.18	Aluguéis e Arrendamentos	1.000,00	
3.2.2.002.01	Comissão dos Vendedores	250,00	
	Totais:	**200.000,00**	**200.000,00**

Exercício 3.5.1.

a) Lançamentos Contábeis 1ª. Fórmula:

1 - Provisão conta 04/20X4-Sabesp – 30/04/X4		
D 3.2.2.001.13 Água e Esgoto	100,00	
C 1.1.1.001.02 Banco Itaú c/ Movimento		100,00

b) Lançamentos Contábeis 2ª. Fórmula:

3 - Recolhimento INSS ref. 10/20X5 – 05/11/X5		
D 2.1.1.001.04 INSS a Recolher	3.000,00	
D 1.1.1.001.01 Caixa		1.500,00
C 1.1.1.001.02 Banco Itaú c/Movimento		1.500,00

c) Lançamentos Contábeis 3ª. Fórmula:

2 - Pagto. Dupl. 0000 – Fornecedor X – 30/04/X4		
D 2.1.1.001.06 Fornecedores	200,00	
D 3.2.3.000.02 Juros Passivos	10,00	
C 1.1.1.001.01 Caixa		210,00

d) Lançamentos Contábeis 4ª Fórmula:

4 - Provisão Folha Pagto. ref. 06/02X2 – 31/07/X2		
D 3.2.2.001.01 Salários e Ordenados	2.000,00	
D 3.2.2.001.02 Horas-Extras	1.000,00	
D 3.2.2.001.03 Adicional Noturno	500,00	
D 3.2.2.001.05 13º. Salário	100.00	
D 3.2.2.002.01 Comissão dos Vendedores	400,00	
C 2.1.1.001.01 Salários a Pagar		3.300,00
C 2.1.1.001.04 INSS a Recolher		400,00
C 2.1.1.001.18 Imposto de Renda PF a Recolher		100,00
C 2.1.1.001.23 Contribuição Sindical a Recolher		150,00
C 3.2.2.001.01 Salários e Ordenados		50,00

Exercício 3.5.2.

a) Lançamentos contábeis (com as 4 fórmulas contábeis) usando o Plano de Contas:

1 - Constituição do Supermercado GJ Ltda. – 20/05/20X5		
D 1.1.1.001.01 Caixa	30.000,00	
D 1.3.2.001.01 Terrenos	25.000,00	
D 1.3.2.001.02 Imóveis/Edifícios	45.000,00	
C 2.4.1.001.01 Capital Social		100.000,00

2 - Compra de Ativos Nf. 000 – Fornecedor T – 20/05/20X5		
D 1.3.2.001.03 Móveis e Utensílios	8.000,00	
D 1.3.2.001.04 Instalações	12.000,00	
D 1.3.2.001.08 Equipamentos de Informática	10.000,00	
C 1.1.1.001.01 Caixa		15.000,00
C 2.1.1.001.07 Duplicatas a Pagar		15.000,00

Dica → Use a conta Fornecedores para compras de mercadorias ou matéria-prima (atividades-afins), e Duplicatas a Pagar para compra de Ativos e Bens de consumo e Despesas.

3 - Depósito no Banco Itaú c/Movimento CC nº 00000 – 20/05/X5		
D 1.1.1.001.02 Banco Itaú c/Movimento	20.000,00	
C 1.1.1.001.01 Caixa		20.000,00

4 - Depósito no Banco Itaú c/Movimento CC nº 00000 – 20/05/X5		
D 3.2.3.000.04 Despesas Bancárias	50,00	
C 1.1.1.001.02 Banco Itaú c/Movimento		50,00

5 - Compra de mercadorias NF 0000 – Fornecedor H – 20/05/X5		
D 1.1.3.001.01 Mercadorias	20.000,00	
C 1.1.1.001.02 Banco Itaú c/Movimento		6.000,00
C 2.1.1.001.06 Fornecedores		14.000,00

6 - Compra de mercadorias a prazo. NF 0000 Fornecedor P – 20/05/X5		
D 3.2.2.002.05 Propaganda e Marketing	200,00	
C 1.1.1.001.01 Caixa		200,00

b) Razonetes (Modelo "T") e apuração de saldos:

1.1.1.001.01- Caixa	
1-40.000,00	15.000,00-2
	20.000,00-3
4.800,00	200,00-6

1.3.2.001.01- Terrenos	
1-25.000,00	
25.000,00	

1.3.2.001.02- Imóveis/Edifícios	
1-45.000,00	
45.000,00	

2.4.1.001.01- Capital Social	
	110.000,00-1
	110.000,00

1.3.2.001.03- Móveis Utensílios	
2-8.000,00	
8.000,00	

1.3.2.001.04- Instalações	
2-12.000,00	
12.000,00	

1.3.2.001.08- Equipam.Informática	
2-10.000,00	
10.000,00	

2.1.1.001.07- Duplicatas a Pagar	
	15.000,00-2
	15.000,00

1.1.1.001.02- Banco Itaú c/Mov	
3-20.000,00	50,00-4
13.950,00	6.000,00-5

3.2.3.000.04- Despesas Bancárias	
4- 50,00	
50,00	

1.1.3.001.01 Mercadorias	
5-20.000,00	
20.000,00	

2.1.1.001.06- Fornecedores	
	14.000,00-5
	14.000,00

3.2.2.002.05- Propaganda e Marketing	
6- 200,00	
200,00	

c) Balancete de Verificação:

Balancete de Verificação: Supermercado JG Ltda. – Data: 20/05/20X5			
Código:	**Contas**	**Débito $**	**Crédito $**
1.1.1.001.01	Caixa	4.800,00	
1.1.1.001.02	Banco Itaú c/Movimento	13.950,00	
1.1.3.001.01	Mercadorias	20.000,00	
1.3.2.001.01	Terrenos	25.000,00	
1.3.2.001.02	Imóveis/Edifícios	45.000,00	
1.3.2.001.03	Móveis e Utensílios	8.000	
1.3.2.001.04	Instalações	12.000,00	
1.3.2.001.08	Equipamentos de Informática	10.000,00	

2.1.1.001.06	Fornecedores		14.000,00
2.1.1.001.07	Duplicatas a Pagar		15.000,00
2.4.1.001.01	Capital Social		110.000,00
3.2.2.002.05	Propaganda e Marketing	200,00	
3.2.3.000.04	Despesas Bancárias	50,00	
	Totais:	**139.000,00**	**139.000,00**

Exercício 4.4.1: A empresa Bolsas Alfa Ltda. teve a seguinte movimentação de estoques (compras/vendas) conforme **Quadro 1** abaixo, do seu produto "Bolsa Feminina Mod. A", no ano 20X2.

Quadro 1

Imposto	Alíquota
ICMS	12%
PIS	1,65%
COFINS	7,60%

Operações no período – Ano 20X2				
Operação:	**Data:**	**Qtd. Kg.**	**Preço Un.$**	**Total R$**
Compra	10/02/X2	40	38,10	1.524,00
Compra	21/02/X2	40	50,80	2.032,00
Vendas	25/02/X2	60	60,95	3.657,00

a) Lançamentos Contábeis das Compras, Vendas, Ajuste dos "Impostos a Recolher" e Razonetes e Balancete de Verificação (em 28/02/20X2). As alíquotas de impostos são as mesmas para compras e vendas;

1 - Compra conf. NF 000 – Fornecedor X – 10/02/20X2		
D 1.1.3.001.01 Mercadorias	1.200,16	
D 1.1.2.002.01 PIS a Recuperar	25,14	
D 1.1.2.002.02 COFINS a Recuperar	115,82	
D 1.1.2.002.03 ICMS a Recuperar	182,88	
C 2.1.1.001.06 Fornecedores		1.524,00

2 - Compra conf. NF 000 – Fornecedor Z – 21/02/202		
D 1.1.3.001.01 Mercadorias	1.600,21	
D 1.1.2.002.01 PIS a Recuperar	33,52	
D 1.1.2.002.02 COFINS a Recuperar	154,43	
D 1.1.2.002.03 ICMS a Recuperar	243,84	
C 2.1.1.001.06 Fornecedores		2.032,00

3 - Venda conf. NF 000 – Cliente Y – 25/02/20X2		
D 1.1.2.001.01 Clientes	3.657,00	
C 3.1.1.001.01 Vendas		3.657,00

3A - Venda conf. NF 000 – Cliente Y – 25/02/20X2		
D 3.1.1.002.04 PIS s/Vendas	60,34	
C 2.1.1.001.16 PIS a Recolher		60,34

3B - Venda conf. NF 000 – Cliente Y – 25/02/20X2		
D 3.1.1.002.03 COFINS s/Vendas	277,93	
C 2.1.1.001.15 COFINS a Recolher		277,93

3C - Venda conf. NF 000 – Cliente Y – 25/02/20X2		
D 3.1.1.002.02 ICMS s/Vendas	438,84	
C 2.1.1.001.14 ICMS a Recolher		438,84

Como o total dos Impostos a Recolher (PIS, COFINS e ICMS) é ***maior*** que os "Recuperáveis", há que se fazer um "ajuste contábil", ou seja, "zerar" os saldos dos "Recuperáveis" transferindo-os para as contas Impostos a Recolher. Ver lançamento nº 4:

4 - Ajuste dos Impostos a Recolher – 28/02/20X2		
D 2.1.1.001.16 PIS a Recolher	58,66	
D 2.1.1.001.15 COFINS a Recolher	270,25	
D 2.1.1.001.14 ICMS a Recolher	427,72	
C 1.1.2.002.01 PIS a Recuperar		58,66
C 1.1.2.002.02 COFINS a Recuperar		270,25
C 1.1.2.002.03 ICMS a Recuperar		427,72

Razonetes dos lançamentos contábeis:

1.1.3.001.01- Mercadorias		2.1.1.001.06- Fornecedores		1.1.2.002.03- Icms Recuperar	
1-1.200,16			1.524,00-1	1-182,88	
2-1.600,21			2.032,00-2	2-243,84	426,72 -4
2.800,37			***3.556,00***	***426,72***	***426,72***
				0	***0***

1.1.2.02.01- Pis a Recuperar	
1- 25,14	
2- 33,52	58,66 - 4
58,66	**58,66**
0,00	***0,00***

1.1.2.02.02- Cofins a Recuperar	
1-115,82	
2-154,43	270,25 -4
270,25	***270,25***
0,00	***0,00***

1.1.2.001.01- Clientes	
3-3.657,00	
3.657,00	

2.1.1.001.16- PIS a Recolher	
4- 58,66	3A- 60,34
	1,68

2.1.1.001.15- Cofins a Recolher	
4- 270,25	277,93-3B
	7,68

2.1.1.001.14- Icms a Recolher	
4 -426,72	438,84 -3C
	12,12

3.1.1.001.01- Vendas	
	3.657,00-3
	3.657,00

3.1.1.002.02- Icms s/Vendas	
3C- 438,84	
438,84	

3.1.1.002.03- Cofins s/Vendas	
3B- 277,93	
277,93	

3.1.1.002.04- PIS s/Vendas	
3A- 60,34	
60,34	

Balancete de Verificação: Bolsas Alfa Ltda. – Data: 28/02/20X2			
Código:	**Contas:**	**Débito $**	**Crédito $**
1.1.3.001.01	Mercadorias	2.800,37	
1.1.2.001.01	Clientes	3.657,00	
2.1.1.001.06	Fornecedores		3.556,00
2.1.1.001.14	ICMS a Recolher		12,12
2.1.1.001.15	COFINS a Recolher		7,68
2.1.1.001.16	PIS a Recolher		1,68
3.1.1.001.01	Vendas		3.657,00
3.1.1.002.02	ICMS s/Vendas	438,84	
3.1.1.002.03	COFINS s/ Vendas	277,93	
3.1.1.002.04	PIS s/ Vendas	60,34	
	Totais:	**7.234,48**	**7.234,48**

Exercício 4.4.2:

a) Calculo do Estoque Final pelo Método de Varejo:

Movimentação mês de Agosto 20X5 **Quadro 2**

Itens de Estoques:	1	2	3	4=(2 + 3)	5	6=(5/1+ (%1/100))	7=4-6
Departamentos:	**Margem % s/ Custo**	**Estoque Inicial Preço Custo R$**	**Compras do Mês R$**	**Estoque Inicial + Compras R$**	**Vendas:**	**Total Vendas a Custo (CMV) R$**	**Estoque Final Preço de Custo R$**
1-Utilidades Plásticas	18%	15.000	12.000	27.000	15.000	12.712	14.288
2-Papelaria	22%	22.000	14.000	36.000	18.000	14.754	21.246
3-Brinquedos	30%	44.000	9.000	53.000	25.000	19.231	33.769
4-Produtos Elétricos (Tomadas, fios etc.)	55%	33.000	11.000	44.000	20.000	12.903	31.097
5-Perfumaria	60%	28.000	26.000	54.000	27.000	16.875	37.125
Totais:	**37,3[1]%**	**142.000**	**72.000**	**214.000**	**105.000**	**76.475**	**137.525**

[1]37,3% = R% 105.000,00 / R$ 76.475 x 100

b) Valor CMV – Custo das Mercadorias Vendidas R$ 76.475

Exercício 4.4.3:

Quadro 1

		Gastos para realizar as vendas R$							
Itens: em (M^2)	**Vr. Custo**	**Vr. Venda**	**Comissão Vendedores 5%**	**Frete para Entrega 4%**	**Seguros 3%**	**Embalagem 2%**	**Despesa Total**	**Valor Realizável Líquido**	**Provisão de perda**
Azulejo Tipo A	35,00	30,00	1,50	1,20	0,90	0,60	4,20	25,80	9,20
Azulejo Tipo B	40,00	48,00	2,40	1,92	1,44	0,96	6,72	41,28	-
Azulejo Tipo C	45,00	39,00	1,95	1,56	1,17	0,78	5,46	33,54	11,46
Totais:	120,00	117,00	5,85	4,68	3,51	2,34	16,38	100,62	20,66

Nota: O produto Azulejo Tipo B não tem Provisão de Perda porque o seu valor de Custo é inferior ao Valor Realizável Líquido.

b) Lançamento Contábil da Provisão da Perda:

1 - Ajuste de Estoque – Valor Realizável Líquido conf. Quadro 1 – 00/00/X5		
D 3.2.2.001.31 Desp. c/Ajuste de Estoque ao Vr. Realizável Líquido	20,66	
C 1.1.3.001.10 (-) Provisão para Perdas de Estoques		20,66

Exercício 5.4.1. Assinale com "X" as contas contábeis que ao final do ano vão para a Apuração de Resultado do Exercício - ARE" para fins de cálculo do Lucro/Prejuízo do exercício:

( )	Despesas Pagas Antecipadamente	(X)	Despesas de Telefone
( )	Depreciação Acumulada	( )	Prejuízo Acumulado
( )	Marcas e Patentes	( )	PIS a Recuperar
( )	Salários a Pagar	(X)	Horas Extras
(X)	Aluguéis e Arrendamentos	( )	Salário Família
(X)	Vendas de Sucatas	(X)	Descontos Obtidos
( )	Ágio na Emissão de Ações	(X)	ICMS s/Vendas
( )	Aluguéis Recebidos a Apropriar	( )	Dividendos Recebidos

5.4.2. Exercício 2: Assinale com "1" as contas contábeis "Reais", com "2" as contas de Receitas e com "3" as contas de Despesas.

(1)	Despesas Pagas Antecipadamente	(3)	Despesas de Telefone
(1)	Depreciação Acumulada	(1)	Prejuízo Acumulado
(1)	Marcas e Patentes	(1)	PIS a Recuperar
(1)	Salários a Pagar	(3)	Horas Extras
(3)	Aluguéis e Arrendamentos	(1)	Salário Família
(2)	Vendas de Sucatas	(2)	Descontos Obtidos
(1)	Ágio na Emissão de Ações	(3)	ICMS s/Vendas
(1)	Aluguéis Recebidos a Apropriar	(1)	Dividendos Recebidos

Exercício 6.1.

a) CMV = Estoque Inicial + Compras – Estoque Final
CMV = R$ 30.000,00 + R$ 100.000,00 – R$ 80.000,00

CMV = R$ 50.000,00

b) Apuração de Resultado do Exercício-ARE (Lançamentos e Razonetes);

Lançamento Contábil do CMV

1 - Apuração do CMV do período 01/07/X5 a 31/10/X5 – 31/10/X5		
D 3.2.1.000.01 Custo das Mercadorias Vendidas	50.000,00	
C 1.1.3.001.01 Mercadorias		50.000,00

Lançamento Encerramento conta Receitas

2 - Apuração Resultados período 01/07/X5 a 31/10/X5 – 31/10/X5		
D 3.1.1.001.01 Vendas	90.000,00	
D 3.1.2.000.01Juros Receb. s/Aplic. Financeiras	3.000,00	
C 4.1.0.000.01 ARE-Apuração Resultado Exercício		93.000,00

Lançamento Encerramento conta Custos/Despesas

3 - Apuração Resultados período 01/07/X5 a 31/10/X5 – 31/10/X5		
D 4.1.0.000.01 ARE-Apuração Resultado Exercício	64.700,00	
C 3.2.1.000.01 Custo das Mercadorias Vendidas		50.000,00
C 3.2.2.001.01 Salários e Ordenados		8.000,00
C 3.2.2.001.03 Adicional Noturno		1.600,00
C 3.2.2.001.20 Manutenção de Veículos		1.500,00
C 3.2.2.002.01 Comissão dos Vendedores		900,00
C 3.2.2.002.04 Comissões s/Cartões de Déb./Créd.		2.700,00

c) Provisionar os Impostos (IR 15% + CSLL 9% = 24%). O resto é Lucro do Exercício;

Contabilização do Lucro do Exercício e Provisão dos Impostos

4 - Apuração Resultados período 01/07/X5 a 31/10/X5 – 31/10/X5		
D 4.1.0.000.01 ARE – Apuração Resultado Exercício	28.300,00	
C 2.1.1.001.17 Impostos a Recolher – IRPJ/CSLL		6.792,00
C 2.4.2.004.01 Lucros do Exercício		21.508,00

d) Demonstrativo de Resultado do Exercício – DRE:

Atacadista S Ltda.

Período: 01/07/X5 a 31/10/X5

Itens:	**R$**	**R$**
Receita Bruta		90.000,00
(-) CMV – Custo das Mercadorias Vendidas		(50.000,00)
(=) Lucro Bruto		40.000,00
(-) Despesas		
Despesas Administrativa	(11.100,00)	
Despesas com Vendas	(3.600,00)	(14.700,00)
(=) Lucro Operacional		25.300,00
Resultado Financeiro		

(+) Receitas Financeiras	3.000,00	3.000,00
(=) Lucro Antes dos Imposto de Renda – LAIR		28.300,00
(-) Imposto de Renda/Contribuição Social CSLL		(6.792,00)
(=) Lucro do Exercício		**21.508,00**

Exercício 7.6

Ativo		**Passivo/Patrimônio Líquido**	
Circulante	27.500,00	**Circulante**	16.000,00
Disponibilidades Financeiras	18.500,00	Salários a Pagar	11.000,00
Mercadorias	6.000,00	Fornecedores	3.000,00
Impostos a Recuperar	2.500,00	ICMS a Recolher	2.000,00
Adiantamentos a Fornecedores	500,00		
Não Circulante	33.500,00	**Não Circulante**	7.000,00
Realizável a Longo Prazo		Fornecedores no País a Longo Prazo	7.000,00
Contas a Receber Longo Prazo	3.000,00		
Imobilizado	24.500,00	**Patrimônio Líquido**	38.000,00
Intangível	6.000,00	Capital Social	30.000,00
		Lucros do Exercício	9.000,00
		(-) Ações em Tesouraria	(1.000,00)
Total Ativo:	**61.000,00**	**Total do Passivo/Patr. Líquido:**	**61.000,00**

Exercício 8.14.1

1 - Aquisição Máquina XXX NF 000 Fornecedor X – 01/01/X0		
D 1.3.2.001.05 Máquinas e Equipamentos	1.000,00	
C 2.1.1.001.13 Empréstimos/Financiam. a Pagar		1.000,00

Dados da compra de Ativo	
a. Custo do Bem	1.000,00
b. Valor Residual	(200,00)
c. Valor Depreciável	800,00
d. Estimativa de Vida Útil	10 anos
e. Taxa anual de depreciação	10%
f. Valor Depreciável	800,00
g. Depreciação Anual	80,00

2 - Depreciação ano 20X0-Máquina XXX – 31/12/X0		
D 3.2.2.001.30 Despesas de Depreciação	80,00	
C 1.3.2.003.01 Depreciação Acumulada		80,00

Exercício 8.14.2

1 - Aquisição Equipamento XXX NF 000 Fornecedor Z – 01/01/X0		
D 1.3.2.001.05 Máquinas e Equipamentos	20.000,00	
C 2.1.1.001.07 Duplicatas a Pagar		20.000,00

Dados da compra de Ativo	
a. Custo do Bem	20.000,00
b. Valor Residual	(5.000,00)
c. Valor Depreciável	15.000,00
d. Estimativa de Vida Útil	10 anos
e. Taxa anual de depreciação	10%
f. Valor Depreciável	15.000,00
g. Depreciação Anual	1.500,00

Situação Contábil Equipamento XXX

Anos:	% Depreciado	Depreciações R$
1	(R$ 15.000 x 10%)	1.500
2	(R$ 15.000 x 10%)	1.500
3	(R$ 15.000 x 10%)	1.500
4	(R$ 15.000 x 10%)	1.500
5	(R$ 9.000 x 11,11%)	1.000
6	(R$ 9.000 x 11,11%)	1.000
7	(R$ 9.000 x 11,11%)	1.000
8	(R$ 9.000 x 11,11%)	1.000
9	(R$ 9.000 x 11,11%)	1.000
10	(R$ 9.000 x 11,11%)	1.000
11	(R$ 9.000 x 11,11%)	1.000
12	(R$ 9.000 x 11,11%)	1.000
13	(R$ 9.000 x 11,11%)	1.000
Total:	**100%**	**15.000**
Valor de Custo R$		**20.000**
Valor Residual R$		**5.000**

Exercício 8.14.3

1 - Venda de Ativos, NF 0000 – Cliente W – 00/00/X5		
D 1.1.1.001.01 Caixa	5.000,00	
C 4.0.0.000.03 Venda de Ativos a Classificar		5.000,00

2 - Apuração do Ganho/Perda venda de Computadores e Impressoras, NF 0000 – Cliente W – 00/00/X5		
D 4.0.0.000.03 Venda de Ativos a Classificar	5.000,00	
D 1.3.2.003.01 (-) Depreciação Acumulada	20.000,00	
D 1.3.2.003.02 (-) *Impairment* Acumulado	6.000,00	
D 3.2.4.000.01 Perdas na Venda de Ativos	9.000,00	
C 1.3.2.001.08 Equipamentos de Informática		40.000,00

Exercício 9.22.1:

Lançamentos contábeis: Itens 1a) e 1b)

1 - Desenvolvimento Patente do Produto XXX – 00/00/X5		
D 1.3.3.001.05 Intangíveis em Desenvolvimento	10.000,00	
C 1.1.1.001.01 Caixa		10.000,00

2 - Produto XXX desenvolvido conf. Registro 0000 – 00/00/X5		
D 1.3.3.001.02 Patentes	72.000,00	
C 1.3.3.001.05 Intangíveis em Desenvolvimento		72.000,00

Solução item 1f)

Situação Contábil Patente XXX – "Tintas Antipixação"

Anos:	% Amortizado	Amortizações R$
1	(R$ 72.000 x 16,66%)	12.000
2	(R$ 72.000 x 16,66%)	12.000
3	(R$ 72.000 x 16,66%)	12.000
4	(R$ 72.000 x 16,66%)	12.000
5	(R$ 72.000 x 16,66%)	12.000
6	(R$ 72.000 x 16,66%)	12.000
Total:	**100%**	**72.000**
Valor de Custo R$		**72.000**
Valor Residual R$		**0**

Solução item 1g)

Soma dos algarismos dos números da vida útil: 1 + 2 + 3 + 4 + 5 + 6 = 21

Anos:	Fração:	% a Amortizar	R$
1	6/21	28,57	20.572
2	5/21	23,81	17.145
3	4/21	19,04	13.710
4	3/21	14,29	10.290
5	2/21	9,52	6.855
6	1/21	4,76	3.428
Total:		**100%**	**72.000**

Exercício 9.22.2: Assinale com "X" os Ativos que sofrem processo de Amortização:

( ) Caixa
( ) Veículos
(X) *Copyright*
( ) Duplicatas a Receber
( ) Matéria-Prima
( ) Adiantamentos a Fornecedores
( ) Reflorestamento
( ) Aplicações Financeiras
(X) Patentes
( ) Móveis e Utensílios
( ) Marcas
(X) *Softwares*
( ) Instalações
(X) Franquias

Nota: a conta Marcas só pode ter Amortização se for por **prazo definido.**

Exercício 10.1.Incorporação, "Mais Valia" e Goodwill

A empresa Cia Z adquiriu a Cia A no dia 30/06/20X3 por R$ 350,00 pagos em dinheiro. Os Balanços da Cia A estão no **Quadro 1** abaixo, e o Balanço Patrimonial da Cia Z no Quadro 3.

Pede-se:

a) Lançamento contábil da compra da Cia A pela Cia Z:

1 - Aquisição Cia. A conf. Contrato – 30/06/20X3		
D 1.3.1.002.02 Investimento Cia A	350,00	
C 1.1.1.001.01 Caixa		350,00

b) Lançamentos contábeis da incorporação, pela Cia. Z, do Balanço Patrimonial a Valor Justo da Cia. A, e razonetes:

2 - Incorporação Ativos Cia. A conf. Contrato – 30/06/20X3		
D 1.1.1.001.01 Caixa	100,00	
C 1.3.1.002.02 Investimento Cia. A		100,00

3 - Incorporação Ativos Cia. A conf. Contrato – 30/06/20X3		
D 1.1.3.001.01 Mercadorias	150,00	
C 1.3.1.002.02 Investimento Cia. A		150,00

4 - Incorporação Ativos Cia. A conf. Contrato – 30/06/20X3		
D 1.3.2.001.05 Imobilizado	300,00	
C 1.3.1.002.02 Investimento Cia. A		300,00

5 - Incorporação Passivos Cia. A conf. Contrato – 30/06/20X3		
D 1.3.1.002.02 Investimento Cia. A	140,00	
C 2.1.1.001.13 Empréstimos/Financ. a Pagar		140,00

6 - Incorporação Passivos Cia. A conf. Contrato – 30/06/20X3		
D 1.3.1.002.02 Investimento Cia. A	120,00	
C 2.1.1.001.08 Contas a Pagar		120,00

7 - Goodwill Incorporação Cia. A conf. Contrato – 30/06/20X3		
D 1.3.3.001.12 *Goodwill*	60,00	
C 1.3.1.002.02 Investimento Cia. A		60,00

Razonetes – 30/06/20X3

1.3.1.001.02 Investimento Cia. A	
1- 350,00	100,00 -2
5- 140,00	150,00 -3
6- 120,00	300,00 -4
	60,00 -7
0,00	***0,00***

1.3.3.001.12 *Goodwill*	
7- 60,00	
60,00	

Nota: 1. Não se faz lançamento contábil para o Capital Social e "Mais Valia" da empresa adquirida (Cia. A).

2. Com relação à saída (caso haja) de mercadorias (estoques) e dos bens imobilizados da Cia. A para a Cia Z, verificar os procedimentos tributários do Estado.

c) Novo Balanço Patrimonial da Cia. Z após a incorporação:

Balanço Patrimonial - Incorporação – 30/06/20X3 (R$)

	Cia. A	**Cia. Z**	
	Valor Justo	**Pré-Incorporação**	**Pós-Incorporação**
Ativo	**550**	**1.000**	**1.260**
Caixa	100	400	150
Estoque	150	200	350
Imobilizado	300	400	700
Goodwill			60
Passivo + Pat. Liquido	**550**	**1.000**	**1.260**
Empréstimos	140	200	340
Provisões	120	100	220
Capital Social	250	700	700
Ajuste "Mais Valia"	40		

Nota: **1**.O saldo de Caixa é: $ 100 + $ 400 – $ 350 pago pela aquisição.

2. Na incorporada (Cia Z) o Capital Social e a "Mais Valia" da Cia. A desaparecem.

Exercício 11.2.1.

a) Lançamento contábil da Compra:

1 - Aquisição Floresta de Eucaliptos Fornecedor Q conf. Contrato – 02/01/X3		
D 1.3.2.001.15 Reflorestamento	240.000,00	
C 1.1.1.001.01 Caixa		240.000,00

b) Valor das Exaustões a serem apropriadas:

1. Valor Contábil		**240.000,00**
2. Possança Total (Pés de Eucaliptos)		6.000 un.
3. Corte anual: 1.200 pés =	20 %	
4. Corte mensal: 100 pés =		1,6667%
5. Custo Mensal = R$ 240.000,00 x 1,6667% =		4.000,00
6. Custo Anual = R$ 4.000,00 x 12 =		48.000,00

b) Lançamento contábil da Exaustão

2 - Exaustão 12/60 do reflorestamento Eucaliptos ref. exercício 20X3 – 31/12/X3		
D 3.2.2.001.30 Despesas de Exaustão	48.000,00	
C 1.3.2.003.03 (-) Exaustão Acumulada		48.000,00

Exercício 11.2.2: Assinale com "X" os Ativos que sofrem o processo de Exaustão:

( ) *Softwares*
( ) Ferramentas
(X) Jazida de Pedras
( ) Mina de Água Mineral
( ) Imóveis
(X) Jazida de Ferro
( ) Direitos Autorais
( ) Clientes
( ) Patentes
(X) Poço de Petróleo
( ) Terrenos
(X) Floresta Natural

Nota: Uma pedreira, quando é utilizada para "fins turísticos/esportivos", por exemplo, escaladas, ela não sofre depreciação nem exaustão.

Exercício 12.16.1.

Valor Contábil – Balancete de Verificação – 30/12/X4

Ativo	
Ativo Não Circulante	
Aeronaves	600.000,00
(-) Depreciação Acumulada	(60.000,00)
Valor Contábil:	**540.000,00**

1a) Cálculo do Valor em Uso da UGC – Previsão de Receitas – Data: 30/12/X4:

Anos:	Fluxo de Caixa $	Custos	Custos $	Fluxo Líquido $	Taxa:	Fluxo Descontado $
1	60.000,00	10%	(6.000,00)	54.000,00	1,12	48.214,29
2	65.000,00	11%	(7.150,00)	57.850,00	1,2544	46.117,67
3	70.000,00	11%	(7.700,00)	62.300,00	1,404928	44.343,91
4	75.000,00	10%	(7.500,00)	67.500,00	1,5735194	42.897,47
5	80.000,00	12%	(9.600,00)	70.400,00	1,7623417	39.946,85
6	200.000,00	7%	(14.000,00)	186.000,00	1,9738227	94.233,39
Totais:	**550.000,00**	-	**(51.950,00)**	**498.050,00**	-	**315.753,57**

Nota: O Valor em Uso que é R$ 315.753,57 e o Valor Justo Líquido de Despesas de Vendas é R$ 440.000,00. O maior montante, portanto, é o Valor Justo Líquido de Despesas de Vendas R$ 440.000,00.

b) Cálculo e contabilização do *Impairment*:

Redução do Valor Recuperável da UGC:

a. Valor Contábil R$	540.000,00
b. Valor Justo Líquido de Despesas de Venda R$	**(440.000,00)**
c. Redução do Valor Recuperável (*Impairment*) R$	**100.000,00**

1 - Valor Perda Recuperabilidade Helicóptero R44 Robson – 31/12/X4		
D 3.2.2.001.33 Perdas com *Impairment*	100.000,00	
C 1.3.2.003.02 (-) *Impairment* Acumulado		100.000,00

Valor Contábil – Balancete de Verificação – 31/12/X4

Ativo	
Ativo Não Circulante	
Aeronaves	600.000,00
(-) Depreciação Acumulada	(60.000,00)
(-) *Impairment* Acumulado	(100.000,00)
Valor Contábil	440.000,00)

Exercício 13.6.1. A empresa Indústria Têxtil Saturno S.A. fabrica três tipos de camisas "polo". Os gastos do período foram extraídos da sua Contabilidade, e se referem ao terceiro trimestre de 20X3 (Quadro 1). Também foram obtidos os valores dos custos d**iretos e indiretos**, bem como a quantidade produzida. Com esses dados, pede-se:

a) Classificar os Custos – Diretos e Indiretos;

b) Classificar as Despesas – Fixas e Variáveis;

c) Montar a Planilha de Rateio;

d) Faturamento do período (Aplicar Margem de Lucro de 70% sobre o Custo);

e) Montar o DRE – Demonstrativo de Resultado do Exercício, (considerando que não havia Estoque Inicial e toda a produção foi vendida).

Quadro 1

a) Classificação dos Custos – Diretos/Indiretos:	
Salários da Fábrica	128.000,00
Matéria-Prima consumida	386.000,00
Depreciação na Fábrica	63.500,00
Seguros da Fábrica	11.000,00
Materiais Diversos – Fábrica	16.600,00
Energia Elétrica – Fábrica	89.000,00
Manutenção – Fábrica	74.500,00
Total:	768.600,00

b) Classificação Despesas:

Despesas Administrativas	
Salários da Administração	94.000,00
Honorários da Diretoria	41.500,00
Correios, Telefone, Internet (Administração)	5.500,00
Material de Consumo – Escritório	6.400,00
Total:	147.400,00

Despesas de Vendas (Comerciais) – Despesas Variáveis	
Comissão dos Vendedores	83.600,00
Despesas de Entregas (Fretes)	46.900,00
Total:	130.500,00

Despesas Financeiras (Fixas)	52.500,00

Total Geral:	1.099.000,00

c) Planilha de Rateio: Matéria-Prima, Mão de obra e Energia Elétrica gasta para produzir as camisas:

Matéria-Prima	R$
Camiseta Polo Infantil	82.100,00
Camiseta Polo Feminina	144.200,00
Camiseta Polo Masculina	159.700,00
Total:	**386.000,00**

Mão de Obra		
Obs. 20% refere-se a mão de obra indireta:		R$
Indireta		25.600,00
Direta:		
Camiseta Polo Infantil	25.400,00	
Camiseta Polo Feminina	32.000,00	
Camiseta Polo Masculina	45.000,00	102.400,00
Total:		**128.000,00**

Energia Elétrica	**R$**	**R$**
Indireta		40.000,00
Direta:		
Camiseta Polo Infantil	11.000,00	
Camiseta Polo Feminina	17.000,00	
Camiseta Polo Masculina	21.000,00	49.000,00
Total:		**89.000,00**

c1) Planilha de rateio:

	Custos Diretos Variáveis Produtos:			Custos Fixos e Indiretos	
Itens:	Infantil	Feminina	Masculina	R$	Total
Matéria-Prima	82.100,00	144.200,00	159.700,00		386.000,00
Mão de obra	25.400,00	32.000,00	45.000,00	25.600,00	128.000,00
Energia Elétrica	11.000,00	17.000,00	21.000,00	40.000,00	89.000,00
Depreciação	-	-	-	63.500,00	63.500,00
Seguros da Fábrica	-	-	-	11.000,00	11.000,00
Mats. Divs. Fábrica	-	-	-	16.600,00	16.600,00
Manutenção Fábrica	-	-	-	74.500,00	74.500,00
Total:	**118.500,00**	**193.200,00**	**225.700,00**	**231.200,00**	**768.600,00**

Produtos:	(Apropriação de R$ 231.200,00 dos custos Fixos + Indiretos) Custos Diretos - Variáveis		Custos Fixos e Indiretos		Total Custos
	R$	%	R$	%	R$
Camiseta Polo Infantil	118.500,00	*22,05*	50.979,60	*22,05*	169.479,60
Camiseta Polo Feminina	193.200,00	*35,95*	83.116,40	*35,95*	276.316,40
Camiseta Polo Masculina	225.700,00	*42,00*	97.104,00	*42,00*	322,804,00
Total:	**537.400,00**	***100,00***	**231.200,00**	***100,00***	**768.600,00**

d) Faturamento do período:

Produtos	Qtd. Produ--zida	Custo Un. R$	Custo Total	Preço Venda + 70% s/ Custo R$	Venda Total $
Camiseta Polo Infantil	5.844	29,00	169.479,60	49,30	288.115,32
Camiseta Polo Feminina	8.373	33,00	276.316,40	56,10	469.737,88
Camiseta Polo Infantil	7.873	41,00	322.804,00	69,70	548.766,80
Total:	**22.090**	**34,79**	**768.600,00**	**59,15**	1.306.620,00

Produtos	Qtd. Produzida
Camiseta Polo Infantil	5.844
Camiseta Polo Feminina	8.373
Camiseta Polo Masculina	7.873
Total:	**22.090**

e) Demonstrativo de Resultado do Exercício – DRE

Demonstrativo de Resultado DRE – Terceiro Trim. 20X3		
Vendas		1.306.620,00
(-) Custo dos Produtos Vendidos		(768.600,00)
Lucro Bruto		538.020,00
(-) Despesas Operacionais:		
Administrativas	(147.400,00)	
Vendas (Comerciais)	(130.500,00)	(277.900,00)
(=) Resultado Operacional		260.120,00
Financeiras	(52.500,00)	(52.500,00)
(=) Lucro Líquido Antes Impostos (LAIR)		**207.620,00**

Exercício 14.3.1.A empresa Fábrica de Ventiladores Ventar Ltda. Produz o ventilador "Ventar Mod 1", e durante o mês de Maio/20X4 teve os seguintes Gastos, conforme **Quadro 1** abaixo:

Gastos incorridos na Fábrica de Ventiladores Ventar Ltda.		
Separar: F.Fixo, V-Variável		**Quadro 1**
Itens:		**R$**
IPVA dos Veículos de entregas	**F**	18.000,00
Funcionários do Almoxarifado	**F**	25.000,00
Energia Elétrica Fábrica (Máquinas)	**V**	165.000,00
Seguros da Administração	**F**	20.000,00
Despesas Financeiras	**F**	9.000,00
Mão de Obra Operadores de Mq. – Fábrica	**V**	350.000,00
Salários do Contador	**F**	12.000,00
Aluguel do Escritório	**F**	12.000,00
Salários da Administração	**F**	45.000,00
Matéria-Prima	**V**	200.000,00
Salários da Manutenção e Supervisão Fabril	F	100.000,00
Embalagens	**V**	40.000,00
Propaganda e Marketing	**F**	50.000,00
Insumos Produtivos Diretos	**V**	35.000,00
Água, Luz, Telefone, Internet-Escritório	**F**	12.000,00
Total:		**1.093.000,00**

Totais Fixos x Variáveis:	
Fixas	R$ 303.000,00
Variáveis	R$ 790.000,00
Total	**R$ 1.093.000,00**

RT = (C + D) T

QT x R$ 245,00 = QT x R$ 185,00 + R$ 303.000,00

QT x R$ 60,00 = R$ 303.000,00

QT = R$ 303.000,00 / R$ 60,00 = 5.050 → PE-Ponto de Equilíbrio das Quantidades

RT = 5.050 x R$ 245,00 = R$ 1.237.250,00 → Ponto de Equilíbrio das Receitas Totais

Demonstrativo dos Custos+Despesas Totais => Receita Total

Custos + Desp. Variáveis: R$ 185,00/u x 5.050 = R$ 934.250,00

Custos + Despesas Fixos.................................... = R$ 303.000,00

Total Custos + Despesas:.................................... = R$ 1.237.250,00

Tabela de Quantidades/Preços		
Quantidades:	Total Custos + Despesas R$	Total Vendas R$
0	303.000,00	0
5.050	1.237.250,00	1.237.250,00

Gráfico do PE- Ponto de Equilíbrio

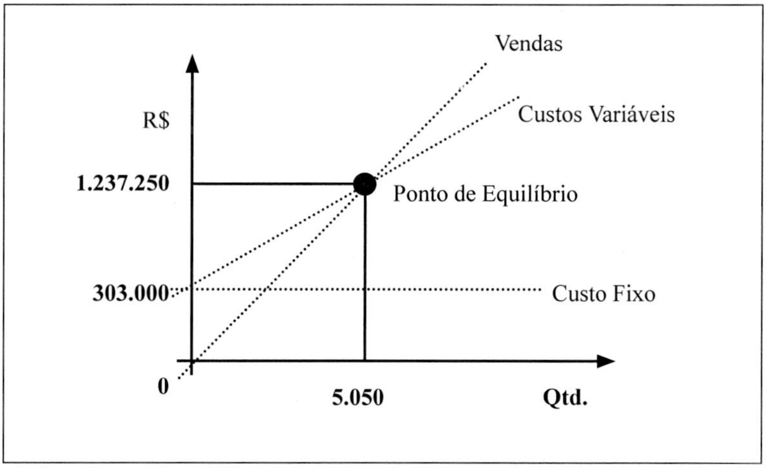

Exercício 14.3.2. Ponto de Equilíbrio Contábil:

Demonstrativo de Resultados:	**R$**	**% s/Vendas**
Receitas de Vendas	1.450.000	100,00%
(-) Custos Variáveis	(712.300)	49,124%
(=) Lucro Bruto	737.700	50,876%
(-) Despesas Variáveis:		
Impostos 67.700 4,669%		4,669%
Fretes s/ Vendas 19.400 1,338%		1,338%
Comissões 29.000 2,000%		2,000%
Seguros s/ Vendas 33.000 2,276%	(149.100)	10,283%
(=) Margem de Contribuição	**588.600**	**40,593%**
(-) Custos/Despesas Fixos	(270.000)	
(=) Lucro Líquido	**318.600**	21,97%
PE - Ponto de Equilíbrio =	**270.000**	**R$ 665.138,00**
	40,593%	

Confirmação se o PE R$ 665.138,00 está correto:

Demonstrativo de Resultados:	**R$**	**% s/Vendas**
Receitas de Vendas	665.138,00	100,000%
(-) Custos Variáveis	(326.742,00)	49,124%
(=) Lucro Bruto	338.396,00	50,876%
(-) Despesas Variáveis:		
Impostos 31.055 4,669%		
Fretes s/ Vendas 8.899 1,338%		
Comissões 13.303 2,000%		
Seguros s/ Vendas 15.139 2,276%	(68.396,00)	10,283%
(=) Margem de Contribuição	**270.000,00**	**40,593%**
(-) Custos/Despesas Fixos	(270.000,00)	-
(=) Lucro Líquido	**0,00**	0,00%

Exercício 15.7.1. A empresa Atacadista W Ltda. apresentou os seguintes dados contábeis para cálculo do PCLD do exercício de 20X3:

Tabela 1

Demonstrativo do Cálculo da Média Percentual de Inadimplência para 20X3

Data:	(1) Saldo da conta Dupls. a Receber R$	(2) Inadimplências--Perdas R$	(3) 2: 1 x 100
31.12.20X0	47.000,00	1.200,00	2,55%
31.12.20X1	55.000,00	900,00	1,64%
31.12.20X2	62.000,00	1.300,00	2,10%

a) Média Percentual de Inadimplência
= (2,55% + 1,64% + 2,10%): 3 = 2,10%

b) Lançamento contábil da provisão do PCLD em 31/12/20X3, sabendo que em 30/12/20X3 o saldo da conta Duplicatas a Receber era de R$ 65.500,00, e o saldo na conta Perdas Estimadas em Crédito de Liquidação Duvidosa – PCLD era de R$ 550,00?

Saldo Duplicatas a Receber em 30/12/20X3	= R$ 65.500,00
Provisão: R$ 65.500,00 x 2,10%	= R$ 1.375,50
(-) Saldo da conta PCLD em 30/12/20X3	= R$ 550,00
(=) Valor a Provisionar em 31/12/20X3	**= R$ 825,50**

1 - Provisão Créd. Liquidação Duvidosa ref. 20X3 – 31/12/20X3		
D 3.2.2.001.32 Despesas Devedores Duvidosos	825,50	
C 1.1.2.001.04 (-) Perdas Estimadas Créd. Liquidação Duvidosa-PCLD		825,50

15.7.1.1. Dois clientes do Atacadista W não pagaram suas Duplicatas, num total de R$ 400,00. Pede-se fazer o lançamento de Baixa em 23/01/20X4.

Lançamento Contábil de Baixa dos Créditos Incobráveis:

2 - Baixa Dupl. incobráveis Nos. 000 Cliente X e Dupl. 0001 Cliente Y – 23/01/20X4		
D 1.1.2.001.04 (-) Perdas Estimadas Créd. Liquidação Duvidosa-PCLD	400,00	
C 1.1.2.001.02 Duplicatas a Receber		400,00

15.7.1.2. Um dos clientes que não pagaram a Atacadista W resolveu pagar, e o fez em dinheiro no dia 02/02/20X4. O Cliente M, duplicata 0002 de R$ 200,00, pagou acrescido de juros de 15%. Pede-se fazer o lançamento contábil de Recuperação de Crédito.

3 - Recebimento Dupl. 002 Cliente M, Vencida em 00/00/00 – 02/02/20X4		
D 1.1.1.001.01 Caixa	230,00	
C 3.1.2.000.02 Juros Recebidos s/Duplicatas		30,00
C 3.1.3.000.12 Recuperações de Créditos		200,00

Razonetes – 02/02/20X4

1.1.2.001.02-Duplicatas a Receber	
0- 65.500,00	400,00-2
65.100,00	

1.1.2.001.04-(-) Perdas Est.Créd.Liq. Duvidosa – PCLD	
2- 400,00	550,00 – 0
	825,50 – 1
	975,50

Demonstrativo do saldo da conta Duplicatas a Receber – Data: 02/02/20X4

Ativo	
Circulante	
Duplicatas a Receber	65.100,00
(-) Perdas Estimadas em Crédito de Liquidação Duvidosa – PCLD	(975,50)
(=) Saldo:	**64.124,50**

19. Apêndice 1 – Depreciação/Amortização sob o aspecto Societário e Fiscal

19.1. Depreciação do Ativo Imobilizado a partir de 2015

Para o setor contábil o ano de 2015 marca o início de diversas mudanças instituídas pela Lei 12.973 de 2014 que até então não haviam sido implantadas na prática para as empresas. Uma das principais mudanças é em relação a Depreciação do Ativo Imobilizado, seja Societária (Econômica) ou Fiscal. Por isso, é importante estar atento as regras contábeis vigentes para que os cálculos sejam realizados de acordo com as leis.

Breve Histórico sobre os Registros da Depreciação

Até 2007:

Até 31/12/2007, na contabilidade só era registrada a Despesa com Depreciação Fiscal tendo como parâmetro o Regulamento do Imposto de Renda, Decreto 3.000/1999, art. 305 a 329, aplicando a Tabela de Depreciação, conforme a IN-162/98.

A partir de 2010:

A partir de 2010, todas as empresas, sem exceção, passaram a ser obrigadas a registrar, na contabilidade, a Depreciação Societária (Econômica), com base no CPC 27 e não mais pela Depreciação Fiscal, IN-162/98.

A partir de então passou a coexistir a:

- Depreciação Societária (Econômica) Estimada para efeitos contábeis.
- Depreciação Fiscal para efeito de tributação do IR/CSLL, de acordo com o art. 309 do RIR/99 e IN 162/98.

Valor do Ativo Imobilizado

Econômica e contabilmente as aquisições são contabilizadas seguindo o princípio do custo de aquisição como base de valor contábil, mas podem ocorrer alterações com base no valor presente do imobilizado, durante a sua vida.

Fiscalmente, também, as aquisições são contabilizadas seguindo o princípio do Custo de Aquisição como base de valor, para depreciação, durante sua vida, de acordo com o art. 309 do RIR/99, Decreto 3.000/99.

Coexistência do Valor Societário (Econômico) e Fiscal:

A partir de 2010, através da Lei 11.638/2007, as empresas deverão manter controles dos Valores Econômicos Estimados contábeis e dos Valores Econômicos Fiscais, uma para espelhar na contabilidade os valores próximos da realidade econômica do seu Ativo Imobilizado e outro para efeitos fiscais dos cálculos das depreciações e ganhos ou lucros nas vendas, para efeito de tributação do IR/CSLL.

Obs: Afirmei que vão coexistir as duas depreciações paralelamente, a partir de 2010.

Como fica em 2015: Depreciação Societária (Econômica) e Fiscal

A partir de 2015, por força da Lei 12.973 de 2014, na contabilidade, é registrada a Depreciação Societária (Econômica) Estimada de acordo com CPC 27, e para efeito fiscal deve-se considerar a Depreciação Fiscal com base na IN-162/98, ou seja, para efeito de apuração do Lucro Real.

Com esses procedimentos a empresa deverá administrar essas duas depreciações, dos seus valores residuais e finalmente apuração do lucro contábil e fiscal, separadamente, quando da venda de imobilizado e a respectiva baixa.

Conclusões:

Assim, o tema Depreciação do Ativo Imobilizado gerou inúmeras dúvidas desde a edição da lei 11.638/2008, a 11.941/2009 e, atualmente, à lei 12.973/2014, cujas regras deverão se seguidas e espelhadas nos Registros Contábeis e na Demonstração do Lucro Real e da Contribuição Social sobre Lucro.

A Lei 11.941/2009 (Lei Fiscal) manda anular os efeitos da depreciação econômica feito à maior ou à menor em relação à Depreciação Fiscal, para efeito de apuração do Lucro Real e da Contribuição Social sobre Lucro.

Com o advento da Lei 12.973/2014 o RTT (Regime Tributário de Transição) foi extinto, portanto, a partir de janeiro 2015 as diferenças deverão ser demonstradas através da ECF – Escrituração Contábil Fiscal e o SPED Contábil, onde o fisco poderá observar o padrão contábil utilizado pela empresa e a forma de cálculo utilizado para o IRPJ e CSLL através do bloco "M" e-LALUR e e-LACS, dentro da escrituração ECF – Escrituração Contábil e Fiscal. [42]

42 Matéria de autoria do Prof. Honório T. Futida disponível no SIDCONT-Sindicato dos Con-

Exemplo prático de Depreciação Societária x Fiscal:

A Cia KL comprou um caminhão novo para entrega de mercadorias no dia 02/01/20X1 por R$ 240.000,00. Conforme o CPC 27 – Imobilizado, atribuiu Valor Residual, Vida Útil, conforme **Tabela 1**:

Tabela 1 – Situação Contábil Societária	
a. Valor de aquisição do Bem	240.000,00
b. Valor Residual	(40.000,00)
c. Valor Depreciável Contábil	200.000,00
d. Vida Útil	5 anos
e. Valor Contábil anual da depreciação	**40.000,00**
Situação Contábil Fiscal	
f. Valor Depreciável Fiscal	240.000,00
g. Vida Útil fiscal	4 anos
h. Valor da depreciação anual Fiscal	**60.000,00**

Quadro 1 – Resumo das Depreciações anuais Societária e Fiscal:

Anos	**Depreciação Contábil R$**	**Depreciação Fiscal R$**	**Tratamento no Lalur R$**		**Depreciação Contábil Acumulada R$**
			Exclusão	**Adição**	
20X1	40.000,00	60.000,00	20.000,00		40.000,00
20X2	40.000,00	60.000,00	20.000,00		80.000,00
20X3	40.000,00	60.000,00	20.000,00		120.000,00
20X4	40.000,00	60.000,00	20.000,00		160.000,00
20X5	40.000,00	-	-	40.000,00	200.000,00
Total	**200.000,00**	**240.000,00**	**80.000,00**	**40.000,00**	**200.000,00**

Nota: Ao final do 5º, tanto a depreciação Contábil quanto a Fiscal foram totalmente completadas, e as diferenças ano a ano ajustadas no Lalur. Ainda, ao final do 5º ano o saldo contábil do bem é de R$ 40.000,00, ou seja, seu Valor Residual estabelecido pela empresa quando da sua aquisição.

tabilistas de São Paulo.

Exemplo de elaboração do Lalur:

Livro de Apuração de Lucro Real – LALUR **PARTE A – Registro do Ajuste do Lucro Líquido do Exercício**				
Data	Histórico		Adições	Exclusões
31.12.20X5	Demonstrativo do Lucro Real Período..... Resultado do Período:		 100.000,00	
31.12.20X5	Depreciações - Ajuste Fiscal		40.000,00	
31.12.20X5	Depreciações - Ajuste Fiscal			80.000,00
31.12.20X5	**Lucro Real do Exercício:**		**60.000,00**	

19.2. Amortização do Ativo Intangível a partir de 2015

Segundo a *IN SRF nº 04/85, foram fixados em 5 anos o prazo mínimo admissível para amortização de custos e despesas de aquisição e desenvolvimento de logiciais (software) utilizados em processamento de dados, taxa de 20% ao ano.*

Por conseguinte, os valores imobilizados como *Softwares*, com Vida Útil diferentes de 5 anos, também deverão ter suas amortizações Societária e Fiscal ajustadas no Lalur.

Exemplo prático de Amortização Societária x Fiscal:

A Cia. KL comprou um software novo para gerenciar sua produção e estoques no dia 02/01/20X1 por R$ 120.000,00. Conforme o CPC 04 – Intangível, atribuiu Valor Residual, Vida Útil, conforme **Tabela 2**:

Tabela 2 – Situação Contábil Societária	
a. Valor de aquisição do *Software*	120.000,00
b. Valor Residual	(20.000,00)
c. Valor Amortizável Contábil	100.000,00
d. Vida Útil	4 anos
e. Valor Contábil anual da Amortização	**25.000,00**
Situação Contábil Fiscal	
f. Valor Amortizável Fiscal	120.000,00
g. Vida Útil fiscal	5 anos
h. Valor da Amortização anual Fiscal	**24.000,00**

Quadro 2 – Resumo das Amortizações anuais Societária e Fiscal:

Anos	Amortização Contábil R$	Amortização Fiscal R$	Tratamento no Lalur R$		Amortização Contábil Acumulada R$
			Exclusão	Adição	
20X1	25.000,00	24.000,00	-	1.000,00	25.000,00
20X2	25.000,00	24.000,00	-	1.000,00	50.000,00
20X3	25.000,00	24.000,00	-	1.000,00	75.000,00
20X4	25.000,00	24.000,00	-	1.000,00	100.000,00
20X5	-	24.000,00	24.000,00	-	-
Total	**100.000,00**	**120.000,00**	**24.000,00**	**4.000,00**	**100.000,00**

Nota: Ao final do 5º, tanto a Amortização Contábil quanto a Fiscal foram totalmente completadas, e as diferenças ano a ano ajustadas no Lalur. Ainda, ao final do 5º ano o saldo contábil do *software* é de R$ 20.000,00, ou seja, seu Valor Residual estabelecido pela empresa quando da sua aquisição.

Exemplo de elaboração do Lalur:

Livro de Apuração de Lucro Real – LALUR

PARTE A – Registro do Ajuste do Lucro Líquido do Exercício

Data:	Histórico:		Adições	Exclusões
31.12.20X5	Demonstrativo do Lucro Real Período.....			
	Resultado do Período:		100.000,00	
31.12.20X5	Amortizações – Ajuste Fiscal		4.000,00	
31.12.20X5	Amortizações – Ajuste Fiscal			24.000,00
31.12.20X5	**Lucro Real do Exercício:**		**80.000,00**	

Impressão e acabamento

psi7 | βοοκ7